目 次

1 初期設定 ———————————————————— 2
　Word2019の「リボン」について ———————————— 2
　Word2019で文字ずれをしない新しい書式設定 ———— 3
　Word2019によるヘッダーの設定方法 ——————— 7

2 速度部門 ———————————————————— 8
　第2級速度部門練習問題【速度－1】～【速度－46】 —— 8
　第1級にチャレンジ【速度－47】～【速度－50】 —— 54

3 ビジネス文書部門　実技編 ———————————— 58
　Wordによる第2級文書の完成例 ————————— 58
　Word2019による文書の作成プロセス ——————— 59
　第2級文書　基本形式問題【実技－1】～【実技－4】— 68
　第2級文書　練習問題【実技－5】～【実技－27】 —— 72

4 ビジネス文書部門　筆記編－機械・機械操作など ——— 118
　筆記①対策問題 —————————————————— 122
　筆記②対策問題 —————————————————— 125

5 ビジネス文書部門
　筆記編－文書の種類、文書の作成と用途、プレゼンテーション — 128
　筆記③対策問題 —————————————————— 134
　筆記④対策問題 —————————————————— 138

6 ビジネス文書部門　筆記編－ことばの知識 ————— 142
　筆記⑤対策問題 —————————————————— 153
　筆記⑥対策問題 —————————————————— 155
　筆記⑦対策問題 —————————————————— 157
　筆記⑧対策問題 —————————————————— 159

7 筆記総合問題（2回分） ————————————— 162

8 模擬試験問題（2回分） ————————————— 168

ローマ字対応表 ——————————————————— 180

　本書は、「全商ビジネス文書実務検定試験第2級」に合格できる知識・技術が確実に身につくよう編集したものです。

〈特色〉
① 巻頭で、文字ずれをしないためのWordの書式の初期設定について解説しました。
② 実技試験では、問題数を多くという方針のもとで、「速度部門」は50回分、「ビジネス文書部門　実技編」は27回分載せました。なお、「ビジネス文書部門　実技編」では、Wordによる作成プロセスの解説を設け、さらに必要に応じて、校正記号の説明を参考として下段に掲載しました。
③ 「ビジネス文書部門　筆記編」のうち、「機械・機械操作など」「文書の種類、文書の作成と用途、プレゼンテーション」「ことばの知識」に関する知識については、学習のポイントを設け、丁寧な解説を加えました。
④ 各問題は、検定基準に合わせて作成してあるので、練習問題としても模擬試験問題としても利用できます。
⑤ 文書作成用のオブジェクトデータは、当社ホームページ（https://www.jikkyo.co.jp）からダウンロードできます。

1 初期設定

Word2019の「リボン」について

Word2019は、2016と同様に、メニュータブとグループから構成されている「リボン」により、アイコンをグループ化して表示しています。操作方法・アイコンの場所などを確認してから操作することが必要です。

◆それぞれの「タブ」と「リボン」の機能

①［ファイル］タブは、ファイルを「開く」「保存」「印刷」などの操作を選択します。

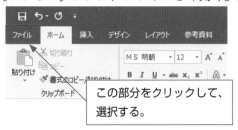
この部分をクリックして、選択する。

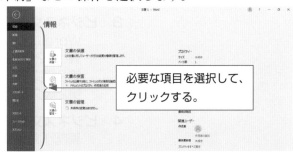
必要な項目を選択して、クリックする。

②［ホーム］タブは、編集機能のアイコンが中心になっています。

リボン
グループ

③［挿入］タブは、表・図形などのアイコンとなっています。

④［レイアウト］タブは、ページ設定や段落の操作ができます。

⑤［表示］タブでは、レイアウトやグリッド線などが操作できます。

チェックを入れる。

⑥文章中の「表」内を選択（クリック）すると、リボンに表ツールの［デザイン］タブと表ツールの［レイアウト］タブが追加表示されます。

⑦文章中の「図形・オブジェクト」のデータを選択（クリック）すると、リボンに描画ツールの［書式］タブが追加表示されます。

令和6年度版

全商ビジネス文書実務検定 模擬試験問題集

2級別冊

目次

■審査例および解説
　■第2級速度部門　審査例および解説 ……………………………………………… 2
　■第2級ビジネス文書部門実技編　審査例および解説 ………………………… 4
　■ビジネス文書部門筆記編　解答 ………………………………………………… 6
　■ビジネス文書部門実技編　模範解答及び審査基準 ………………………… 8

■ビジネス文書実務検定試験
　■第70回試験問題 ………………………………………………………………… 23
　■第71回試験問題 ………………………………………………………………… 32
　■第70・71回筆記問題　解答 …………………………………………………… 40
　■第70回　実技問題解答 ………………………………………………………… 41
　■第71回　実技問題解答 ………………………………………………………… 42

■学びの記録シート …………………………………………………………………… 43

年　　　　組　　　　番　名前

実教出版

審査例および解説

問題

　　情報技術の進歩により、快適な生活環境が実現される。その一つ　　30
に、集積回路などの電子回路の小型化がある。その中で注目されて　　60
いるのが、バーコードに代わって、ＩＣタグ（電子荷札）と呼ばれ　　90
る次世代の新技術である。　　103

代わりに採用している。埋め込まれたチップから、瞬時に飼い主を　　330
検索でき、捨て猫の対策にも効果的である。　　351
　　ＩＣタグは、将来のユビキタス社会を支える万能の技術と見込ま　　381
れているが、その一方で、プライバシー問題も懸念されている。さ　　411
らに、研究者からは、普及される前に問題点を議論し、法整備など　　441
も検討する必要があると提言されている。　　460

解答例

　　情報技術の進歩により、快適な生活環境が実現される。その一つに、
　　　　　　　　　　　　　　　　　　　　　①書式設定エラー（1エラー）
集積回路などの電子回路の小型化がある。その中で注目されているの

が、バーコードに代わって、**ICタグ**（電子荷札）と呼ばれる次世代の
　　　　　　　　　②半角入力・フォントエラー（1エラー）
しん技術である。
③誤字エラー（1エラー　文字数分エラー）

ｋａｗａｒｉに採用している。ｕｍＡＢＣｅｅ込まれたチップから、
③誤字エラー（3エラー　文字数分エラー）　③誤字エラー（2エラー　文字数分エラー）
瞬時にを検索でき、捨て猫ＮＥＫＯの対策にも効果的である。
　　　　　④脱字エラー（3エラー）⑤余分字エラー（1エラー）
　　ＩＣタグは、　将来のユビキタス社会を支える万能の技術と見込まれ
　　　　　　　　⑥句読点エラー（1エラー）
ているが、　　　　　　　　　その一方で、プライバシー問題も懸念されて
　　　　　⑦スペースエラー（1エラー　スペースが連続していても1エラー）
いる。

　　さらに、研究者からは、普及される前に問題点を議論し、法整備な
⑧改行エラー・⑦スペースエラー（2エラー）
ども検討する必要があると ｔｅ。
　　　　　　　　　　　　　　　⑤余分字エラー（1エラー）

「と」までを総字数とする。

採点

第2級の速度合格基準は、純字数が450字以上。

$$純字数＝総字数－エラー数$$

この解答例の審査結果は、総字数が452字、エラー数が17。
よって純字数は435字（不合格）となる。
※合格するためには、正しく入力することが大切である。

1 審査方法の解説

(1) 答案に印刷された最後の文字に対応する問題の字数を総字数とする。したがって脱字は総字数に含め、余分字は総字数に算入しない。

　※答案用紙の最後の文字が問題と違う場合は、問題文に該当する文字までを総字数とする。

(2) 総字数からエラー数を引いた数を純字数とする。エラーは、1箇所につき1字減点とする。

> 純字数＝総字数－エラー数

(3) 審査基準に定めるエラーにより、問題に示した行中の文字列が答案上で前後の行に移動してもエラーとしない。

(4) 禁則処理の機能のために、問題で指定した1行の文字数と違ってもエラーとしない。

(5) 答案上の誤りに、審査基準に定める数種類のエラーの適用が考えられるときは、受験者の不利にならない種類のエラーをとる。

2 エラーの解説

No.	エラーの種類	エラーの内容
①	書式設定エラー	問題で指定した1行の文字数を誤って設定した場合、全体で1エラーとする。
		⇒1行の文字数が31字入力されているため、全体で1エラー。
②	半角入力・フォントエラー	半角入力や問題で指定された以外のフォントで入力した場合、全体で1エラーとする。
		⇒「**ICタグ**」の部分がプロポーショナルフォント入力や半角入力されているため、全体で1エラー。
③	誤字エラー	問題文にある文字を誤入力した場合は、該当する問題の文字数分をエラーとする。
		⇒「しん」の部分がひらがなで入力されているので、問題文「新」の1エラー。
		⇒「ｋａｗａｒｉ」の部分が変換されていないので、問題文「代わり」の3エラー。
		⇒「ｕｍＡＢＣｅｅ」の部分が入力ミスにより誤入力されているので、問題文「埋め」の2エラー。
④	脱字エラー	問題文にある文字を入力しなかった場合、入力しなかった文字数をエラーとする。また、脱行の場合、その行の文字数をエラーとする。
		⇒「飼い主」の部分が未入力なので、3エラー。
⑤	余分字エラー	問題文にない文字を入力した場合、余分に入力した箇所を1エラーとする。
		⇒「猫」と問題文のとおりに入力されており、「ＮＥＫＯ」の部分が余分字なので、1エラー。
		⇒問題文の最後の文字が違う場合は、問題文が該当する箇所までを総字数とし、問題文と違う文字「ｔｅ。」は余分字とし、1エラーとする。
⑥	句読点エラー	句点（。）とピリオド（．）や読点（、）とコンマ（，）を混用した場合、混用した少ない方の数をエラーとする。
		⇒読点（、）の部分がコンマ（，）で入力されているので、1エラー。
⑦	スペースエラー	問題文にあるスペースが未入力の場合や、問題文にはないスペースを入力した場合は、1エラーとする。なお、連続したスペースもまとめて、1エラーとする。
		⇒「が、□□□□□□」の部分に6スペース入力されているので、1エラー。
⑧	改行エラー	問題文にある改行をしなかった場合や、問題文にはない改行をした場合は、1エラーとする。
		⇒「□さらに、」の部分が改行されスペースが入力されているので、2エラー。
⑨	繰り返し入力エラー	問題文を最後まで入力したあとに、「情報技術の進歩…」と繰り返し問題文を入力した場合は、全体で1エラーとする。
⑩	印刷エラー	逆さ印刷、裏面印刷、採点欄にかかった印刷、複数ページにまたがった印刷、破れ印刷など、明らかに本人の印刷ミスの場合は、全体で1エラーとする。

A　文書の余白／フォントの種類・サイズ／空白行／文書の印刷

問　題

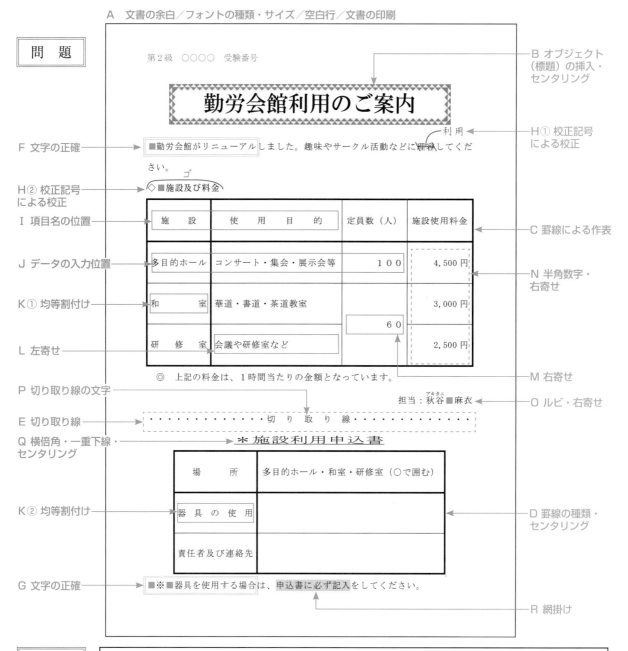

第2級　○○○○　受験番号

勤労会館利用のご案内

B オブジェクト（標題）の挿入・センタリング

F 文字の正確

■勤労会館がリニューアルしました。趣味やサークル活動などに<del>理容</del>してください。

利用　H① 校正記号による校正

H② 校正記号による校正

◇■施設及び料金　ゴ

施　　設	使　用　目　的	定員数（人）	施設使用料金
多目的ホール	コンサート・集会・展示会等	１００	4,500 円
和　　　室	華道・書道・茶道教室		3,000 円
研　修　室	会議や研修室など	６０	2,500 円

I 項目名の位置
J データの入力位置
K① 均等割付け
L 左寄せ

C 罫線による作表
N 半角数字・右寄せ
M 右寄せ

◎　上記の料金は、1時間当たりの金額となっています。

担当：秋谷■麻衣（アキタニ）　O ルビ・右寄せ

P 切り取り線の文字
E 切り取り線

・・・・・・・・・・・・・切　り　取　り　線・・・・・・・・・・・・・・

Q 横倍角・一重下線・センタリング

＊施設利用申込書

場　　所	多目的ホール・和室・研修室（○で囲む）
器　具　の　使　用	
責任者及び連絡先	

K② 均等割付け
D 罫線の種類・センタリング

G 文字の正確

■※■器具を使用する場合は、申込書に必ず記入をしてください。

R 網掛け

審　査

実技の合格基準は、70点以上とする。
(1)第2級の審査は、模範解答と審査基準、審査表をもとに審査箇所方式で行う。
(2)審査基準では、文字の正確エラーと編集エラーの両面からの審査でエラーとする。
(3)文字の正確エラーは速度採点方法に準じる。
(4)編集エラー
　①均等割付け・センタリング・右寄せ・網掛け・下線（アンダーライン）・文字の線囲み・
　　影付き文字・中抜き文字・斜体文字・横倍角（横200%）・ルビなど指示された文字に
　　上記の編集機能が、適正に行われていない場合は、審査箇所ごとにエラーとする。
　②オブジェクトの挿入が、問題の指示どおりに挿入されていない場合はエラーとする。
　　ａ．オブジェクトが、入力した文字（審査箇所）と重なって文字が判読できない場合は、
　　　　オブジェクトの挿入エラーと重複してエラーとする。
　　ｂ．オブジェクトが枠線と重なった場合、罫線や枠線が引いてあると判断できれば、
　　　　図表エラーとしない。
　③切り取り線の作成は、点線、破線、中点、3点リーダ、負符号などで作成する。
　　ａ．切り取り線の文字が、センタリングされていない場合はエラーとする。
　　ｂ．文字と文字との間のスペースが違う場合はエラーとする。
　　ｃ．切り取り線が問題のとおり作成されていない場合はエラーとする。
(5)図表エラーは、模範解答どおりの行数・列数・行間2及び線種で作成されていない場合
　はエラーとする。

第 2 級 実 技 問 題 審 査 例 解 説

1 審査方法の解説

※審査は、2級審査基準、審査表をもとに採点箇所方式となっており、審査箇所以外は、文字の正確エラーや編集エラーがあってもエラーにはならない。

＊本書では審査基準、審査表を載せていないので、指示事項の箇所を審査の対象とする。

2 審査項目の解説

No.	審査項目	審査基準と内容	点数
A	文書の余白	余白が上下左右それぞれ20ｍｍ以上30ｍｍ以下となっていない場合はエラーとする。 ※下余白については30ｍｍを超えても35ｍｍ以下であれば許容とする。	全体で5点
	フォントの種類・サイズ	審査箇所で、指示のない文字は、フォントの種類は明朝体の全角で、サイズは12ポイントに統一されていること。 ※「施設使用料金」のデータは、審査項目「N」で採点する。 ※ルビのフォントの種類は、審査項目「O」で採点する。	
	空白行	問題文にない1行を超えた空白行がある場合はエラーとする。	
	文書の印刷	逆さ印刷・裏面印刷・採点欄にかかった印刷・複数ページにまたがった印刷・破れ印刷など、明らかに本人による印刷ミスはエラーとする。	
B	オブジェクト（標題）の挿入・センタリング	標題が体裁よく指示された場所に挿入され、センタリングされていること。 ※他の文字・罫線・枠線などにかかっている場合はエラーとする。	5点
C	罫線による作表	「◇ 施設及び料金」の表が、罫線により4行4列で、行間2、行頭・行末を越えずに作表されていること。表内の文字は1行で入力され、上下のスペースが同じであること。 ※行頭とは行頭文字のすぐ左側、行末とは行末文字のすぐ右側のことである。 ※罫線が行頭、または行末より外側の余白部分に引かれている場合はエラーとし、審査項目「A」ではエラーとしない。 ※罫線が行頭、または行末の内側に引かれている場合はエラーとしない。 ※罫線の種類が異なってもエラーとしない。	5点
D	罫線の種類・センタリング	「＊施設利用申込書」の表が、罫線の種類が太実線と細実線で引かれ、センタリングされていること。 ※表内の文字は、上下のスペースが同じでなくてもエラーとしない。 ※表内の文字は、1行で入力されていなくてもエラーとしない。	5点
E	切り取り線	切り取り線「・・・」が作成され、文字に重なっていないこと。 ※切り取り線の種類は、「点線・破線・中点・3点リーダ・負符号」などで作成されていればエラーとしない。なお、作成においては「点」などの数は問わない。 ※切り取り線の長さが、行頭・行末を越えた場合や下の表より短い場合はエラーとする。 ※「切り取り線」の文字は、審査項目「P」で審査する。	5点
F	文字の正確	□□□□ 内の文字が、正しく入力されていること。 ※フォントの種類が異なる場合や半角で入力した場合は、審査項目「A」で審査する。	「■勤労会館がリニューアル」（F）	5点
G			「■※■器具を使用する場合」（G）	5点

編集エラーの審査箇所は、試験ごとに指示があり、審査については、編集エラーおよび未入力文字・誤字・脱字・余分字などのエラーが一つでもあれば、当該項目は不正解とする。ただし、本書では指示事項のすべてを該当箇所とする。

No.	審査項目	審査基準と内容	点数
H	校正記号による校正	「理容」が「利用」に校正（H①）されていること。	5点
		「◇■施設及び料金」がゴシック体に校正（H②）されていること。	5点
I	項目名の位置	「◇■施設及び料金」の表の「施設」「使用目的」は、枠内における左右のスペースが同じであること。	5点
J	データの入力位置	「多目的ホール」のデータが左から「施設」「使用目的」「定員人数（人）」の順に並んでいること。 ※文字の配置（均等割付け、左寄せ、センタリグ、右寄せなど）は問わない。	5点
K	施設の均等割付け	「和室」が枠内で均等割付け（K①）されていること。	5点
	場所の均等割付け	「器具の使用」が枠内で均等割付け（K②）されていること。	5点
L	使用目的の左寄せ	「会議や研修など」が左寄せされていること。	5点
M	定員人数の右寄せ	「６０」が枠内で右寄せされていること。	5点
N	施設使用料金の数字・右寄せ	「施設使用料金」の数字が、明朝体の半角で、サイズは12ポイントで、3桁ごとにコンマが付き、右寄せされていること。	5点
O	ルビ・担当の右寄せ	「秋谷」の文字にカタカナでルビがふられており、「担当：秋谷■麻衣」が右寄せされていること。 ※ルビの配置（均等割付け、左寄せ、センタリング、右寄せなど）は問わない。	5点
P	切り取り線の文字	「切り取り線」の文字が均等に配置され、センタリングされていること。 ※「切り取り線」の線は、審査項目「E」で審査する。	5点
Q	施設利用申込書の編集	「＊施設利用申込書」の文字が横倍角（横200%）で、一重下線が引かれ、センタリングがされていること。	5点
R	網掛け	「申込書に必ず記入」の文字に網掛けがされていること。 ※「申込書に必ず記入」以外の文字に網掛けされている場合はエラーとする。	5点

※「■」は審査箇所であり、スペース1文字分とする。　　※左右半角1文字分までのずれは許容する。

ビジネス文書部門筆記編　解答

p.122〜　筆記①対策問題

①-1①エ　②ウ　③カ　④オ　⑤シ　⑥サ　⑦ク　⑧イ
①-2①コ　②ウ　③エ　④ク　⑤サ　⑥オ　⑦キ　⑧ア
①-3①コ　②ク　③イ　④カ　⑤オ　⑥エ　⑦キ　⑧シ
①-4①イ　②コ　③ク　④ケ　⑤キ　⑥エ　⑦ア　⑧オ
①-5①シ　②ア　③ク　④ウ　⑤イ　⑥サ　⑦カ　⑧エ
①-6①イ　②オ　③シ　④サ　⑤エ　⑥キ　⑦ケ　⑧ア

p.125〜　筆記②対策問題

②-1①コ　②オ　③ケ　④イ　⑤カ　⑥ウ　⑦○　⑧サ
②-2①ア　②キ　③○　④ク　⑤シ　⑥コ　⑦ウ　⑧サ
②-3①イ　②ウ　③サ　④ア　⑤○　⑥ケ　⑦ウ　⑧オ
②-4①○　②オ　③イ　④エ　⑤カ　⑥ク　⑦ウ　⑧キ
②-5①イ　②エ　③キ　④シ　⑤オ　⑥コ　⑦ケ　⑧○
②-6①サ　②○　③ク　④イ　⑤シ　⑥エ　⑦オ　⑧カ

p.134〜　筆記③対策問題

③-1①ウ　②ア　③イ　④ア　⑤ウ
③-2①ア　②ウ　③イ　④イ　⑤ウ　⑥ア
③-3①ウ　②イ　③ウ　④ア　⑤イ　⑥ウ　⑦イ
③-4①イ　②ア　③イ　④ウ　⑤ア　⑥イ　⑦ア　⑧イ
　　⑨ア　⑩ウ
③-5①ア　②ウ　③イ　④ア　⑤イ　⑥ア　⑦ウ　⑧イ
③-6①イ　②ア　③イ　④ウ　⑤ア　⑥ウ　⑦ア　⑧イ
③-7①イ　②ウ　③イ　④ア　⑤ア　⑥イ　⑦ア　⑧イ
　　⑨ウ
③-8①ウ　②イ　③ア　④イ　⑤ウ　⑥ア　⑦イ　⑧イ
③-9①イ　②ア　③ウ　④イ　⑤ウ　⑥イ　⑦ア　⑧ウ

p.138〜　筆記④対策問題

④-1①イ　②ア　③ウ　④イ　⑤ア
④-2①ウ　②ア　③イ　④ウ
④-3①イ　②ア　③ウ　④ウ　⑤ア
④-4①ア　②ウ　③イ　④ウ　⑤イ　⑥ウ　⑦イ
④-5①ウ　②イ　③イ　④ウ　⑤ア　⑥ウ　⑦イ　⑧ウ
　　⑨ウ　⑩イ　⑪ウ
④-6①ウ　②ア　③イ　④ア　⑤イ　⑥イ
④-7①イ　②ウ　③イ　④ア　⑤ウ　⑥イ

p.153〜　筆記⑤対策問題

⑤-1①がいとう　②さば　③かいこ　④ていねい
　　⑤せつげん　⑥いんそつ
⑤-2①ぜんしょ　②ねんざ　③ていけい　④しょさ
　　⑤にぎ　⑥さっしん
⑤-3①りじゅん　②こんせつ　③そきゅう
　　④べんしょう　⑤ふりこみ　⑥すいとう
⑤-4①たいしゃく　②しょうのう　③せいしょう
　　④おい　⑤さいそく　⑥きじょう
⑤-5①ざいむ　②きゅうり　③そば　④はけん
　　⑤りこう　⑥すずり
⑤-6①しょうさい　②じんそく　③こんい　④はすう
　　⑤ようし　⑥すいか
⑤-7①ひも　②きゅうとう　③ゆ　④そくしん
　　⑤にっぽう　⑥かんけつ
⑤-8①てんぷ　②かわせ　③ねぎ　④みけん
　　⑤へいしゃ　⑥しょち
⑤-9①なまず　②はいき　③けいさい　④じっし
　　⑤しょうが　⑥はあく
⑤-10①かんれき　②ろっこつ　③わさび　④くも
　　⑤ほっそく　⑥うそ

p.155〜　筆記⑥対策問題

⑥-1①ア　②ア　③ウ　④イ
⑥-2①ア　②イ　③ア　④ウ
⑥-3①イ　②ウ　③ア　④イ
⑥-4①イ　②ア　③ア　④ウ
⑥-5①ア　②イ　③ウ　④イ
⑥-6①イ　②ア　③ウ　④イ
⑥-7①イ　②ウ　③ア　④イ
⑥-8①イ　②ア　③ア　④ウ
⑥-9①イ　②ウ　③ア　④イ
⑥-10①イ　②イ　③ア　④ウ

p.157〜　筆記⑦対策問題

⑦-1①ア　②ウ　③イ　④イ　⑤ア　⑥イ
⑦-2①イ　②イ　③イ　④ア　⑤ア　⑥イ
⑦-3①ア　②ウ　③ア　④ア　⑤イ　⑥ウ
⑦-4①イ　②ウ　③イ　④イ　⑤ア　⑥イ
⑦-5①ア　②イ　③ア　④ウ　⑤イ　⑥ウ
⑦-6①イ　②イ　③ア　④ウ　⑤ア　⑥イ
⑦-7①ア　②イ　③ア　④ア　⑤イ　⑥ア
⑦-8①イ　②ア　③イ　④イ　⑤ア　⑥イ
⑦-9①ア　②ア　③イ　④イ　⑤ウ　⑥イ
⑦-10①イ　②ウ　③イ　④ウ　⑤ア　⑥イ

p.159～　筆記8対策問題

8－1 ①イ　②イ　③ウ　④ア　⑤ア　⑥ウ
8－2 ①イ　②ウ　③ア　④ア　⑤イ　⑥ア
8－3 ①イ　②ア　③ア　④ウ　⑤ウ　⑥ウ
8－4 ①ウ　②ア　③イ　④イ　⑤ウ　⑥ウ
8－5 ①ア　②イ　③ウ　④イ　⑤ア　⑥ア
8－6 ①イ　②ウ　③ウ　④ア　⑤ウ　⑥ウ
8－7 ①ウ　②ア　③イ　④ア　⑤ア　⑥イ
8－8 ①イ　②イ　③ウ　④ア　⑤イ　⑥イ
8－9 ①ア　②イ　③ウ　④イ　⑤ア　⑥ア
8－10 ①イ　②イ　③ウ　④ア　⑤ア　⑥イ
8－11 ①イ　②ウ　③ア　④ウ　⑤イ　⑥ウ
8－12 ①イ　②ア　③ウ　④ア　⑤ア　⑥イ
8－13 ①ア　②イ　③ウ　④イ　⑤ア　⑥ウ
8－14 ①イ　②ア　③ア　④イ　⑤ア　⑥ウ
8－15 ①イ　②ア　③ウ　④ア　⑤イ　⑥ウ

筆記総合問題

p.162～　第1回　筆記総合問題

1 ①ウ　②ア　③エ　④コ　⑤カ　⑥サ　⑦ケ　⑧シ
2 ①エ　②イ　③シ　④○　⑤コ　⑥オ　⑦ケ　⑧キ
3 ①ア　②ウ　③ア　④イ　⑤イ　⑥ウ　⑦ア　⑧ウ
4 ①イ　②ウ　③ア　④ウ　⑤ウ　⑥イ
5 ①じょうじゅ　②そうけん　③はいりょ　④あみど
　⑤いす　⑥げらく
6 ①イ　②イ　③ア　④ウ
7 ①ア　②ア　③ア　④ウ　⑤イ　⑥ウ
8 ①イ　②イ　③ア　④ア

p.165～　第2回　筆記総合問題

1 ①オ　②ク　③シ　④エ　⑤イ　⑥キ　⑦コ　⑧ウ
2 ①○　②カ　③キ　④オ　⑤ケ　⑥ウ　⑦ク　⑧ア
3 ①ア　②ウ　③イ　④ウ　⑤イ　⑥イ　⑦ウ　⑧ア
4 ①イ　②イ　③ウ　④ア　⑤ウ　⑥ア
5 ①まっちゃ　②よもぎ　③じんぞう　④たんぽ
　⑤かつお　⑥てんじょう
6 ①ウ　②ア　③イ　④ア
7 ①ア　②ウ　③イ　④ウ　⑤ア　⑥ア
8 ①ア　②イ　③ウ　④イ

模擬試験問題

p.169～　筆記－1

1 ①シ　②オ　③イ　④カ　⑤ケ　⑥ク　⑦ア　⑧コ
2 ①ク　②エ　③○　④イ　⑤サ　⑥カ　⑦○　⑧シ
3 ①イ　②イ　③ア　④ウ　⑤ウ　⑥ア　⑦ウ　⑧イ
4 ①ウ　②イ　③ア　④イ　⑤イ　⑥ア
5 ①しょめい　②うなぎ　③りやく
　④かどう　⑤のこぎり　⑥はまぐり
6 ①イ　②ウ　③ア　④イ
7 ①ウ　②イ　③ア　④イ　⑤ウ　⑥ア
8 ①ア　②ウ　③ウ　④イ

p.175～　筆記－2

1 ①ケ　②イ　③オ　④キ　⑤ク　⑥コ　⑦サ　⑧ウ
2 ①エ　②○　③シ　④コ　⑤ア　⑥○　⑦サ　⑧ケ
3 ①ア　②ウ　③イ　④ウ　⑤ウ　⑥ア　⑦イ　⑧ア
4 ①ウ　②イ　③ア　④ア　⑤イ　⑥ウ
5 ①しいたけ　②そえじ　③はばつ
　④かぼちゃ　⑤しょうじ　⑥えて
6 ①ウ　②イ　③イ　④ア
7 ①ウ　②イ　③ア　④イ　⑤ウ　⑥ア
8 ①ウ　②ア　③ウ　④イ

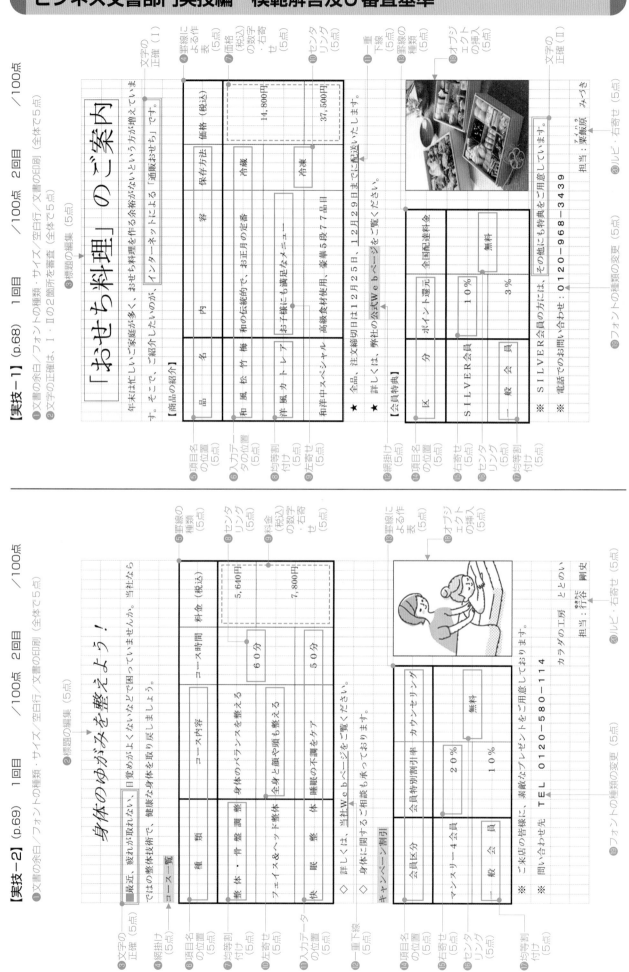

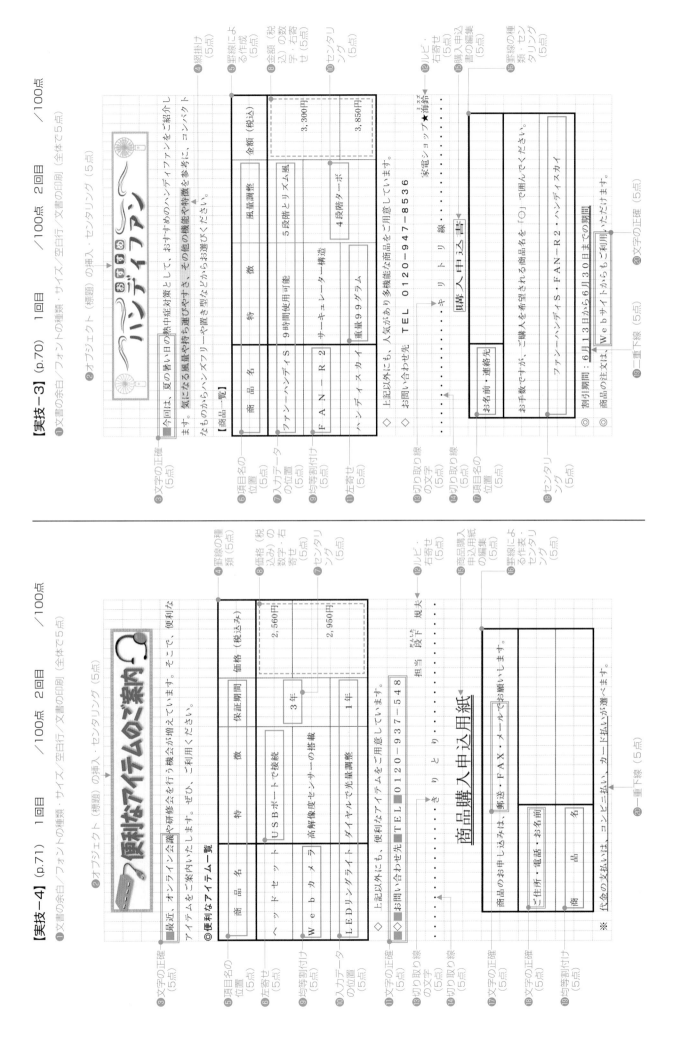

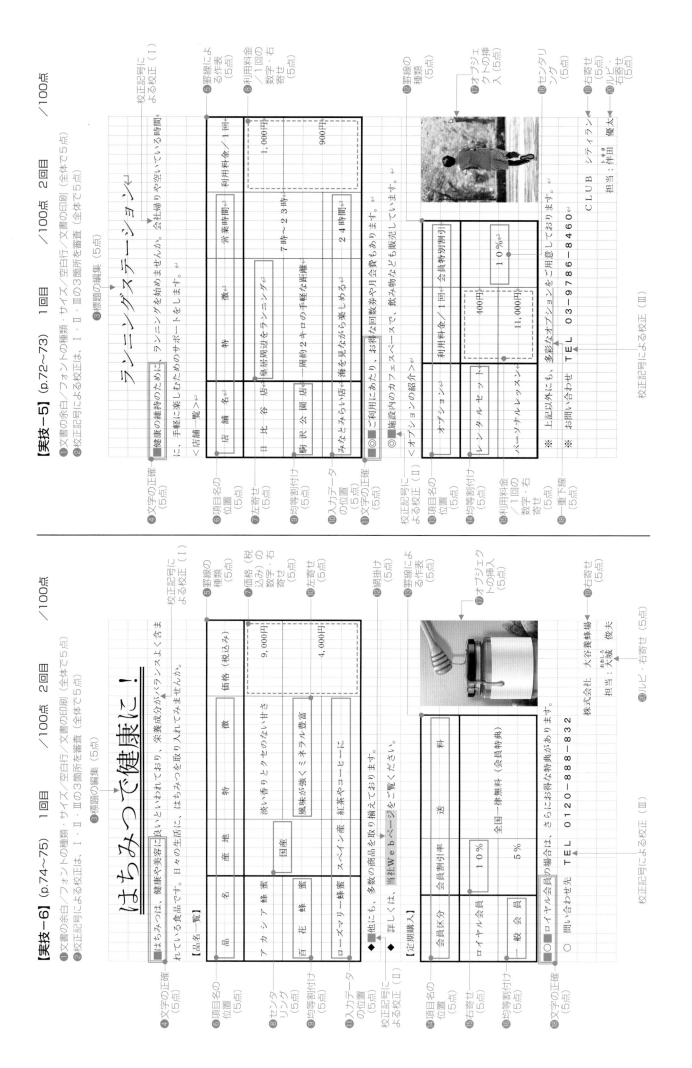

【実技−7】(p.76〜77)　1回目　／100点　2回目　／100点

①文書の余白／フォントの種類・サイズ／空白行／文書の印刷（全体で5点）
②文字の正確は、Ⅰ・Ⅱの2箇所を審査（全体で5点）
③校正記号による校正は、Ⅰ・Ⅱ・Ⅲの3箇所を審査（全体で5点）
④オブジェクト（標題）の挿入・センタリング（5点）

ハウスクリーニング

■お客様の快適な生活のために、ご要望に合わせたプランをご提供いたします。
※　現在、割引キャンペーンを行っておりますので利用ください。
【清掃内容と価格表】

清掃メニュー	内　容	清掃作業時間	価格（税抜き）
キッチン・洗面所	こびり付いた油を取り除く	１２０分	13,000円
洗　濯　槽　洗　浄	カビや汚れを分解洗浄	６０分	
エアコン洗浄		８０分	8,000円

＊　お問い合わせ先　ＴＥＬ　０１２０−９８５−７４８３
ゴッド特許商会
担当：正木　裕也

・・・・・・・・・・　切　り　取　り　・・・・・・・・・・

依頼申込書

清掃メニュー	キッチン、洗面所、洗濯槽洗浄、エアコン洗浄
お名前・ご連絡先	
支　払　方　法	当日支払い、事前に口座振込支払い

■※ 事前の口座振込の場合、5%の値引きをさせていただきます。
文字の正確（Ⅱ）

（注釈）
- 校正記号による校正（Ⅰ）
- 文字の正確（Ⅰ）
- ⑤二重下線（5点）
- ⑥罫線による名作表（5点）
- ⑦項目名の位置（5点）
- ⑧入力データの位置（5点）
- ⑨価格（税抜き）の数字・右寄せ（5点）
- ⑩均等割付け（5点）
- ⑪左寄せ（5点）
- ⑫右寄せ（5点）
- ⑬ルビ・右寄せ（5点）
- ⑭右寄せ（5点）
- ⑮切り取り線の文字（5点）
- ⑯切り取り線（5点）
- ⑰依頼申込書の編集（5点）
- ⑱罫線の種類・センタリング（5点）
- ⑲項目名の位置（5点）
- ⑳均等割付け（5点）
- 校正記号による校正（Ⅲ）

【実技−8】(p.78〜79)　1回目　／100点　2回目　／100点

①文書の余白／フォントの種類・サイズ／空白行／文書の印刷（全体で5点）
②校正記号による校正は、Ⅰ・Ⅱ・Ⅲの3箇所を審査（全体で5点）
③均等割付けは、Ⅰ・Ⅱの2箇所を審査（全体で5点）

メガネ！最新モデル

■学校・仕事でも、スマートな自分を演出したい。そこで、シンプルなデザインに
より、心を表現できる最新モデルのメガネをご用意しました。
＜最新モデル＞

ブランド名	特　徴	付加防止機能	初夢特価（税込み）
ナチュー	純チタンの高品質なメガネ		18,000円
ＷＯＡ	バネ機構がＷの形状	汚れ	
ＩＥＹＥＲ	女性らしい丸みあるフォルム	キズ	17,000円

◇　ネジを使用しない構造で極薄のステンレススフレームを使用していています。
◇　お問い合わせ先　ＴＥＬ　０１２０−９７３−５８４
【あんしん眼鏡】
担当　吉川　晴子

・・・・・・・・・・　キ　リ　ト　リ　・・・・・・・・・・

商品注文票

ナチュー・ＷＯＡ・ＩＥＹＥＲ【ご希望のモデルを〇で囲んでください】
ご住所・連絡先
お　名　前

◎　全商品とも保証付、フレーム調整、修理もお任せください。
波線の下線（5点）

（注釈）
- ④オブジェクト（標題）の挿入・センタリング（5点）
- ⑤文字の正確（5点）
- ⑥罫線の種類（5点）
- ⑦項目名の位置（5点）
- ⑧初夢特価（税込み）の数字・右寄せ（5点）
- ⑨センタリング（5点）
- ⑩左寄せ（5点）
- ⑪入力データの位置（5点）
- ⑫網掛け（5点）
- ⑬右寄せ（5点）
- ⑭ルビ・右寄せ（5点）【あんしん眼鏡】
- ⑮切り取り線（5点）
- ⑯切り取り線の文字（5点）
- ⑰商品注文票の編集（5点）
- ⑱罫線による名作表・センタリング（5点）
- ⑲文字の正確（5点）
- ⑳均等割付け（Ⅱ）
- 文字の正確（Ⅰ）
- 校正記号による校正（Ⅰ）
- 校正記号による校正（Ⅱ）
- 均等割付け（Ⅰ）

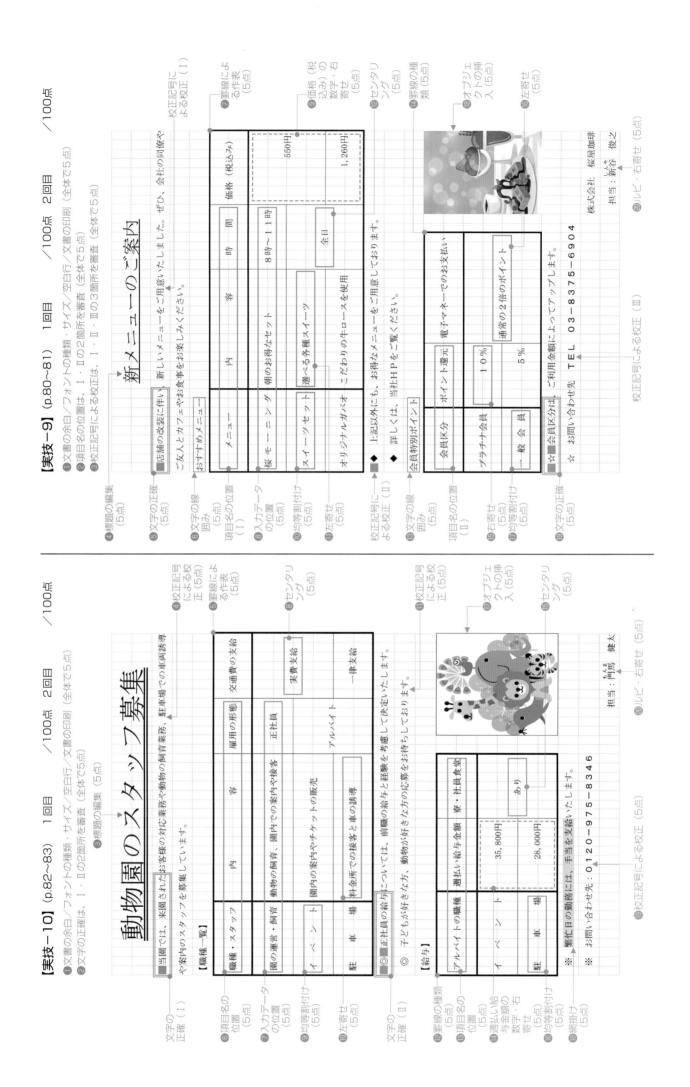

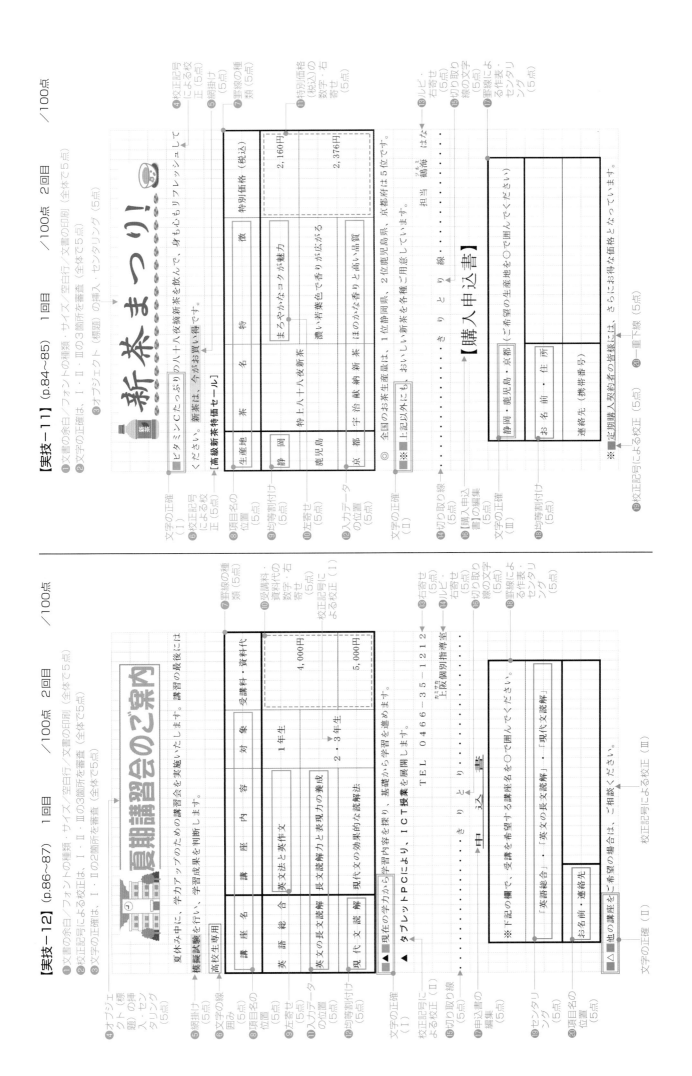

【実技ー11】(p.84〜85)　1回目　/100点　2回目　/100点

①文書の余白／フォントの種類・サイズ／空白行／文書の印刷（全体で5点）
②校正記号による校正は、Ⅰ・Ⅱ・Ⅲの3箇所を審査（全体で5点）
③文字の正確は、Ⅰ・Ⅱ・Ⅲの3箇所を審査（全体で5点）
③オブジェクト（標題）の挿入・センタリング（5点）

【実技ー12】(p.86〜87)　1回目　/100点　2回目　/100点

①文書の余白／フォントの種類・サイズ／空白行／文書の印刷（全体で5点）
②校正記号による校正は、Ⅰ・Ⅱ・Ⅲの3箇所を審査（全体で5点）
③文字の正確は、Ⅰ・Ⅱの2箇所を審査（全体で5点）

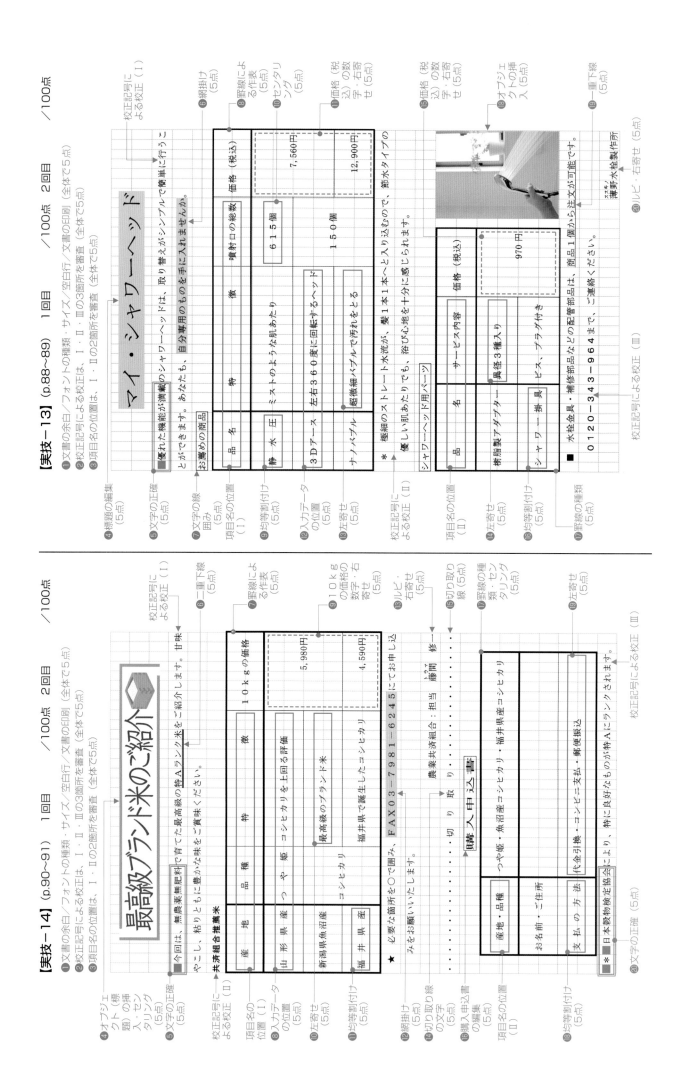

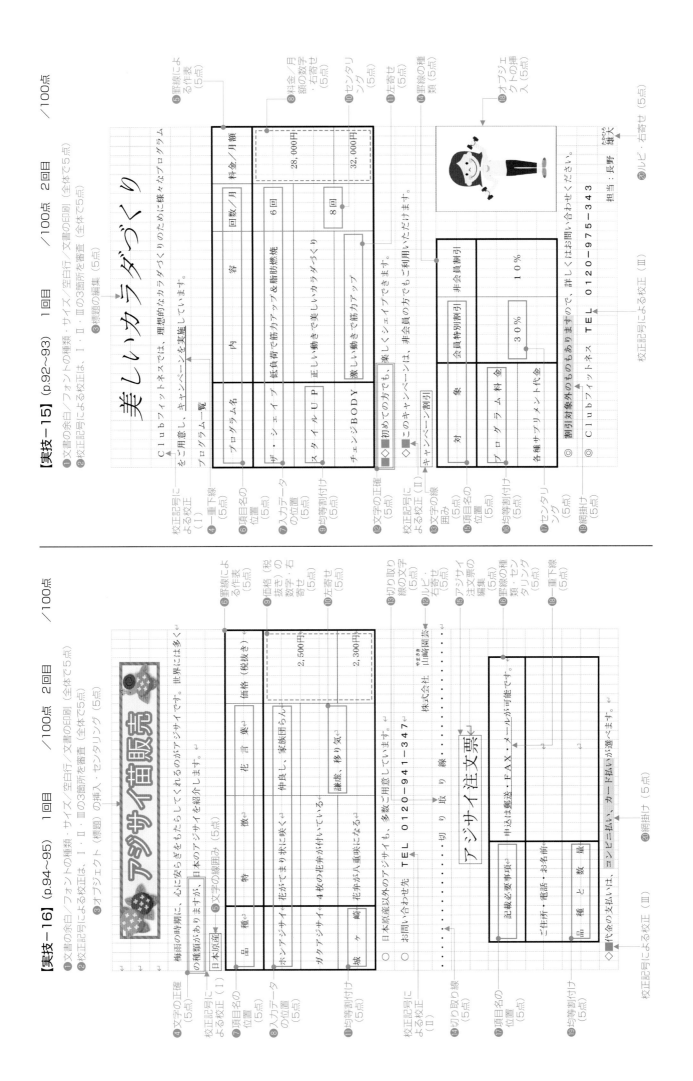

①文書の余白／フォントの種類・サイズ／空白行／文書の印刷 (全体で5点)
②校正記号による校正は、Ⅰ・Ⅱ・Ⅲの3箇所を審査 (全体で5点)
③標題の編集 (5点)

美しいカラダづくり

Ｃｌｕｂフィットネスでは、理想的なカラダづくりのために様々なプログラムをご用意し、キャンペーンを実施しています。

プログラム一覧

プログラム名	内　　　　容	回数／月	料金／月額
ザ・シェイプ	低負荷で筋力アップ＆脂肪燃焼	6回	28,000円
スタイルＵＰ	正しい動きで美しいカラダづくり		
チェンジＢＯＤＹ	激しい動きで筋力アップ	8回	32,000円

◇◆初めての方でも、楽しくシェイプできます。
◇このキャンペーンは、非会員の方でもご利用いただけます。

キャンペーン割引

対　　象	会員特別割引	非会員割引
プログラム料金	30%	10%
各種サプリメント代金		

◎割引対象外のものもありますので、詳しくはお問い合わせください。
◎Ｃｌｕｂフィットネス　ＴＥＬ　0120-975-343

担当：長野　雄大

校正記号による校正 (Ⅰ)
校正記号による校正 (Ⅱ)
校正記号による校正 (Ⅲ)

④罫線の種類・罫作表 (5点)
⑤罫線の余白・右寄せ (5点)
④重下線 (5点)
⑥項目名の位置 (5点)
⑦入力データの位置 (5点)
⑧料金／月・額の数字・右寄せ (5点)
⑨均等割付け (5点)
⑩センタリング (5点)
⑪左寄せ (5点)
⑫文字の正確 (5点)
⑬文字の線囲み (5点)
⑭罫線の種類 (5点)
⑮項目名の位置 (5点)
⑯均等割付け (5点)
⑰センタリング (5点)
⑱オブジェクトの挿入 (5点)
⑲網掛け (5点)
⑳ルビ・右寄せ (5点)

---

①文書の余白／フォントの種類・サイズ／空白行／文書の印刷 (全体で5点)
②校正記号による校正は、Ⅰ・Ⅱ・Ⅲの3箇所を審査 (全体で5点)
③オブジェクト (標題) の挿入・センタリング (5点)

アジサイ苗販売

梅雨の時期に、心に安らぎをもたらしてくれるのがアジサイです。世界には多くの種類があります。日本のアジサイを紹介します。

日本原産

品　種	特　徴	花言葉	価格 (税抜き)
ホンアジサイ	花が手まり状に咲く	伸良し、家族団らん	2,500円
ガクアジサイ	4枚の花弁が付いている	謙虚、移り気	
城ヶ崎	花弁が八重咲になる		2,300円

○ 日本原産以外のアジサイも、多数ご用意しています。
○ お問い合わせ先　ＴＥＬ　0120-941-347

切　り　取　り　線

株式会社　山崎園芸

アジサイ注文票

申込みは郵送・ＦＡＸ・メールが可能です。

記載必要事項	
ご住所・電話・お名前	
品種と数量	

◇代金の支払いは、コンビニ払い、カード払いが選べます。

校正記号による校正 (Ⅰ)
校正記号による校正 (Ⅱ)
校正記号による校正 (Ⅲ)

④文字の正確 (5点)
⑥罫線による名作表 (5点)
⑦項目名の位置 (5点)
⑧入力データの位置 (5点)
⑨価格 (税抜き) の数字・右寄せ (5点)
⑩左寄せ (5点)
⑤文字の線囲み (5点)
⑪均等割付け (5点)
⑬切り取り線の文字 (5点)
⑫ルビ・右寄せ (5点)
⑭切り取り線 (5点)
⑮アジサイ注文票の編集 (5点)
⑯罫線の種類・センタリング (5点)
⑰項目名の位置 (5点)
⑱重下線 (5点)
⑲均等割付け (5点)
⑳網掛け (5点)

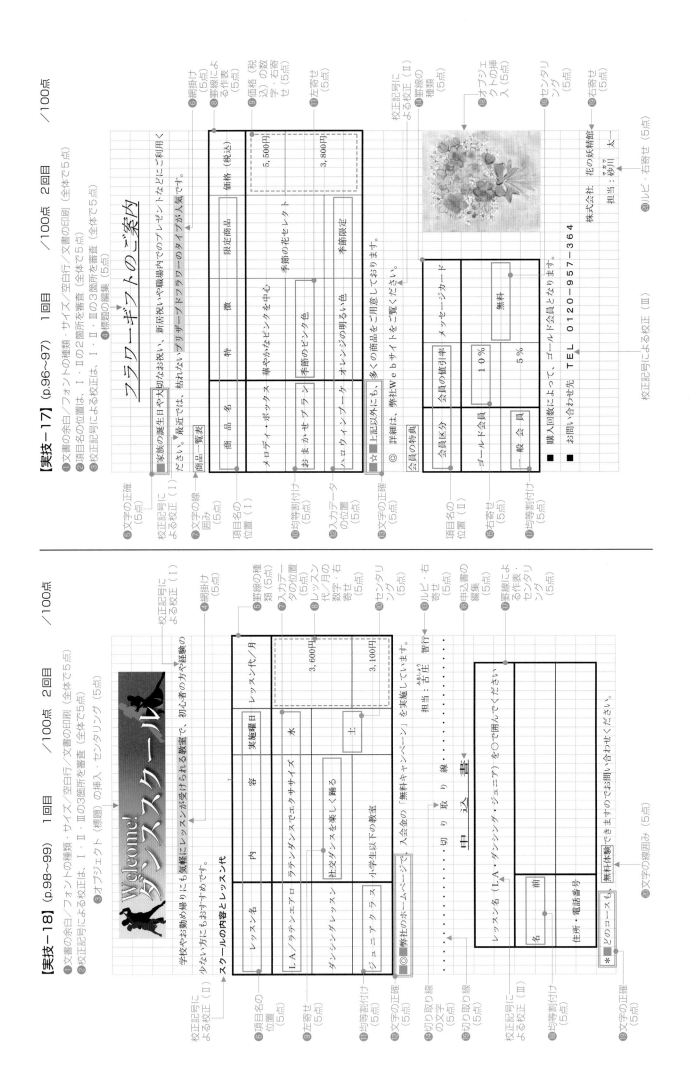

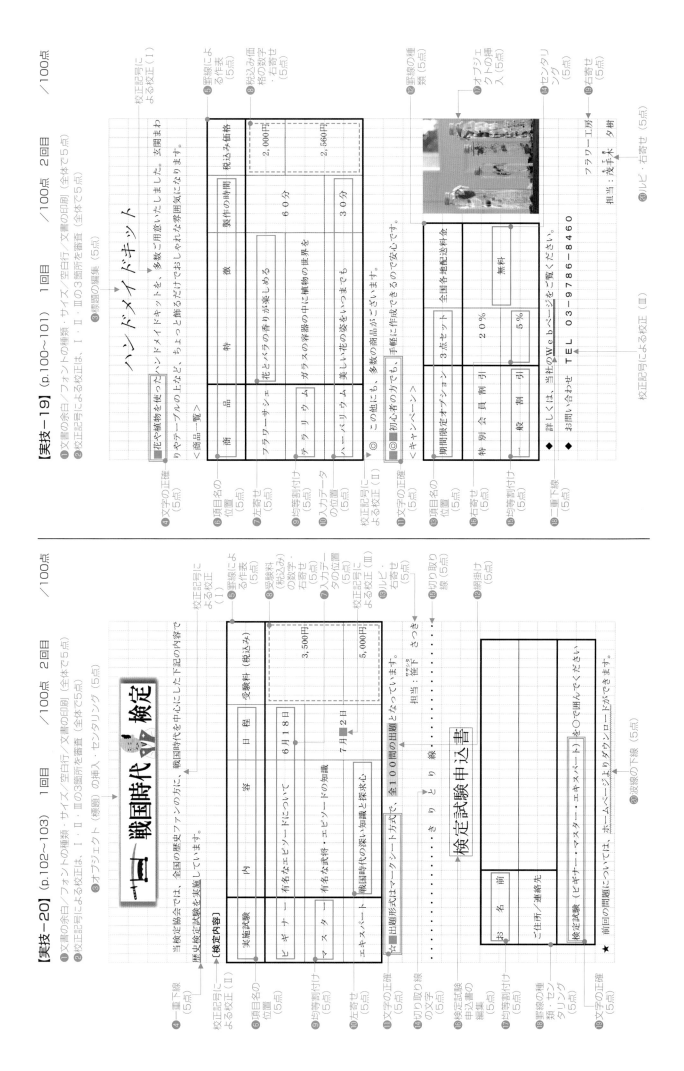

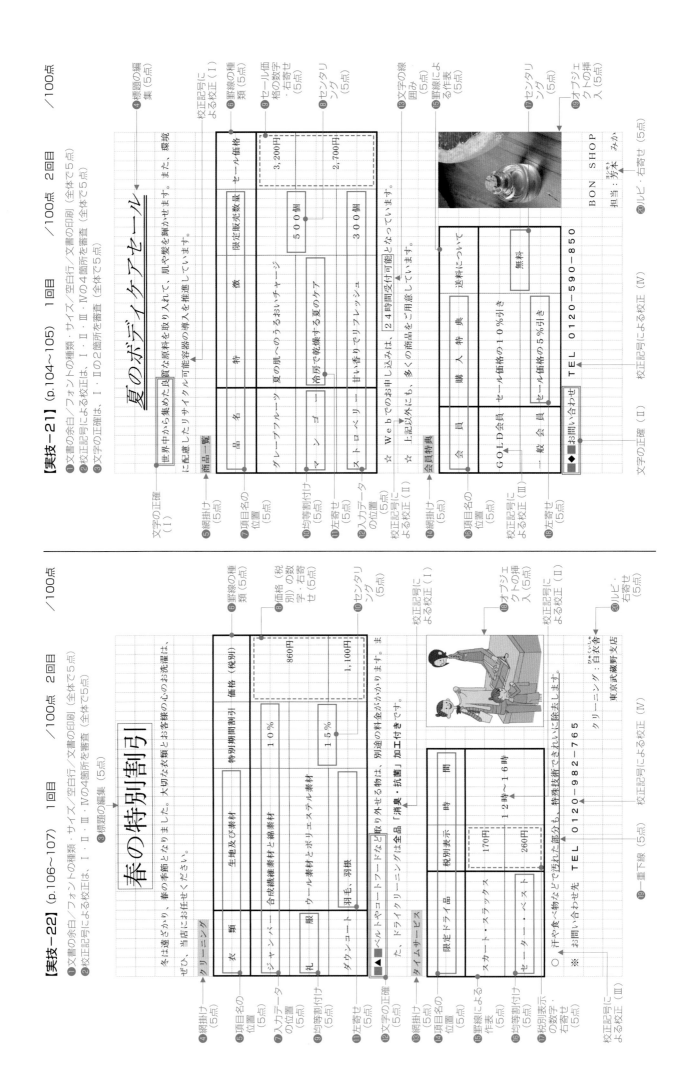

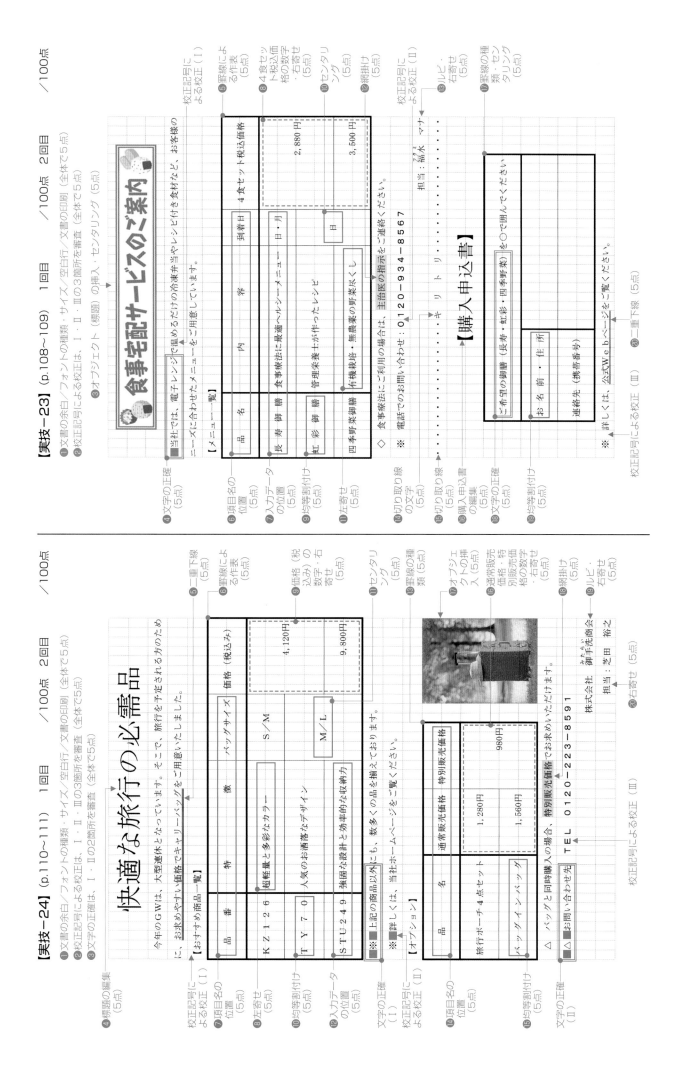

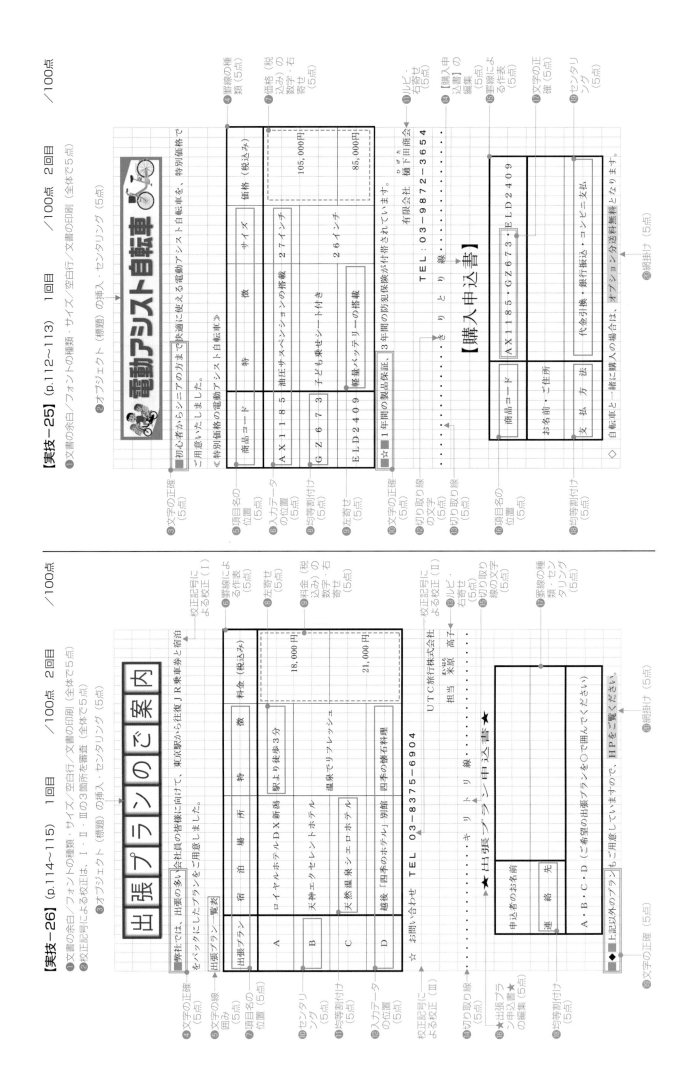

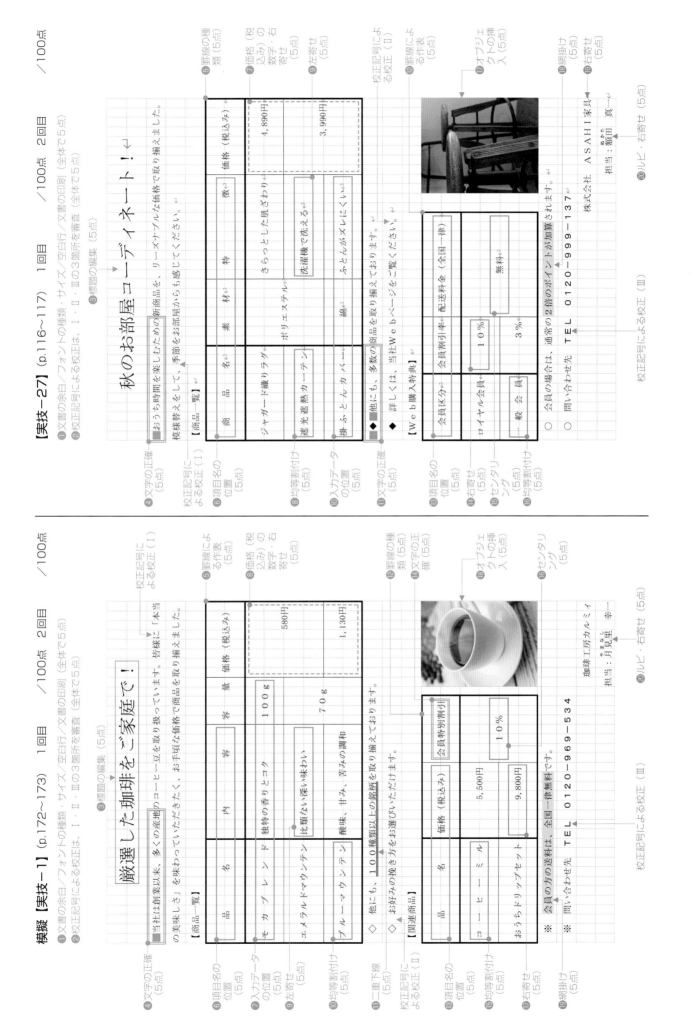

— 21 —

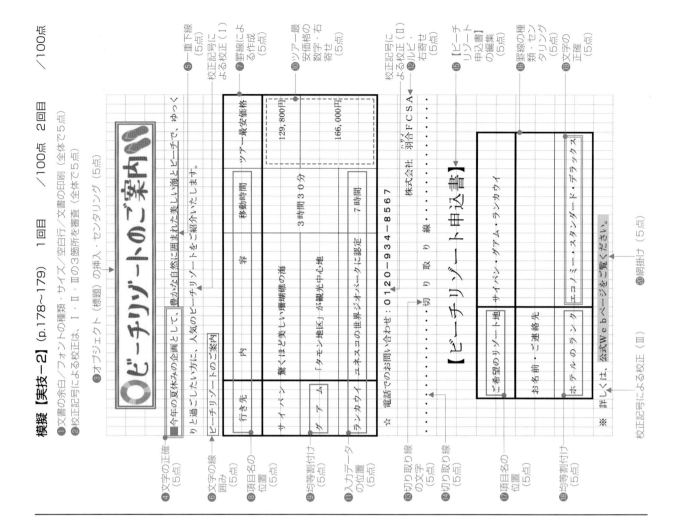

模擬 【実技−2】 (p.178〜179)　1回目　／100点　2回目　／100点

①文書の余白／フォントの種類・サイズ／空白行／文書の印刷（全体で5点）
②校正記号による校正は、Ⅰ・Ⅱ・Ⅲの3箇所を審査（全体で5点）
③オブジェクト（標題）の挿入・センタリング（5点）

○ビーチリゾートのご案内

今年の夏休みの企画として、豊かな自然に囲まれた美しい海とビーチで、ゆっくりと過ごしたい方に、人気のビーチリゾートをご紹介いたします。

ビーチリゾートのご案内

行き先	内　容	移動時間	ツアー最安価格
サイパン	驚くほど美しい珊瑚礁の海		
グ ア ム	「タモン地区」が観光中心地	3時間30分	129,800円
ランカウイ	ユネスコの世界ジオパークに認定	7時間	166,000円

☆ 電話でのお問い合わせ：0120−934−8567

株式会社 羽合FCSA

‥‥‥‥‥‥ 切 り 取 り 線 ‥‥‥‥‥‥

【ビーチリゾート申込書】

ご希望のリゾート地	サイパン・グアム・ランカウイ
お名前・ご連絡先	
ホテルのランク	エコノミー・スタンダード・デラックス

※ 詳しくは、公式Webページをご覧ください。

④文字の正確 (5点)
⑤一重下線 (5点)
⑥文字の線囲み (5点)
⑦罫線による名作成 (Ⅰ) (5点)
⑧項目名の位置 (5点)
⑨均等割付け (5点)
⑩ツアー最安価格の数字・右寄せ (5点)
⑪入力データの位置 (5点)
⑫リピ・右寄せ (5点)
⑬切り取り線の文字 (5点)
⑭切り取り線 (5点)
⑮【ビーチリゾート申込書】の編集 (5点)
⑯罫線の種類・センタリング (5点)
⑰項目名の位置 (5点)
⑱均等割付け (5点)
⑲文字の正確 (5点)
⑳網掛け (5点)

校正記号による校正 (Ⅰ)
校正記号による校正 (Ⅱ)
校正記号による校正 (Ⅲ)

ビジネス文書実務検定試験

公益財団法人 全国商業高等学校協会主催・文部科学省後援

第70回　ビジネス文書実務検定試験　　(5.7.2)

第2級

速 度 部 門　問 題

（制限時間10分）

試験委員の指示があるまで、下の事項を読みなさい。

〔 書 式 設 定 〕

ａ．１行の文字数を３０字に設定すること。

ｂ．フォントの種類は明朝体とすること。

ｃ．プロポーショナルフォントは使用しないこと。

〔 注 意 事 項 〕

１．ヘッダーに左寄せで受験級、試験場校名、受験番号を入力すること。

２．問題のとおり、すべて全角文字で入力すること。

３．長音は必ず長音記号を用いること。

４．入力したものの訂正や、適語の選択などの操作は、制限時間内に行うこと。

５．問題は、文の区切りに句読点を用いているが、句点に代えてピリオドを、読点に代えてコンマを使用することができる。ただし、句点とピリオド、あるいは、読点とコンマを混用することはできない。混用した場合はエラーとする。

６．時間が余っても、問題文を繰り返し入力しないこと。

受 験 番 号

＊検定試験問題は、全国商業高等学校協会より掲載許可済です。

第70回 ビジネス文書実務検定試験 (5.7.2)

第2級 速度部門問題 （制限時間10分）

最近では、公衆電話を見かけることが少なくなった。かつては駅	30
や公園などに設置されていたが、携帯電話やスマートフォンの普及	60
によって年々減少している。しかし、その存在意義が見直されてき	90
ている。	95
災害が起きた際、安否の確認や緊急通報などで電話回線が混雑す	125
ると、スマートフォンは通信が制限される場合が多い。そのような	155
ときでも、公衆電話はつながりやすい仕組みになっている。電力が	185
電話回線を通じて供給されるため、停電時も使える。	210
ある小学校が使い方教室を開いたところ、受話器を持ち上げる前	240
に硬貨を入れたため、発信することのできない児童が見られた。ま	270
た、ＮＴＴ東日本の調査により、約8割の子どもが公衆電話を利用	300
したことがないとわかった。このことを踏まえ、同社はポスターや	330
チラシを作成して、操作方法の周知に向けて取り組んでいる。	359
公衆電話は、緊急時でも有効な通信手段となるため、子どもに限	389
らず大人もその有用性を認識するべきだろう。ウェブページでは、	419
使い方や設置場所を簡単に確認できる。もしものときに備え、普段	449
から把握しておきたい。	460

公益財団法人 全国商業高等学校協会主催・文部科学省後援

第70回 ビジネス文書実務検定試験 (5.7.2)

第2級

ビジネス文書部門 筆記問題

（制限時間15分）

試験委員の指示があるまで、下の事項を読みなさい。

〔 注 意 事 項 〕

1. 試験委員の指示があるまで、問題用紙と解答用紙に手を触れてはいけません。
2. 問題は1から8までで、3ページに渡って印刷されています。
3. 試験委員の指示に従って、解答用紙に「試験場校名」と「受験番号」を記入しなさい。
4. 解答はすべて解答用紙に記入しなさい。
5. 試験は「始め」の合図で開始し、「止め」の合図があったら解答の記入を中止し、ただちに問題用紙を閉じなさい。
6. 問題が不鮮明である場合には、挙手をして試験委員の指示に従いなさい。なお、問題についての質問には一切応じません。
7. 問題用紙・解答用紙の回収は、試験委員の指示に従いなさい。

受 験 番 号

1 　次の各文に対して、最も適切な用語を解答群の中から選び、記号で答えなさい。

① 　ユーザが使い勝手をよくするため、新たな単語とその読みを辞書ファイルに記憶すること。

② 　レーザプリンタやコピー機などで使う粉末状のインクのこと。

③ 　横書きの1行の中で、左右に隣り合う文字の外側から外側までの長さのこと。

④ 　写真やイラストなどのデータを保存するファイルのこと。その特徴によって使い分けられる。

⑤ 　知人や取引先の名前やメールアドレスを登録・保存した一覧のこと。

⑥ 　漢字などに付けるふりがなのこと。

⑦ 　16進数で表されたJISコードや Unicode により、漢字や記号を入力する方法のこと。

⑧ 　パソコンの画面や印刷で、文字を構成する一つひとつの点のこと。

【解答群】

ア．文字間隔	イ．定型句登録	ウ．静止画像ファイル
エ．コード入力	オ．ドット	カ．単語登録
キ．ルビ	ク．トナー	ケ．予測入力
コ．メールアカウント	サ．文字ピッチ	シ．アドレスブック

2 　次の各文の下線部について、正しい場合は○を、誤っている場合は最も適切な用語を解答群の中から選び、記号で答えなさい。

① 　**インデント**とは、データの破損や紛失などに備え、別の記憶装置や記憶媒体にまったく同じデータを複製し、保存することである。

② 　表示する文書（シート）を切り替えるときにクリックする部分のことを**マルチシート**という。

③ 　**ネチケット**とは、インターネットでメールや情報発信をする際に、ルールを守り、他人の迷惑になる行為を慎むことである。

④ 　**塗りつぶし**とは、余白も含めた、文字が入力される用紙全体に設定される色や画像、またはその領域のことである。

⑤ 　文書の連続したページを、1枚の用紙に二つ折りにしてとじられるように印刷することを**ファイリング**という。

⑥ 　メニュー（コマンド）を割り当てたアイコンのことを**オブジェクト**という。

⑦ 　**Bcc**とは、電子メールの送信先指定方法の一つで、主となる本来の宛先の受信者のメールアドレスのことである。

⑧ 　画数やデザインが異なるが同じ文字として利用される漢字のことを**異体字**という。

【解答群】

ア．ルーラー	イ．バックアップ	ウ．To
エ．透かし	オ．インクカートリッジ	カ．From
キ．背景	ク．袋とじ印刷	ケ．常用漢字
コ．機種依存文字	サ．ワークシートタブ	シ．ツールボタン

3 次の各文の〔　　〕の中から最も適切なものを選び、記号で答えなさい。

① 〔**ア**．通達　**イ**．通知　**ウ**．回覧〕とは、上級機関が所管の機関・職員に指示をするための文書のことである。

② 〔**ア**．納品書　**イ**．見積書　**ウ**．請求書〕とは、代金の支払いを求めるための文書のことである。

③ 取引先と親交を深めるため、敬意を書面にて表す儀礼的な文書のことを〔**ア**．挨拶状　**イ**．添え状〕という。

④ ファイルを選択して、電子メールに付け添えるときは〔**ア**．送信　**イ**．添付　**ウ**．書式〕のボタンをクリックする。

⑤ 個人が日常生活で使用するもので、印鑑登録をしていない個人印のことを〔**ア**．役職印　**イ**．捺印　**ウ**．認印〕という。

⑥ Ctrl ＋ P は、〔**ア**．印刷　**イ**．元に戻す　**ウ**．元に戻すを戻す〕の操作を実行するショートカットキーである。

⑦ 〔**ア**．レーザポインタ　**イ**．ツール　**ウ**．配布資料〕とは、スライドを印刷し、記入欄を設けるなどして綴じて渡す印刷物のことである。

⑧ 企画・提案・研究成果などを、説明または発表することを〔**ア**．スライドショー　**イ**．プレゼンテーション〕という。

4 次の文書についての各問いの答えとして、最も適切なものをそれぞれのア〜ウの中から選び、記号で答えなさい。

① カンマ区切りファイルの拡張子として正しいのはどれか。
　　ア．ファイル０１.txt　　　　**イ**．ファイル０１.gif　　　　**ウ**．ファイル０１.csv

② 下の編集前の文字列から編集後の文字列にするために用いられた文字修飾はどれか。

編集前	編集後
全国高等学校ワープロ競技大会	*全国高等学校ワープロ競技大会*

　　ア．中抜き　　　　**イ**．斜体（イタリック）　　　　**ウ**．影付き

③ 下の文章の作成で利用した編集機能はどれか。

毎年、インターハイへの出場を懸けて、様々な競技の予選会が県内で実施され	ている。一生懸命にプレーをする選手の姿は、何よりも美しく、見ている人の心	を魅了する。今年も高校生の熱い戦いが繰り広げられるだろう。

　　ア．網掛け　　　　**イ**．段組み　　　　**ウ**．禁則処理

④ 下の校正記号の意味はどれか。

ました。ところで

　　ア．行を起こす　　　　**イ**．入れ替え　　　　**ウ**．行を続ける

⑤ 「ＫＡＲＡＴＥ」と校正したい場合の校正記号はどれか。

　　ア．K̶A̶R̶A̶T̶E̶ ⌒24ポ　　　**イ**．⌒ゴ ＫＡＲＡＴＥ　　　**ウ**．⌒24ポ ＫＡＲＡＴＥ

⑥ 下の点線で囲まれているマークの名称はどれか。

ⒸＣ2023 ゼンショウクン CORPORATION

　　ア．著作権マーク　　　　**イ**．登録商標マーク　　　　**ウ**．商標マーク

5　次の各文の下線部の読みを、ひらがなで答えなさい。

① 授業の内容は、法の不**遡及**の原則についてだった。

② 私の故郷は**蜜柑**の名産地である。

③ **鳩**は平和の象徴である。

④ 彼の年齢を**考慮**する必要がある。

⑤ 転んで**肋骨**にひびが入った。

⑥ 高級な**海苔**を購入した。

6　次の＜Ａ＞・＜Ｂ＞の各問いに答えなさい。

＜Ａ＞次の各文の三字熟語について、下線部の読みで最も適切なものを〔　　〕の中から選び、
　　記号で答えなさい。

① 「お世話になっております」は、ビジネスシーンでの**常**套句だ。

〔**ア**．じょう　　**イ**．つね〕

② 高校球児にとって甲子園は**檜**舞台である。　〔**ア**．けやき　　**イ**．ひのき　　**ウ**．はつ〕

＜Ｂ＞次の各文の下線部は、三字熟語の一部として誤っている。最も適切なものを〔　　〕の
　　中から選び、記号で答えなさい。

③ 習得した**恋**金術を弟子に引き継ぐ。　〔**ア**．連　　**イ**．練　　**ウ**．錬〕

④ 高飛**社**な客にも笑顔で応対する。　〔**ア**．者　　**イ**．車〕

7　次の各文の下線部に漢字を用いたものとして、最も適切なものを〔　　〕の中から選び、記
号で答えなさい。

① 茶畑で新茶を**つむ**。　　　　　　　〔**ア**．積む　　**イ**．摘む　　**ウ**．詰む〕

② 両親に恋人を**あわせる**。　　　　　〔**ア**．合わせる　**イ**．併せる　**ウ**．会わせる〕

③ 危険を**かえりみず**に救助へ向かった。　〔**ア**．省みず　　**イ**．顧みず〕

④ 夜が**ふける**と気温が下がる。　　　〔**ア**．更ける　　**イ**．老ける〕

⑤ 道が二股に**わかれる**。　　　　　　〔**ア**．別れる　　**イ**．分かれる〕

⑥ 煮た小豆を**こす**。　　　　　　　　〔**ア**．漉す　　**イ**．超す　　**ウ**．越す〕

8　次の各文の〔　　〕の中から、ことわざ・慣用句の一部として最も適切なものを選び、記号
で答えなさい。

① 石に〔**ア**．かじり　**イ**．しがみ〕ついてでも、目的を達成する覚悟だ。

② リング上では、試合開始前から両者が火花を〔**ア**．飛ばし　**イ**．散らし　**ウ**．醸し〕てい
　　た。

③ 担任の先生は、結果よりも過程に〔**ア**．重き　**イ**．重視〕を置いている。

④ 私に白羽の〔**ア**．根　**イ**．葉　**ウ**．矢〕が立ったのは想定外だった。

公益財団法人 全国商業高等学校協会主催・文部科学省後援

第70回 ビジネス文書実務検定試験 (5.7.2)

第2級

ビジネス文書部門 実技問題

（制限時間15分）

試験委員の指示があるまで、下の事項を読みなさい。

〔 書 式 設 定 〕

a．余白は上下左右それぞれ２５mmとすること。
b．指示のない文字のフォントは、明朝体の全角で入力し、サイズは１２ポイントに統一すること。
　　ただし、プロポーショナルフォントは使用しないこと。
c．１行の文字数　　　３７字
d．複数ページに渡る印刷にならないよう書式設定に注意すること。
　※　なお、問題文は１ページ２７行で作成されていますが、解答にあたっては、行数を調整すること。

〔 注 意 事 項 〕

1．ヘッダーに左寄せで受験級、試験場校名、受験番号を入力すること。
2．Ａ４判縦長用紙１枚に体裁よく作成し、印刷すること。
3．訂正・挿入・削除・適語の選択などの操作は制限時間内に行うこと。

オブジェクトやファイルなどのデータは、
試験委員の指示に従い、挿入すること。

受 験 番 号

第70回　ビジネス文書実務検定試験　(5.7.2)

第2級　ビジネス文書部門実技問題　（制限時間15分）

【問　題】

次の指示に従い、右のような文書を作成しなさい。

【指　示】

1. 右の問題文を校正記号に従って入力すること。
2. 問題文に合った標題のオブジェクトを、用意されたフォルダなどから選び、指示された位置に挿入しセンタリングすること。
3. 表は、行頭・行末を越えずに作成し、行間は、2．0とすること。
4. 罫線は、右の表のように太実線と細実線とを区別すること。
5. 表の枠内の文字は1行で入力し、上下のスペースが同じであること。
6. 表内の「フレーバー名」、「種類」、「価格（税込）」は下の資料を参照し、項目名とデータが正しく並ぶように作成すること。

　　資料

フレーバー名	種　　類	価格（税込）
黒トリュフ	アイスクリーム	1,080円
とまと	氷菓	360円
生キャラメル	アイスクリーム	360円

7. 表内の「価格（税込）」の数字は、明朝体の半角で入力し、3桁ごとにコンマを付けること。
8. 切り取り線「・・・・・・」の部分は、行頭、行末を越えないように作成すること。また、「プレゼント応募券」の表より短くしないこと。
9. 切り取り線には、右の問題文のように「切　り　取　り」の文字を入力しセンタリングすること。
10. 「プレゼント応募券」の表はセンタリングすること。
11. ①～⑨の処理を行うこと。
12. 右の問題文にない空白行を入れないこと。

```
オブジェクト（標題）の挿入・センタリング
```

当店では、オリジナルアイスの試食販売会を開催しています。定番の商品をはじめ、厳選した素材を使った新作フレーバーをお試しください。

【新商品】

①各項目名は、枠の中で左右にかたよらないようにする。

フレーバー名	特　　　徴	種　　類	価格（税込）
生キャラメル	栄養価が高くカロリー控えめ	アイスクリーム	
	風味豊かでなめらかな食感		
	香りも楽しめるリッチな味わい		1,080円

②枠内で均等割付けする。

③左寄せする(均等割付けしない)。

④センタリングする(均等割付けしない)。

⑤右寄せする。

☆　抽選で２０名様に新作フレーバーを１個プレゼントをします。トル

☆　アイス工房「すのうたいむ」　定休日　毎週木曜日 ←⑥網掛けする。

担当：上原　俊介 ←⑦明朝体のカタカナでルビをふり、右寄せする。

・・・・・・・・・・・・・・・切　り　取　り・・・・・・・・・・・・・・・

プレゼント応募券 ←⑧フォントは横２００％(横倍角)で、文字を線で囲み、センタリングする。

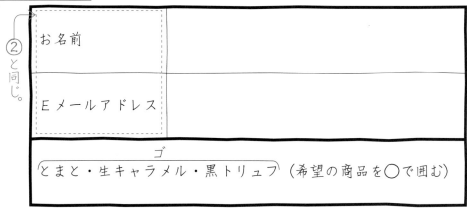

②と同じ。

お名前	
Eメールアドレス	
ゴ とまと・生キャラメル・黒トリュフ（希望の商品を◯で囲む）	

※　webサイトからも応募できます。

※　応募期間　４月２８日〜５月１０日

⑨二重下線を引く。

p.23の〔注意事項〕を参照し、次の文章を明朝体で、1行30字で入力しなさい。また、プロポーショナルフォントは使用しないこと。（制限時間10分）

公益財団法人 全国商業高等学校協会主催・文部科学省後援

第71回 ビジネス文書実務検定試験 （5.11.26）

第2級 速度部門問題 （制限時間10分）

昨年、アートを生成する新しいプログラムが発表され、世界中で	30
注目されている。言葉や文章の入力だけで、人工知能が画像を作成	60
する技術のことであり、画像生成AIといわれる。これを使用すれ	90
ば、誰でも簡単にプロ並みの画像が作り出せるという。	116
このプログラムは、膨大な絵や写真、それに関連する言葉を学習	146
している。人が描きたい絵の条件を入力すると、集めた情報から、	176
人工知能がイメージに近いものを選定して生成する仕組みだ。さら	206
に詳細な条件を追加すれば、よりイメージに近づく。	231
しかし、技術の進歩に対して、法や制度などの整備が遅れている	261
という指摘もある。例えば、学習のためのデータは、著作者の許可	291
なく収集されているのが現状だ。新しく生み出されたものが、既存	321
の作品の著作権を侵害している場合もある。	342
今年になり、文部科学省から生成AIの活用について、暫定的な	372
ガイドラインが発表された。使用者が情報モラルを身に付ける前か	402
ら、自由に使うのは適切でないとしている。定めたルールを理解し	432
て正しく活用することで、芸術はさらに発展していくだろう。	460

公益財団法人 全国商業高等学校協会主催・文部科学省後援

第71回 ビジネス文書実務検定試験 (5.11.26)

第2級

ビジネス文書部門 筆記問題

（制限時間15分）

試験委員の指示があるまで、下の事項を読みなさい。

〔 注 意 事 項 〕

1．試験委員の指示があるまで、問題用紙と解答用紙に手を触れてはいけません。
2．問題は1から8までで、3ページに渡って印刷されています。
3．試験委員の指示に従って、解答用紙に「試験場校名」と「受験番号」を記入しなさい。
4．解答はすべて解答用紙に記入しなさい。
5．試験は「始め」の合図で開始し、「止め」の合図があったら解答の記入を中止し、ただちに問題用紙を閉じなさい。
6．問題が不鮮明である場合には、挙手をして試験委員の指示に従いなさい。なお、問題についての質問には一切応じません。
7．問題用紙・解答用紙の回収は、試験委員の指示に従いなさい。

受 験 番 号

1 次の各用語に対して、最も適切な説明文を解答群の中から選び、記号で答えなさい。

① 文字化け　　　　② タブ　　　　　③ オブジェクト

④ ツールバー　　　⑤ ルーラー　　　⑥ 網掛け

⑦ 感熱紙　　　　　⑧ メール本文

【解答群】

ア．画像やグラフなど、文書の中に貼り付けるデータのこと。

イ．新聞紙などから作った再生パルプを混入してある用紙のこと。

ウ．範囲指定した部分を強調するため、その範囲に網目模様を掛ける機能のこと。

エ．電車の切符、レシート、拡大印刷機などで使われる、熱を感じると黒く変色する印刷用紙のこと。

オ．メニュー（コマンド）を割り当てたアイコンのこと。

カ．電子メールに付けて送付される、文書や画像などのデータのこと。

キ．文字集合または符号化方式や機種依存文字などの不一致によって、Ｗｅｂサイトやメールの文字が正しく表現されない現象のこと。

ク．一つの文書やウィンドウで、複数の文書（シート）を同時に取り扱う機能のこと。

ケ．行頭や行末などを変更するため、画面の上部と左側に用意された目盛のこと。

コ．宛名・前文・主文・末文・署名からなる、メールの主たる内容となる文章のこと。

サ．ツールボタンを機能別にまとめた部分のこと。

シ．あらかじめ設定した位置に、文字やカーソルを移動させる機能のこと。

2 次の各文の下線部について、正しい場合は○を、誤っている場合は最も適切な用語を解答群の中から選び、記号で答えなさい。

① <u>インデント</u>とは、ディスプレイの大きさのことである。

② １インチあたりの点の数で示される解像度の単位のことを <u>dpi</u> という。

③ 新しい入力の際に予想される変換候補を優先して表示することを<u>定型句登録</u>という。

④ 8.5インチ×11インチ＝215.9㎜×279.4㎜の用紙サイズのことを<u>レターサイズ</u>という。

⑤ <u>合字</u>とは、ファイル名の次に、ピリオドに続けて指定する文字や記号のことである。

⑥ メールの操作をする権限のことを、<u>メールアドレス</u>という。

⑦ <u>行ピッチ</u>とは、横書きの１行の中で、左右に隣り合う文字の中心から中心までの長さのことである。

⑧ <u>用紙カセット</u>とは、印刷のたびに適切な用紙に換えられるように、プリンタの外部から用紙をセットする装置のことである。

【解答群】

ア．行間隔　　　　　イ．手差しトレイ　　　ウ．予測入力

エ．文字ピッチ　　　オ．メールアカウント　カ．Ａ４

キ．添付ファイル　　ク．ドット　　　　　　ケ．From

コ．拡張子　　　　　サ．画面サイズ　　　　シ．トナー

3　次の各文の〔　　〕の中から最も適切なものを選び、記号で答えなさい。

① ある物事について、誓いを立てるための文書のことを〔**ア**．願い　**イ**．誓約書　**ウ**．確認書〕という。

② 〔**ア**．納品書　**イ**．注文請書〕とは、買主に商品などを納めたことを知らせるための文書のことである。

③ 取引先に感謝の気持ちを述べるための文書のことを〔**ア**．礼状　**イ**．祝賀状　**ウ**．委嘱状〕という。

④ No. と同じ使い方をする番号記号は、〔**ア**．μ　**イ**．Ⅲ　**ウ**．＃　〕である。

⑤ ある事実が発生した時間と場所を特定し、それを証明する仕組みのことを〔**ア**．電子印鑑　**イ**．タイムスタンプ〕という。

⑥ Ctrl ＋ V は、〔**ア**．切り取り　**イ**．コピー　**ウ**．貼り付け〕の操作を実行するショートカットキーである。

⑦ 〔**ア**．スライドショー　**イ**．プレゼンテーション　**ウ**．スクリーン〕とは、資料を自動的にページ送りして、連続して提示することである。

⑧ スライド上に表示する、オブジェクトやテキストの配置のことを〔**ア**．タイトル　**イ**．レイアウト〕という。

4　次の各問いの答えとして、最も適切なものをそれぞれのア〜ウの中から選び、記号で答えなさい。

① 他の受信者にメールアドレスを知らせないで、同じメールを送るときにアドレスを入れる箇所はどれか。
　　ア．Bcc　　　　　　　**イ**．To　　　　　　　**ウ**．Cc

② 受取人に用件を伝えるために、メールの内容を簡潔に表現した見出しはどれか。
　　ア．宛名　　　　　　　**イ**．署名　　　　　　　**ウ**．件名

③ フルカラー、可逆圧縮の画像データの拡張子として正しいのはどれか。
　　ア．写真０１.txt　　　**イ**．写真０１.gif　　　**ウ**．写真０１.png

④ 罫線の中など、指定した範囲内に色や模様を付ける機能はどれか。
　　ア．網掛け　　　　　　**イ**．塗りつぶし　　　　**ウ**．背景

⑤ 「河越商業高校」と校正したい場合の校正記号はどれか。
　　ア．河越商業科高校（トルツメ）　**イ**．河越商業科高校（ゴ）　**ウ**．河越商業科高校（トルアキ）

⑥ 下の校正記号の意味はどれか。

H_2O

　　ア．下付き文字に直す
　　イ．移動
　　ウ．上付き文字を下付き文字にする

5　次の各文の下線部の読みを、ひらがなで答えなさい。

① 梅雨の間は、**傘**が手放せない。

② 新鮮な**柚子**の風味が食欲をそそる。

③ 職場ではメールの通信**履歴**を残している。

④ 自分の置かれた現状を**把握**することが重要だ。

⑤ お**彼岸**に、帰省するのが楽しみだ。

⑥ 感想文の**推敲**を重ねる。

6　次の＜Ａ＞・＜Ｂ＞の各問いに答えなさい。

＜Ａ＞次の各文の三字熟語について、下線部の読みで最も適切なものを〔　　〕の中から選び、記号で答えなさい。

① 彼の反応はいつも**大**袈裟です。　　　　　　　〔ア．だい　　イ．おお〕

＜Ｂ＞次の各文の下線部は、三字熟語の一部として誤っている。最も適切なものを〔　　〕の中から選び、記号で答えなさい。

② 開店当初は、**歓呼**鳥が鳴いていた。　　　　　〔ア．閑古　　イ．官戸〕

③ いくつもの**主**羅場をくぐり抜けてきた。　　　〔ア．種　　イ．修　　ウ．朱〕

④ 彼は知ったかぶりをする**反歌**通だ。　　　　　〔ア．頒価　　イ．繁華　　ウ．半可〕

7　次の各文の下線部に漢字を用いたものとして、最も適切なものを〔　　〕の中から選び、記号で答えなさい。

① 火山が煙を**ふく**。　　　　　　　　　　〔ア．吹く　　イ．拭く　　ウ．噴く〕

② 検定合格を目指し反復学習に**つとめる**。〔ア．努める　　イ．勤める〕

③ 玉子の**きみ**が美味しい。　　　　　　　〔ア．君　　イ．気味　　ウ．黄身〕

④ 人間は考える**あし**である。　　　　　　〔ア．足　　イ．葦〕

⑤ 沸騰した湯を**さまして**飲んだ。　　　　〔ア．覚まして　イ．冷まして　ウ．醒まして〕

⑥ 真夏になる前から暑さに体を**ならす**。　〔ア．慣らす　　イ．鳴らす〕

8　次の各文の〔　　〕の中から、ことわざ・慣用句の一部として最も適切なものを選び、記号で答えなさい。

① 裁判官を辞めて〔ア．海　イ．西　ウ．野〕に下り探偵になった。

② 師匠に〔ア．勝る　イ．負ける〕とも劣らない腕前だった。

③ 芸人は〔ア．声　イ．名　ウ．面〕が売れると一人前だ。

④ 進路のことで〔ア．頭　イ．腹〕を痛める。

公益財団法人 全国商業高等学校協会主催・文部科学省後援

第71回 ビジネス文書実務検定試験 (5.11.26)

第２級

ビジネス文書部門 実技問題

（制限時間15分）

試験委員の指示があるまで、下の事項を読みなさい。

〔 書 式 設 定 〕

a．余白は上下左右それぞれ２５mmとすること。
b．指示のない文字のフォントは、明朝体の全角で入力し、サイズ
　は１２ポイントに統一すること。
　　ただし、プロポーショナルフォントは使用しないこと。
c．１行の文字数　　　３７字
d．複数ページに渡る印刷にならないよう書式設定に注意すること。
　※　なお、問題文は１ページ２４行で作成されていますが、解答
　　にあたっては、行数を調整すること。

〔 注 意 事 項 〕

1．ヘッダーに左寄せで受験級、試験場校名、受験番号を入力する
　こと。
2．Ａ４判縦長用紙１枚に体裁よく作成し、印刷すること。
3．訂正・挿入・削除・適語の選択などの操作は制限時間内に行う
　こと。

オブジェクトやファイルなどのデータは、
試験委員の指示に従い、挿入すること。

受 験 番 号

第71回　ビジネス文書実務検定試験　　(5.11.26)

第2級　ビジネス文書部門実技問題　（制限時間15分）

【問　題】

次の指示に従い、右のような文書を作成しなさい。

【指　示】

1．右の問題文を校正記号に従って入力すること。

2．表は、行頭・行末を越えずに作成し、行間は、2．0とすること。

3．罫線は、右の表のように太実線と細実線とを区別すること。

4．表の枠内の文字は1行で入力し、上下のスペースが同じであること。

5．表内の「イベント名」、「開催曜日」、「会場」、「入館料金」は下の資料を参照し、項目名とデータが正しく並ぶように作成すること。

資料

イベント名	開催曜日	会　　場
テイスティング	平日	展示室
こどもお茶会	土・日・祝日	いこいカフェ
型染め体験	土・日・祝日	展示室

区　　分	入館料金
小学生・中学生	300円
大人（高校生以上）	500円

6．表内の「入館料金」と「和菓子付き茶席券」の数字は、明朝体の半角で入力し、3桁ごとにコンマを付けること。

7．出題内容に合ったイラストのオブジェクトを、用意されたフォルダなどから選び、指示された位置に挿入すること。ただし、適切な大きさで、他の文字や線などにかからないこと。

8．①〜⑨の処理を行うこと。

9．右の問題文にない空白行を入れないこと。

秋の企画展のご案内 ←―①フォントサイズは36ポイントで、斜体文字にし、センタリングする。

　ティーミュージアムでは、世界で飲まれているお茶の企画展を行います。無料の
イベントのほか、日本庭園を開放した茶席を用意しました。お誘い合わせの上、ぜひ
ご来場ください。

イベント一覧

②各項目名は、枠の中で左右にかたよらないようにする。

③枠内で均等割付けする。
④左寄せする(均等割付けしない)。
⑤センタリングする(均等割付けしない)。
⑤と同じ。

イベント名	内　　容	開催曜日	会　　場
	急須の使い方とおいしい入れ方		いこいカフェ
型染め体験	お茶染めエコバッグの製作		
	世界各地のお茶を味わう	平日	

◎　開催期間　９月７日〜１１月２６日

⑥一重下線を引く。

料金表

②と同じ。
⑦右寄せする。
③と同じ。
⑦と同じ。

区　　分	入館料金	和菓子付き茶席券
大人（高校生以上）		
小学生・中学生		1,400円

※　未就学児は 入館無料 です。

⑧網掛けする。

※　茶席には老舗和菓子店の 商品限定 が付きます。

担当：国谷　裕太 ←―⑨明朝体のひらがなでルビをふり、右寄せする。

オブジェクト
（イラスト）
の挿入位置

第70回筆記問題　解答

第2級　筆記問題　（各2点　合計100点）

	①	②	③	④	⑤	⑥	⑦	⑧
1	カ	ク	ア	ウ	シ	キ	エ	オ
2	イ	サ	○	キ	ク	シ	ウ	○
3	ア	ウ	ア	イ	ウ	ア	ウ	イ
4	ウ	イ	イ	ア	ウ	ア		

	①	②	③
5	そきゅう	みかん	はと
	④ こうりょ	⑤ ろっこつ	⑥ のり

	①	②	③	④	⑤	⑥
6	ア	イ	ウ	イ		
7	イ	ウ	イ	ア	イ	ア
8	ア	イ	ア	ウ		

第71回筆記問題　解答

第2級　筆記問題　（各2点　合計100点）

	①	②	③	④	⑤	⑥	⑦	⑧
1	キ	シ	ア	サ	ケ	ウ	エ	コ
2	サ	○	ウ	○	コ	オ	エ	イ
3	イ	ア	ア	ウ	イ	ウ	ア	イ
4	ア	ウ	ウ	イ	ア	ウ		

	①	②	③
5	かさ	ゆず	りれき
	④ はあく	⑤ お　ひがん	⑥ すいこう

	①	②	③	④	⑤	⑥
6	イ	ア	イ	ウ		
7	ウ	ア	ウ	イ	イ	ア
8	ウ	ア	イ	ア		

　当店では、オリジナルアイスの試食販売会を開催しています。定番の商品をはじめ、厳選した素材を使った新作フレーバーをお試しください。

【新商品】

フレーバー名	特　　　　　徴	種　　　類	価格（税込）
と　ま　と	栄養価が高くカロリー控えめ	氷菓	360円
生キャラメル	風味豊かでなめらかな食感	アイスクリーム	
黒トリュフ	香りも楽しめるリッチな味わい		1,080円

☆　抽選で20名様に新作フレーバーを1個プレゼントします。

☆　アイス工房「すのうたいむ」　定休日　毎週木曜日

担当：上原^{カミハラ}　俊介

・・・・・・・・・・・・・・・・・・・切　り　取　り・・・・・・・・・・・・・・・・・・・・

プレゼント応募券

お　名　前	
Eメールアドレス	
とまと・生キャラメル・黒トリュフ（希望の商品を○で囲む）	

※　Webサイトからも応募できます。

※　応募期間　<u>4月28日～5月10日</u>

秋の企画展のご案内

　ティーミュージアムでは、世界で飲まれているお茶の企画展を行います。無料のイベントのほか、日本庭園を開放した茶席を用意しました。お誘い合わせの上、ぜひご来場ください。

イベント一覧

イベント名	内　　　容	開催曜日	会　　　場
こどもお茶会	急須の使い方とおいしい入れ方	土・日・祝日	いこいカフェ
型 染 め 体 験	お茶染めエコバッグの製作		展示室
テイスティング	世界各地のお茶を味わう	平日	

◎　<u>開催期間　９月７日〜１１月２６日</u>

料金表

区　　　分	入館料金	和菓子付き茶席券
大人（高校生以上）	500円	1,400円
小 学 生 ・ 中 学 生	300円	

※　未就学児は入館無料です。

※　茶席には老舗和菓子店の限定商品が付きます。

担当：国谷　裕太

学びの記録シート

※学習内容を振り返りながら，しっかり学んでいきましょう。シートは Web からダウンロードできます。

【記入例】　　　　　　　　　　　　　　　　　　　　　　　　　2024 年 4 月 12 日　金曜日

速度練習	総字数	エラー数	純字数	練習の振り返り
速度－4	452	17	435	「模倣」が読めなかった。
速度－5	460	20	440	脱字エラーが多かった。

実技練習	得　点	練習の振り返り	まとめ（授業での気付き）
実技－6	95	校正記号を見落とした。	筆記編では、機械・機械操作を学習した。用語の意味をしっかり覚えようと思った。

年　　　月　　　日　　曜日

速度練習	総字数	エラー数	純字数	練習の振り返り

実技練習	得　点	練習の振り返り	まとめ（授業での気付き）

年　　　月　　　日　　曜日

速度練習	総字数	エラー数	純字数	練習の振り返り

実技練習	得　点	練習の振り返り	まとめ（授業での気付き）

速度練習	総字数	エラー数	純字数	練習の振り返り

実技練習	得　点	練習の振り返り	まとめ（授業での気付き）

年　　月　　日　　曜日

速度練習	総字数	エラー数	純字数	練習の振り返り

実技練習	得　点	練習の振り返り	まとめ（授業での気付き）

年　　月　　日　　曜日

速度練習	総字数	エラー数	純字数	練習の振り返り

実技練習	得　点	練習の振り返り	まとめ（授業での気付き）

速度練習	総字数	エラー数	純字数	練習の振り返り

実技練習	得　点	練習の振り返り	まとめ（授業での気付き）

速度練習	総字数	エラー数	純字数	練習の振り返り

実技練習	得　点	練習の振り返り	まとめ（授業での気付き）

速度練習	総字数	エラー数	純字数	練習の振り返り

実技練習	得　点	練習の振り返り	まとめ（授業での気付き）

年　　月　　日　　曜日

速度練習	総字数	エラー数	純字数	練習の振り返り

実技練習	得　点	練習の振り返り	まとめ(授業での気付き)

年　　月　　日　　曜日

速度練習	総字数	エラー数	純字数	練習の振り返り

実技練習	得　点	練習の振り返り	まとめ(授業での気付き)

年　　月　　日　　曜日

速度練習	総字数	エラー数	純字数	練習の振り返り

実技練習	得　点	練習の振り返り	まとめ(授業での気付き)

速度練習	総字数	エラー数	純字数	練習の振り返り

実技練習	得　点	練習の振り返り	まとめ（授業での気付き）

速度練習	総字数	エラー数	純字数	練習の振り返り

実技練習	得　点	練習の振り返り	まとめ（授業での気付き）

速度練習	総字数	エラー数	純字数	練習の振り返り

実技練習	得　点	練習の振り返り	まとめ（授業での気付き）

年　　月　　日　　曜日

速度練習	総字数	エラー数	純字数	練習の振り返り

実技練習	得　点	練習の振り返り	まとめ（授業での気付き）

年　　月　　日　　曜日

速度練習	総字数	エラー数	純字数	練習の振り返り

実技練習	得　点	練習の振り返り	まとめ（授業での気付き）

年　　月　　日　　曜日

速度練習	総字数	エラー数	純字数	練習の振り返り

実技練習	得　点	練習の振り返り	まとめ（授業での気付き）

第2級　ビジネス文書部門筆記問題
第1回　筆記総合問題（p.162）　解答用紙

1	①	②	③	④	⑤	⑥	⑦	⑧

2	①	②	③	④	⑤	⑥	⑦	⑧

3	①	②	③	④	⑤	⑥	⑦	⑧

4	①	②	③	④	⑤	⑥

5	①	②	③
	④	⑤	⑥

6	①	②	③	④

7	①	②	③	④	⑤	⑥

8	①	②	③	④

クラス	出席番号	名　前

得点

第2級　ビジネス文書部門筆記問題
第2回　筆記総合問題（p.165）　解答用紙

1	①	②	③	④	⑤	⑥	⑦	⑧

2	①	②	③	④	⑤	⑥	⑦	⑧

3	①	②	③	④	⑤	⑥	⑦	⑧

4	①	②	③	④	⑤	⑥

5	①	②	③
	④	⑤	⑥

6	①	②	③	④

7	①	②	③	④	⑤	⑥

8	①	②	③	④

クラス	出席番号	名　　　前

得点

第2級　ビジネス文書部門筆記問題
第1回　模擬試験問題（p.169）　解答用紙

1	①	②	③	④	⑤	⑥	⑦	⑧

2	①	②	③	④	⑤	⑥	⑦	⑧

3	①	②	③	④	⑤	⑥	⑦	⑧

4	①	②	③	④	⑤	⑥

5	①	②	③
	④	⑤	⑥

6	①	②	③	④

7	①	②	③	④	⑤	⑥

8	①	②	③	④

クラス	出席番号	名　　前

得点

③

③

第2級　ビジネス文書部門筆記問題
第2回　模擬試験問題（p.175）　解答用紙

1	①	②	③	④	⑤	⑥	⑦	⑧

2	①	②	③	④	⑤	⑥	⑦	⑧

3	①	②	③	④	⑤	⑥	⑦	⑧

4	①	②	③	④	⑤	⑥

5	①		②		③	
	④		⑤		⑥	

6	①	②	③	④

7	①	②	③	④	⑤	⑥

8	①	②	③	④

クラス	出席番号	名　　前	得点

第　回　ビジネス文書実務検定試験
第2級　ビジネス文書部門筆記問題　解答用紙

1	①	②	③	④	⑤	⑥	⑦	⑧

2	①	②	③	④	⑤	⑥	⑦	⑧

3	①	②	③	④	⑤	⑥	⑦	⑧

4	①	②	③	④	⑤	⑥

5	①	②	③
	④	⑤	⑥

6	①	②	③	④

7	①	②	③	④	⑤	⑥

8	①	②	③	④

クラス	出席番号	名　　前	得点

第　回　ビジネス文書実務検定試験
第2級　ビジネス文書部門筆記問題　解答用紙

1	①	②	③	④	⑤	⑥	⑦	⑧

2	①	②	③	④	⑤	⑥	⑦	⑧

3	①	②	③	④	⑤	⑥	⑦	⑧

4	①	②	③	④	⑤	⑥

5	①		②		③	
	④		⑤		⑥	

6	①	②	③	④

7	①	②	③	④	⑤	⑥

8	①	②	③	④

クラス	出席番号	名　　前

得点

⑥

1	①	②	③	④	⑤	⑥	⑦	⑧

2	①	②	③	④	⑤	⑥	⑦	⑧

3	①	②	③	④	⑤	⑥	⑦	⑧

4	①	②	③	④	⑤	⑥

5	①	②	③
	④	⑤	⑥

6	①	②	③	④

7	①	②	③	④	⑤	⑥

8	①	②	③	④

クラス	出席番号	名　　前

得点

第２級　ビジネス文書部門筆記問題
第　　回　　　　　　　　　　解答用紙

1	①	②	③	④	⑤	⑥	⑦	⑧

2	①	②	③	④	⑤	⑥	⑦	⑧

3	①	②	③	④	⑤	⑥	⑦	⑧

4	①	②	③	④	⑤	⑥

5	①		②		③	
	④		⑤		⑥	

6	①	②	③	④

7	①	②	③	④	⑤	⑥

8	①	②	③	④

クラス	出席番号	名　　　前

得点

Word2019で文字ずれをしない新しい書式設定

＊新しい書式設定は、ダブルクリックでのカーソル移動や、［すべての書式をクリア］アイコンを使用しても、文字ずれをしないための設定が解除されません。

１．ページ設定

A	用 紙 サ イ ズ	………A４
B	余　　　　白	………上下左右とも２５mm
C	フォントの設定	………【解説１】参照
D	グリッド線の設定	………【解説２】参照
E	文字数と行数の設定	………文字数３０字・行数３０行
		（文字数・行数は問題により異なる）

２．文字ずれをしないための設定

F	日本語と半角英数字との間隔の調整	………【解説３】参照
G	区切り文字のカーニング解除	………【解説４】参照
H	禁則処理の繰り上げによる文字詰めを解除	………【解説４】参照
I	画面上のグリッド線との文字ずれを解除	………【解説４】参照

３．オートコレクト（段落番号）機能の解除

| J | 箇条書きの設定を解除 | ………【解説５】参照 |

【解説１】

［１．ページ設定　A 用紙サイズ　B 余白　C フォントの設定　E 文字数と行数の設定］

　　文字の書体をフォントといいます。文字ずれは、半角英数字や記号などを入力するときに発生します。それは［英数字用のフォント］の既定値（デフォルト）が Century（センチュリー）という自動的に文字の幅が調整されるフォントになっているためです。この自動的に文字幅が調整される機能をカーニングといいます。

　　句読点やかっこ以外の全角文字は、フォントが「ＭＳ明朝」だとずれません。次の手順により、［日本語用のフォント］を「ＭＳ明朝」に、［英数字用のフォント］を「（日本語用と同じフォント）」に設定します。

①リボンから［レイアウト］タブをクリックします。［ページ設定グループ］の右下にある[ページ設定ダイアログボックス起動ツールボタン]をクリックすると、右下の［ページ設定］ダイアログボックスが表示されます。

②［用紙］タブで［用紙サイズ］を「Ａ４」にします。（A）
［余白］タブで［余白］は［上］［下］［左］［右］とも
「２５mm」にします。（B）

③［文字数と行数］タブで［フォントの設定］をクリックし、［フォント］ダイアログボックスを表示します。

③［フォントの設定］をクリックすると、［フォント］ダイアログボックスが表示される。

【解説２】参考
［グリッド線］をクリックすると、［グリッドとガイド］ダイアログボックスが表示される。

＊文字数・行数は【解説１】の最後に指定する。

▼ ［ページ設定］ダイアログボックス

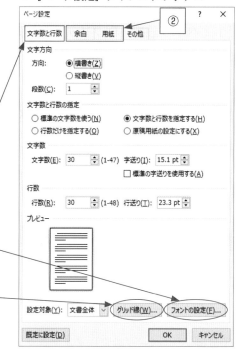

［フォントダイアログボックスの設定］
④右の［フォント］ダイアログボックスの［フォント］タブで、［日
　本語用のフォント］を「ＭＳ明朝」に設定します。

⑤［英数字用のフォント］を「（日本語用と同じフォント）」に設定し
　ます。

⑥［サイズ］を「１２」にします。

▼ ［フォント］ダイアログボックス

⑦［フォント］ダイアログボックスの［詳細設定］タブをクリック
　します。

⑧［文字幅と間隔］の［カーニングを行う］のチェックをはずします。

⑨［フォント］ダイアログボックスの［ＯＫ］をクリックします。

⑩最後に、［ページ設定］ダイアログボックス（p.3）の［文字数と行数］
　タブで［文字数と行数を指定する］を選択して、［文字数］を「３０」、
　［行数］を「３０」にします。（文字数・行数は問題により異なり
　ます）（E）

　続けて【解説２】で、グリッド線の設定（D）を行います。

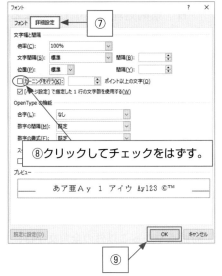
⑧クリックしてチェックをはずす。

【解説２】
［１．ページ設定　D グリッド線の設定］
　グリッド線を表示すると、文字ずれの部分を確認できます。また、罫線も引きやすくなります。
　グリッド線を１文字に１本、１行に１本となるように設定します。

①［ページ設定］ダイアログボックス（p.3）の［グリッド線］をクリックす
　ると、右の［グリッドとガイド］ダイアログボックスが表示されます。

②［文字グリッド線の間隔］を「１字」、［行グリッド線の間隔］を「１行」とし、
　［グリッド線を表示する］と［文字グリッド線を表示する間隔(本)］にチェッ
　クを付け、［文字グリッド線を表示する間隔(本)］を「１」、［行グリッド線
　を表示する間隔(本)］を「１」にします。

③［グリッドとガイド］ダイアログボックスの［ＯＫ］をクリックします。

④最後に、［ページ設定］ダイアログボックスの［ＯＫ］をクリックします。

▼ ［グリッドとガイド］
　ダイアログボックス

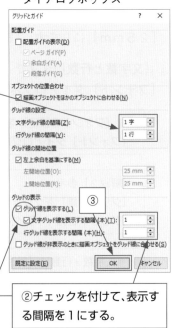
②チェックを付けて、表示す
　る間隔を１にする。

4

【解説３】
[２．文字ずれをしないための設定　Ｆ　日本語と半角英数字との間隔の調整]
　　日本語と半角英数字の余分な間隔が空かないように設定します。

①リボンから［ホーム］タブをクリックします。
②［スタイル］グループにある［あア亜　標準］を右クリックすると、プルダウンメニューが表示されるの
　で、［変更（M)］をクリックします。

②［あア亜　標準］を右クリックし、
　［変更（M)］をクリック。

③右の［スタイルの変更］ダイアログボックスが表示されるので、
　左下の［書式（O)］をクリックし、［段落（P)］をクリックします。

▼［スタイルの変更］ダイアログボックス

③［書式（O)］をクリックして、
　［段落（P)］をクリック。

④右の［段落］ダイアログボックスが表示されます。

⑤［段落］ダイアログボックスの［体裁］タブをクリックして表
　示します。

⑥［禁則処理を行う］と［句読点のぶら下げを行う］、さらに、［日
　本語と英字の間隔を自動調整する］と［日本語と数字の間隔を
　自動調整する］の計４か所のチェックをはずします。

⑦［英単語の途中で改行する］にチェックを付けます。

　続けて【解説４】の設定を行います。

▼［段落］ダイアログボックス

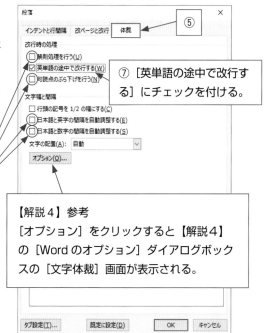

⑦［英単語の途中で改行する］にチェックを付ける。

⑥４か所のチェックをはずす。

【解説４】参考
［オプション］をクリックすると【解説４】
の［Word のオプション］ダイアログボックスの［文字体裁］画面が表示される。

【解説4】
[2．文字ずれをしないための設定　G 区切り文字のカーニング解除　H 禁則処理の繰り上げによる文字詰めを解除　I 画面上のグリッド線との文字ずれを解除]

　区切り文字（句読点やかっこなど）が二つ以上重なると間隔がつめられるので、この設定を解除します（G）。次に、禁則処理などで繰り上げが行われると、区切り文字部分の文字詰めが行われるので、この設定も解除します（H）。また、画面上のグリッド線との微妙な文字ずれを解除します（I）。

▼ ［Word のオプション］ダイアログボックス

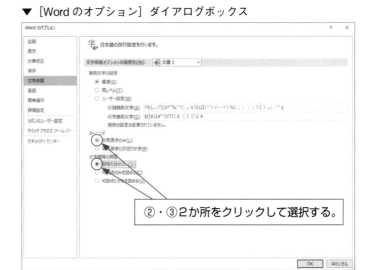

① ［段落］ダイアログボックスの［体裁］タブにある［オプション］をクリックすると、右の［Word のオプション］ダイアログボックスの［文字体裁］画面が表示されます。

② ［カーニング］の［半角英字のみ］をクリックして選択します。

③ ［文字間隔の調整］の［間隔を詰めない］をクリックして選択します。

②・③2か所をクリックして選択する。

［Word のオプション］ダイアログボックスの画面のまま、続けて（D）の画面上のグリッド線との微妙な文字ずれを解除します。

参考
　［Word のオプション］ダイアログボックスは、［ファイル］タブの［オプション］をクリックしても表示されます。

▼ ［Word のオプション］ダイアログボックス

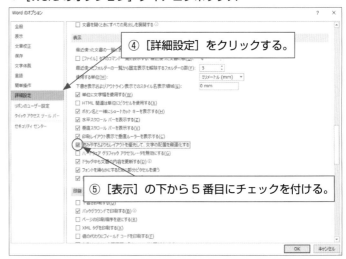

④ ［Word のオプション］ダイアログボックスの左にある［詳細設定］をクリックします。

④ ［詳細設定］をクリックする。

⑤ ［詳細設定］画面を下にスクロールして、［表示］にある、［読みやすさよりもレイアウトを優先して、文字の配置を最適化する］にチェックを入れます。

⑤ ［表示］の下から5番目にチェックを付ける。

［Word のオプション］ダイアログボックスの画面のまま、続けて【解説5】の設定を行います。

【解説5】

[3．オートコレクト（段落番号）機能の解除　J箇条書きの設定を解除]

「1.」と入力して改行すると、次の行に自動的に「2.」と表示されることがあります。この機能は文字ずれを起こすので、設定を解除します。

▼ [Word のオプション] ダイアログボックス

①右の [Word のオプション] ダイアログボックスの [文章校正] をクリックします。

② [文章校正] 画面から [オートコレクトのオプション] をクリックして、[オートコレクト] ダイアログボックスを表示します。

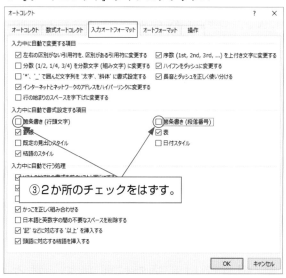

① [文章校正] をクリックする。

② [オートコレクトのオプション] をクリックする。

③右の[オートコレクト]ダイアログボックスにある[入力オートフォーマット]タブの[箇条書き（行頭文字）]と [箇条書き（段落番号）] の2か所のチェックをはずします。

④ [オートコレクト] ダイアログボックスの [OK] をクリックし、[Word のオプション] ダイアログボックスの [OK] をクリック。[段落] ダイアログボックスの [OK] をクリックし、[スタイルの変更] ダイアログボックスの [OK] をクリックします。

▼ [オートコレクト] ダイアログボックス

③2か所のチェックをはずす。

*以上の【解説1】から【解説5】までの設定を行うことにより、文字ずれが解消されます。

Word2019によるヘッダーの設定方法

*検定試験ではヘッダーに受験級、試験場校名、受験番号を左寄せで入力します。

①上余白をダブルクリックするだけでヘッダーに入力できます。
②ヘッダーの文字が1行目と重なった場合は、[上からのヘッダー] の数値を小さくします。
③編集の終了は、右端の「ヘッダーとフッターを閉じる」をクリックします。

第○級　○○○○　受験番号

参考

[挿入] タブ→ [ヘッダーとフッター] グループにある [ヘッダーの編集] をクリックしても、[ヘッダー部分] の編集が可能です。ヘッダーの編集は、Esc キーでも終了可能です。

第2級速度部門練習問題

【速度－1】 次の文章を明朝体とし、1行30字で入力しなさい。（制限時間10分）

近年、学生の海外留学が増加しており、その数は数万人を超える	30
といわれている。その目的は、語学力のアップやその国の文化に触	60
れることで、国際的な感覚を身に付けることなどだという。現在、	90
その留学の新しい形として、国内での留学が話題となっている。	120
これは、1週間から3週間の間、国内の留学先に家族で滞在する	150
ものである。子どもは、滞在先の保育施設に通う「留学」を経験し	180
て、地域住民との交流を行う。新たな出会いが刺激となって、心身	210
の成長につながると注目されている。	228
メリットは、受入れ側にもある。全国の保育施設には、28万人	258
ほどの空きがあり、定員割れが生じている。留学先は、このような	288
施設を活用することができる。また、過疎化が進む地域では、新た	318
な移住につなげるなど地方創生SDGsの視点からも、注目を集め	348
ている。	353
現在では、海外に限らず、様々な留学を経験することができる。	383
目的は人それぞれだが、留学先の人や地域とのつながりを育む大切	413
な機会になるだろう。また、より簡単に、留学を経験できる仕組み	443
作りが、行われることを期待したい。	460

過疎化（かそか）・地方創生（ちほうそうせい）

	学習日	総字数	－	エラー数	＝	純字数
1	／		－		＝	
2	／		－		＝	

	学習日	総字数	－	エラー数	＝	純字数
3	／		－		＝	
4	／		－		＝	

【速度－2】 次の文章を明朝体とし、1行30字で入力しなさい。（制限時間10分）

自動車の自動運転技術が、大幅に進化している。自動化の仕組み　30

は、センサーやＧＰＳなどから得られた情報をもとに、ＡＩが動作　60

の判断をし、車両に制御命令を下すものだ。以前から航空機や船舶　90

などに導入されていたが、その技術が自動車へと応用された。　119

自動運転は、どこまで人が運転に介入するかによって、レベル０　149

から５までの段階がある。レベル０は、運転の自動化がない状態で　179

あり、人が運転のすべてを行う。レベル５の段階になると、運転は　209

完全にシステムが行う。　221

現在、市販されている車の多くは、レベル２の段階だ。これは、　251

部分的な運転自動化の状態であり、運転の主体はあくまでも人であ　281

る。だが、一定の条件下においては、システムによる加速と減速の　311

ほか、ハンドル操作などが実用化されている。　333

政府は、渋滞解消や交通事故防止など多くのメリットがあること　363

から、完全自動運転の実用化を目指している。それには、法整備や　393

技術の新たな開発などが必要となる。さらに、完全自動化されるこ　423

とで車内での過ごし方も多様化し、私たちの生活スタイルは大きく　453

変わるだろう。　460

船舶(せんぱく)・主体(しゅたい)・渋滞(じゅうたい)

	学習日	総字数	－	エラー数	＝	純字数
1	／		－		＝	
2	／		－		＝	

	学習日	総字数	－	エラー数	＝	純字数
3	／		－		＝	
4	／		－		＝	

【速度－3】　次の文章を明朝体とし、１行30字で入力しなさい。（制限時間10分）

　世界の人口は増え続け、２０３０年には８６億人に達しそうだ。　30
遠くないうちに、家畜の飼料生産が追いつかなくなり、タンパク質　60
不足に陥るかもしれない。解決策の一つとして、昆虫食があげられ　90
ているが、ほかのものになるかもしれない。　111

　ＦＡＯ（国連食糧農業機関）は、将来のタンパク質不足を回避す　141
るために、昆虫を食材にしたり、家畜の飼料に活用したりすること　171
をすすめている。地球上には、食べられる昆虫が１９００種以上も　201
存在し、食品や飼料としての可能性は、多く残されている。　229

　ＦＡＯが危惧する背景の一つが、人口増加だ。食生活の変化も大　259
きい。途上国では肉食が普及し、２０３０年代には、肉類の需要は　289
１９９０年代より４割も増えるとされる。肉類が食べられなくなる　319
危機が、起きるかもしれない。　334

　タンパク質不足の危機を回避しようと、日本の企業も動きを見せ　364
ている。ある会社では、イエバエの幼虫を乾燥させ、魚粉にかわる　394
家畜や魚の飼料として活用しようとしている。子どもたちの世代に　424
も、肉類を食べられる選択肢を残し、食糧不足のない未来を実現し　454
たいものだ。　460

家畜（かちく）・危惧（きぐ）・幼虫（ようちゅう）・魚粉（ぎょふん）

	学習日	総字数	－	エラー数	=	純字数
1	／		－		=	
2	／		－		=	

	学習日	総字数	－	エラー数	=	純字数
3	／		－		=	
4	／		－		=	

【速度－4】 次の文章を明朝体とし、1行30字で入力しなさい。（制限時間10分）

米航空宇宙局（NASA）は、1992年から現在までに、世界	30
の平均海面水位が、8センチ上昇したと発表した。人工衛星の観測	60
データなどを元にした最新の推定値で、信頼度が高いという。今の	90
傾向が続けば、今世紀末に82センチ上昇かそれを上回る可能性が	120
高いとしている。	129
NASAによると、海面水位の変化には地域差がある。東日本沖	159
やフィリピン沖の太平洋の一部では、平均20センチを超えたが、	189
他の海域では数センチ程度の場合もあった。	210
気候変動に関する政府間パネル（IPCC）の報告書によると、	240
世界の平均海面水位は、20世紀に入ってから2010年までに約	270
19センチ上昇した。今世紀末には、26センチから82センチの	300
範囲で上昇すると予測されている。	317
NASAによると、この10年間で、グリーンランドで年平均約	347
3000億トン、南極でも年平均約1200億トンの氷床が失われ	377
ている。NASAの専門家は、気温上昇で氷床が大規模に解け始め	407
れば、水位上昇がさらに加速する可能性があるとしている。最悪の	437
ケースを避けるために、努力を忘れてはならない。	460

氷床（ひょうしょう）

	学習日	総字数	－	エラー数	＝	純字数
1	／		－		＝	
2	／		－		＝	

	学習日	総字数	－	エラー数	＝	純字数
3	／		－		＝	
4	／		－		＝	

【速度－5】 次の文章を明朝体とし、1行30字で入力しなさい。（制限時間10分）

　　日本とアメリカの大学生が、共同で体温計の新しい技術を開発し　　30
た。それは非常に薄いシート状のもので、皮膚に直接貼り付けて測　　60
ることができる。範囲も、２５度から５０度まで可能だ。従来のも　　90
のと比べ、瞬時に正確な温度が計測できる。　　　　　　　　　　　111

　　この体温計の仕組みは、黒鉛と半結晶性アクリル系ポリマーでで　141
きた回路が施された薄いフィルムで、厚みは髪の毛の４分の１ほど　171
だ。材料も低価格で済み、生産方法も簡単であるため、３年以内の　201
実用化を目指している。　　　　　　　　　　　　　　　　　　　213

　　体温計は、これまでも進化をしてきた。以前は、水銀を使ったも　243
のが主流であった。だが、計測に時間がかかることや割れる危険性　273
もあるなど、欠点が多くあった。改良は進み、耳やおでこからでも　303
測ることができて、素材も安全なものになっている。　　　　　　328

　　さらに、新しい技術によって、様々な可能性が期待される。例え　358
ば、スポーツ選手の体温を継続的に測ることができるので、新しい　388
ウェアの開発に繋がる。医療では、体の一部分だけを測り治療に生　418
かすこともできる。大学生たちが開発した技術により、どのような　448
未来になるのか楽しみだ。　　　　　　　　　　　　　　　　　　460

皮膚（ひふ）・施（ほどこ）す・繋（つな）がる

	学習日	総字数	－	エラー数	＝	純字数
1	／		－		＝	
2	／		－		＝	

	学習日	総字数	－	エラー数	＝	純字数
3	／		－		＝	
4	／		－		＝	

【速度－6】 次の文章を明朝体とし、１行30字で入力しなさい。（制限時間10分）

　　太陽フレアとは、太陽の表面で発生する爆発現象のことである。 30

爆発の大きさは、通常で数万キロメートルの規模となっている。こ 60

れは、太陽系で最大の爆発現象で、多数の波長域にわたる電磁波の 90

増加によって、観測がなされている。 108

　　この爆発により放出されたＸ線や高エネルギー粒子、磁場を伴う 138

プラズマが地球に到達すると様々な影響がある。過去には大規模な 168

停電が発生したり、通信が遮断されたりした。また、衛星利用測位 198

のシステム（ＧＰＳ）が機能しないこともあった。 222

　　これらは、宇宙天気災害と呼ばれる。超巨大な太陽嵐が発生すれ 252

ば、地球のテクノロジーはひとたまりもない。世界各地において、 282

停電だけでなく、様々な機能が停止する。今日では、コンピュータ 312

やインターネットの整備が進んでおり、２００兆円を超える被害額 342

の試算もある。 350

　　私たちは、かつてないほど宇宙気象の危険にさらされている。ま 380

た、異常現象に襲われたら阻止することはできない。被害を最小限 410

に抑えるには、発生の予測が必要である。そこで、現在では国際的 440

な協力体制のもとで研究が進められている。 460

伴（ともな）う・遮断（しゃだん）・襲（おそ）われる・阻止（そし）

	学習日	総字数	－	エラー数	＝	純字数
1	／		－		＝	
2	／		－		＝	

	学習日	総字数	－	エラー数	＝	純字数
3	／		－		＝	
4	／		－		＝	

私たちの生活において、住居や商業施設などの施設は不可欠であ	30
る。その材料には、木材やコンクリート、鉄以外は認められていな	60
かった。しかし、技術が進歩し、新たな素材として発泡スチロール	90
が注目されている。	100
これは、食品や電化製品の梱包材として使用するものに、強度を	130
高める改良を加えたものだ。さらに、燃えないように難燃加工をし	160
たり、紫外線による劣化を防ぐためのUVカット塗装をしたりする	190
ことで、国から許可がおりて使用が可能となった。	214
発泡スチロールを使うメリットとして、建設期間が短く済むこと	244
があげられる。基礎の上に10個程度の部品を組み立てるだけでよ	274
く、作業は数名で工期は約一週間で可能という。費用も、一棟あた	304
り数百万円という低価格で魅力の一つだ。	324
その用途は、国内で広がりをみせている。住宅やホテルといった	354
住居としてだけでなく、遮断性や保温性といった特長を生かして、	384
農業用施設や防災備蓄庫として利用が進められている。私たちの住	414
む街で、発泡スチロールで作られた建造物が当たり前の存在となる	444
日は、そう遠くないかもしれない。	460

梱包材（こんぽうざい）・難燃（なんねん）・劣化（れっか）・塗装（とそう）・一棟（いっとう、ひとむね）・遮断（しゃだん）

	学習日	総字数	－	エラー数	＝	純字数			学習日	総字数	－	エラー数	＝	純字数
1	／		－		＝			3	／		－		＝	
2	／		－		＝			4	／		－		＝	

【速度－8】　次の文章を明朝体とし、１行30字で入力しなさい。（制限時間10分）

|---|---|---|

　国際宇宙ステーションから撮影された輝く都市の夜景を見れば、　30
美しさに誰もが息をのむはずだ。一方、宇宙に届くほどの光が、漏　60
れ出ているともいえる。過剰な光は、生活環境や生態系に影響を与　90
え、光の公害「光害」と呼ばれる。　107

　環境庁が１９９８年に策定した「光害対策ガイドライン」による　137
と、１９６０年代、世界各地の都市化による大気汚染と、屋外照明　167
の増加により、天文観測に支障が出ることが問題になった。そこか　197
ら、Ｌｉｇｈｔ　Ｐｏｌｌｕｔｉｏｎという言葉が生まれて、日本　227
でも、光害という言葉が使われ始めた。　246

　この影響は、星空の見えにくさにとどまらない。街灯などに虫が　276
集まることによって、その虫が本来いた場所から離れてしまい、そ　306
の虫を食べる動物の行動パターンにも作用する。街灯があたる水田　336
は、イネの発育にムラが出ることもわかった。　358

　また、人にも影響がある。まぶしすぎる街灯や照明は、交通事故　388
や睡眠障害を誘発する。無駄な光は省エネにも反する。適度な照明　418
は夜間の安全や安心に不可欠だが、必要な明るさで、必要な時間だ　448
け使うことが重要だろう。　460

輝（かがや）く・漏（も）れ・過剰（かじょう）・無駄（むだ）

	学習日	総字数	－	エラー数	＝	純字数
1	／		－		＝	
2	／		－		＝	

	学習日	総字数	－	エラー数	＝	純字数
3	／		－		＝	
4	／		－		＝	

【速度－9】 次の文章を明朝体とし、1行30字で入力しなさい。(制限時間10分)

和名で「スイカ」は西瓜、英名はウォーターメロンという。原産	30
は、アフリカのサバンナ地帯や砂漠地帯と推測されている。日本に	60
伝わった時期は、様々な説があるが、平安時代には記された書物が	90
あった。西瓜の漢字は、中国語の西瓜に由来する。中国の西方より	120
伝来したため、この名が付いたという。	139
英名にもあるとおり、水分を多く含んだ果菜（野菜）である。そ	169
して、主に流通している赤肉のスイカは、カロテンが豊富に含まれ	199
ている。このカロテンは体内でビタミンＡに変化し、皮膚や粘膜を	229
保護する働きがある。	240
また、果汁には利尿作用があり、むくみを改善できる。さらに、	270
膀胱炎や腎炎などによく、血圧抑制の効果がある。夏バテで疲れた	300
体を優しく癒やしてくれる野菜だ。赤色色素のリコピンが多く含ま	330
れ、体内の活性酸素の増加を抑制し、体内組織の酸化を防ぐ効果も	360
ある。	364
スイカを選ぶ際には、果肉の色が鮮やかで、種が真っ黒いものを	394
選ぶとよい。冷やす温度は８度から１０度が適温で、甘みが増すと	424
いう。スイカは約９０％が水分のため、日持ちがしないので注意が	454
必要である。	460

西瓜（すいか）・皮膚（ひふ）・粘膜（ねんまく）・利尿（りにょう）・膀胱（ぼうこう）・抑制（よくせい）・癒（い）やす

	学習日	総字数	－	エラー数	＝	純字数
1	／		－		＝	
2	／		－		＝	

	学習日	総字数	－	エラー数	＝	純字数
3	／		－		＝	
4	／		－		＝	

【速度－10】　次の文章を明朝体とし、1行30字で入力しなさい。（制限時間10分）

　現在のようなセーラー服は、１８５７年に英国海軍が水兵の着る　30
制服として採用した。この制定が契機となり、各国の海軍でも導入　60
が進められた。日本では１８７２年に海軍で取り入れられ、現在で　90
も、自衛隊の水夫の制服として存続している。　112

　１９世紀後半には、普段着としてアレンジされたセーラー服が、　142
子ども服として広く普及した。男の子は水兵と同じズボン、女の子　172
はスカート姿のスタイルが定着した。さらに、ＥＵの国々の学校で　202
制服として採用した。　213

　日本でセーラー服といえば、女子生徒の学校制服として定着して　243
おり、日本の風景に馴染んでいる。現在でも、中学校で半数以上、　273
高校でも２割強の学校が採用している。このように、多くの学生が　303
着用し愛用している国は、世界の中では日本だけであろう。　331

　１９８０年代以降、ブレザーへと移行した学校も多い。しかし、　361
日本にセーラー服が導入されて９０年を経て、伝統ある姿に誇りを　391
持っている学校も多い。また、その外観をかたくなに守り、何十年　421
と着続けている。１００年デザインとは、このようなデザインを指　451
すのかもしれない。　460

普及（ふきゅう）・馴染（なじ）む

	学習日	総字数	－	エラー数	＝	純字数
1	／		－		＝	
2	／		－		＝	

	学習日	総字数	－	エラー数	＝	純字数
3	／		－		＝	
4	／		－		＝	

【速度－11】　次の文章を明朝体とし、1行30字で入力しなさい。(制限時間10分)

日本は、少子高齢化により経済規模が小さくなると予測される。	30
一方、アジアの国々は、人口の増加とともに経済の発展が期待され	60
ている。そのため、本社や工場を海外へ移す企業も増えている。さ	90
らに、グローバル化により、ＩＴの活用が重視されており、求めら	120
れる人材のニーズも変化している。	137
この環境において、今の若者は働きたい気持ちがあっても、希望	167
する仕事に就けない人たちが増えている。ある研究所の調査による	197
と、これまでは、大学を卒業した者一人に対して約2．8人の仕事	227
があった。しかし、現在では、約1．3人に減っており、希望する	257
仕事に就くことは難しい。	270
採用後、同じ会社で働き続ける「終身雇用」のシステムは、崩壊	300
しつつある。そして、期間を決めて働いたり、短い時間を勤務した	330
りする「非正規労働者」が増えている。若者たちにとって、安定し	360
て働き続けることが厳しい状況だ。	377
政府はこうした状況を改善するために、職業を紹介する相談所を	407
各地に作った。また、若者たちが、仕事に必要な技術を身に付けら	437
れるように、教育や訓練できる環境を設けている。	460

就(つ)く・終身雇用(しゅうしんこよう)・崩壊(ほうかい)・設(もう)けている

	学習日	総字数	－	エラー数	＝	純字数
1	／		－		＝	
2	／		－		＝	

	学習日	総字数	－	エラー数	＝	純字数
3	／		－		＝	
4	／		－		＝	

【速度－12】　次の文章を明朝体とし、1行30字で入力しなさい。（制限時間10分）

　　北海道オホーツク海の海氷は、太平洋の広範囲に栄養分を運ぶ、　　30
重要な役割をになっていることが、わかってきた。オホーツク海の　　60
海氷は、冬に大陸から海に向かって吹く、冷たい季節風によってつ　　90
くられる。　　96

　　海水が凍るとき、塩分は一部しか氷の中に残らずに、ほとんどは　　126
海水中に排出されて、周囲の海水の塩分が増える。塩分を多く含ん　　156
だ海水は、普通の海水よりも重いため、海の中層（水深２００ｍ〜　　186
１０００ｍ程）に沈み込む。この動きに伴って、太平洋の広い範囲　　216
で、ゆっくり中層の海水が循環する。　　234

　　この重い海水は、植物プランクトンの栄養分を運んでいることも　　264
わかってきた。オホーツク海は、太平洋全域に栄養の循環をつくり　　294
出す、心臓のようなポンプの役割を果たしている。　　318

　　気がかりなのは、重い海水を生み出すオホーツク海の海氷が、だ　　348
んだんと減っていることだ。海氷が減れば、それに伴い重い海水も　　378
減る。重い海水が減れば、太平洋全域に海水の循環をつくり出す、　　408
心臓のようなポンプの役割を果たせなくなる。その結果、漁獲量が　　438
減る恐れもあるので、これからも目が離せない。　　460

海氷（かいひょう）・凍（こお）る・沈（しず）み込（こ）む・伴（ともな）って・漁獲量（ぎょかくりょう）

	学習日	総字数	－	エラー数	＝	純字数		学習日	総字数	－	エラー数	＝	純字数
1	／		－		＝		3	／		－		＝	
2	／		－		＝		4	／		－		＝	

【速度－13】 次の文章を明朝体とし、1行30字で入力しなさい。（制限時間10分）

鉄道の分野において、日本が世界に誇る技術といえるのが新幹線	30
である。その歩みは、１９６４年１０月１日に、東京から新大阪を	60
結ぶ東海道新幹線が開業して以降、北海道から九州まで路線網は広	90
がりを続けてきた。今も、計画は進められている。	114
新幹線の、一番の魅力となるのはスピードだ。開業当初は、時速	144
２１０キロであったが、現在は時速３２０キロで走行するなど年を	174
追うごとに向上している。この新幹線の、新たな魅力をＰＲする試	204
みがとられている。	214
その一つが、現代美術をテーマにした列車だ。これは、これまで	244
使われてきたＥ３系と呼ばれる車両を改装し、外観をキャンバスに	274
見立て、夏の夜空を彩る花火がデザインされている。また、内部は	304
車両ごとに絵画や写真、彫刻など様々な分野のアーティストの作品	334
が展示されている。	344
そのほかにも、温泉街を散策するというコンセプトで、車両内に	374
足湯が設置された列車が走行している。新しいタイプの新幹線は、	404
早く移動するだけにとどまらず、乗車すること自体が旅の魅力にな	434
る。これからも、新しい列車の登場を、楽しみにしたい。	460

誇(ほこ)る・彩(いろど)る

	学習日	総字数	－	エラー数	＝	純字数
1	／		－		＝	
2	／		－		＝	

	学習日	総字数	－	エラー数	＝	純字数
3	／		－		＝	
4	／		－		＝	

【速度−14】 次の文章を明朝体とし、1行30字で入力しなさい。（制限時間10分）

蚊に刺されやすい人は、知らぬ間に蚊が近寄るＮＧ行動をとって	30
いる。蚊は暗い色を好むため、黒や紺色などの暗い服を着ていると	60
刺されやすい。また、日に焼けて、肌の色が黒くなると刺されやす	90
くなる。さらに、汗をかくと蚊を引き寄せる要因になり、汗をかき	120
やすい人は要注意である。	133
蚊で血を吸うのはメスだけで、卵を産むために、栄養の多い人の	163
血を吸う。口は１本の針のように見えるが、非常に細い７本の針が	193
まとまっている。蚊は皮膚の神経を刺激しないよう針を使い分け、	223
唾液の働きで痛みを消し、動物に気付かれずに血を吸う。	250
蚊が血を吸う時に、動物に病気を移すことがある。ペットがかか	280
る寄生虫病のフィラリア、日本脳炎というウイルスの病気などだ。	310
深刻なのは、熱帯を中心に毎年５０万人以上が死亡するマラリアで	340
ある。海外流行地では、刺されない注意が必要だ。	364
嫌われ者の蚊だが、兵庫県の企業が作った「痛みが少ない採血用	394
の針」は、蚊の口にある針をヒントに開発された。子どもにも、痛	424
みを感じさせない注射針である。蚊が人間の生活に、貢献した珍し	454
い例だろう。	460

蚊（か）・紺色（こんいろ）・皮膚（ひふ）・唾液（だえき）・脳炎（のうえん）・貢献（こうけん）

	学習日	総字数	−	エラー数	=	純字数			学習日	総字数	−	エラー数	=	純字数
1	／		−		=			3	／		−		=	
2	／		−		=			4	／		−		=	

　　国産ナチュラルチーズの生産量が、過去最多水準となったことが　　　　30
農林水産省の資料でわかった。日本で先に普及したプロセスチーズ　　　　60
は、ナチュラルチーズを熱して溶かし、再び固めて作るので保存性　　　　90
に優れている。また、製造後に加熱殺菌をしないナチュラルチーズ　　　120
は、乳酸菌など微生物が生きているため時間とともに熟成が進み、　　　150
香りや味が変化する。　　　　　　　　　　　　　　　　　　　　　　　161

　　チーズ需要の増加にも支えられて、生産者は全国各地で着実に増　　　191
えている。日本の風土や土地ごとの食材を生かして、国産ならでは　　　221
の強みを打ち出した商品の開発を行っている。海外のコンテストで　　　251
も、高い評価を得るようになった。　　　　　　　　　　　　　　　　　268

　　生産者が、日本チーズを発展させようと日本チーズ協会を発足さ　　　298
せた。品質基準などを策定し、広報活動を行い、生産者みずからが　　　328
ＳＮＳなどによって情報を発信する。消費者とつながり、力を合わ　　　358
せて発展させていくという。　　　　　　　　　　　　　　　　　　　　372

　　現在、国内には３００を超えたチーズ工房が存在している。その　　　402
背景には、牛乳に付加価値を付けようとする酪農家や、地域貢献を　　　432
目指す若者の取り組みなどがある。今後の伸展が、楽しみだ。　　　　　460

農林水産省（のうりんすいさんしょう）・普及（ふきゅう）・殺菌（さっきん）・乳酸菌（にゅうさんきん）・微生物（びせいぶつ）・
策定（さくてい）・工房（こうぼう）・酪農家（らくのうか）

	学習日	総字数	－	エラー数	＝	純字数
1	／		－		＝	
2	／		－		＝	

	学習日	総字数	－	エラー数	＝	純字数
3	／		－		＝	
4	／		－		＝	

【速度－16】 次の文章を明朝体とし、1行30字で入力しなさい。（制限時間10分）

日本では、日常生活で水に不自由することがない。しかし、世界	30
の中には、水の確保に苦労している地域が多い。また、国によって	60
は、水道設備が整っていても、その水が飲用に適していない場合も	90
ある。	94
日本の水道水は、法律で厳しい基準が設けられている。この基準	124
は、ＷＨＯ（世界保健機関）のガイドラインに沿って、様々な調査	154
や検査により決められている。その中で、殺菌のために塩素が使わ	184
れている。だが、その塩素により、安全性を心配する人や「おいし	214
い水」を求める人が増加し、浄水器やミネラルウォーターの売上げ	244
が伸びている。	252
本来、水は無味無臭だが、水に様々なミネラル成分が溶け込み、	282
ミネラル分が多いと水の味は硬く感じられ、少ないと軟らかく感じ	312
る。日本の水の多くは、軟水だといわれている。逆に、国土の広い	342
ヨーロッパの水は硬水である。	357
硬水を冷蔵庫で冷やすと、味のクリスタル感が強調され、おいし	387
さが増す。一方、軟水は香りや風味を大切にする日本茶や紅茶をい	417
れるときに向いている。水の硬度に目を向け、暮らしの中で使い分	447
ければ、生活も豊かになる。	460

浄水器（じょうすいき）・無味無臭（むみむしゅう）・硬（かた）く・軟（やわ）らかく・軟水（なんすい）・硬水（こうすい）

	学習日	総字数	－	エラー数	＝	純字数
1	／		－		＝	
2	／		－		＝	

	学習日	総字数	－	エラー数	＝	純字数
3	／		－		＝	
4	／		－		＝	

【速度－17】 次の文章を明朝体とし、1行30字で入力しなさい。（制限時間10分）

　野菜や穀物を、炒める、揚げる、焼くなど、高温で調理すると、　　30
アクリルアミドという化学物質が発生する。動物実験で、発がん性　　60
が認められている物質だ。内閣府の食品安全委員会は、摂取をでき　　90
る限り減らすよう努める必要がある、との評価書案をまとめた。　　120

　人を対象とした調査結果を見た限りでは、アクリルアミドが原因　150
で、がんが増えているとは認められない。そうした意味では、さほ　180
ど心配しなくてもよいが、摂取しないほうがよいことには変わりは　210
ない。　　214

　この化学物質は、加熱した食品の多くに、わずかながら含まれて　244
いる。もちろん、加熱調理は、食材をおいしく安全に食べるために　274
必要なことであり、避けられない。しかし、家庭での少しの手間と　304
工夫で、量を減らすことは可能である。　　323

　調理する時は、加熱し過ぎないことが大切だ。茹でる、蒸す、煮　353
るといった、水を利用する調理では、食材の温度は１２０度以上に　383
ならず、この化学物質はほとんどできない。農林水産省が「アクリ　413
ルアミドを減らすために家庭でできること」という冊子を、Ｗｅｂ　443
上で公開しているので参考にしたい。　　460

穀物（こくもつ）・摂取（せっしゅ）・茹（ゆ）でる

	学習日	総字数	－	エラー数	＝	純字数
1	／		－		＝	
2	／		－		＝	

	学習日	総字数	－	エラー数	＝	純字数
3	／		－		＝	
4	／		－		＝	

【速度－18】 次の文章を明朝体とし、1行30字で入力しなさい。(制限時間10分)

　地球の衛星軌道上には、直径１０ｃｍ以上の人工物体が、２万個　30
ほどあるが、そのほとんどは宇宙ごみだという。宇宙船や衛星の打　60
ち上げの結果、地球の周りの軌道には、金属やガラスなどのかけら　90
が時速２万８千ｋｍで回っている。航行している衛星が、機能しな　120
い衛星と衝突し宇宙ごみになったものもある。　142

　地球の周りを漂う宇宙ごみ（スペースデブリ）の回収実験に、ス　172
イスチームが乗り出した。ロボットアームのような装置で、衛星な　202
どの破片をつかみとり、大気圏まで運んで地球落下中に燃やしてし　232
まう。宇宙ごみの問題が深刻化するなかから飛びだした、ＳＦのよ　262
うなアイデアだ。　271

　スイスチームは、４本の指のようなもので、宇宙ごみを回収する　301
装置を備えた人工衛星を打ち上げる。高度約７００ｋｍにある直径　331
１０ｃｍ四方の小型衛星の、回収を試みる計画だ。　355

　大気圏まで運んだ後、宇宙ごみだけ切り離して衛星は再利用する　385
か、ごみもろとも燃やすかは検討中だという。約８億円の開発費を　415
見込んでおり、予定される実験では企業の参加も募り、将来的には　445
ビジネス化したいということだ。　460

軌道(きどう)・衝突(しょうとつ)・漂(ただよ)う・募(つの)り

	学習日	総字数	－	エラー数	＝	純字数
1	／		－		＝	
2	／		－		＝	

	学習日	総字数	－	エラー数	＝	純字数
3	／		－		＝	
4	／		－		＝	

【速度－19】 次の文章を明朝体とし、1行30字で入力しなさい。（制限時間10分）

政府は、２０５０年までにカーボンニュートラルを目指すと宣言	30
した。これは、近年の気候変動問題の解決に向けたものであり、こ	60
の問題は世界共通の課題だ。１２０以上の国と地域で、同様の目標	90
を掲げている。	98
二酸化炭素（ＣＯ２）やメタンなどの温室効果ガスの排出量増加	128
が、気候変動の要因とされている。カーボンニュートラルは、単に	158
温室効果ガスを減らすことを目指したものでない。その排出量から	188
植林や森林管理などによる吸収量を差し引いて、排出を全体として	218
ゼロにすることを意味している。	234
近年、世界では多くの気象災害が発生している。これと気候変動	264
の関係は明らかとなっていないが、気候変動に伴い、猛暑や豪雨の	294
リスクが高まることが予想されている。日本でも、産業や経済活動	324
への影響が懸念されている。	338
温室効果ガスは、経済活動だけでなく、日常生活からも排出され	368
ている。その排出量は、日本では６割にもなるという分析もある。	398
持続可能な社会を作るためには、脱炭素社会の実現を目指した取り	428
組みを、私たち国民の一人ひとりが意識的に進める必要があるだろ	458
う。	460

掲（かか）げて・排出量（はいしゅつりょう）・猛暑（もうしょ）・豪雨（ごうう）・懸念（けねん）

	学習日	総字数	－	エラー数	＝	純字数
1	／		－		＝	
2	／		－		＝	

	学習日	総字数	－	エラー数	＝	純字数
3	／		－		＝	
4	／		－		＝	

【速度－20】 次の文章を明朝体とし、１行30字で入力しなさい。（制限時間10分）

吹き矢は、筒に入れた矢を息の力で飛ばすものだ。江戸時代には	30
錦絵にも描かれており、当時は、的に当て景品をもらう縁日の射的	60
に似た遊びだったようだ。その吹き矢に、ルールを規定して競技化	90
したものが、スポーツ吹き矢である。	108
この競技は、５ｍから１０ｍ離れた的をめがけて、息を使って矢	138
を放ち、その得点を競うスポーツである。的は、中心から同心円状	168
に４段階の点数が決められ、５本の矢が刺さった位置での合計点に	198
より競うが、上級者になるほど距離は長くなる。	221
動作の基本は、腹式呼吸をベースにした呼吸法である。鼻から息	251
を吸い、腹から勢いよく吐くようにして的を狙う。性別や年齢を問	281
わず、誰でも手軽にできる。ゲーム感覚で楽しみながら、健康にな	311
れるスポーツとして注目されている。	329
また、スポーツ吹き矢は、国民体育大会でデモンストレーション	359
種目になった。吹き矢の競技練習をして、練習次第によっては国体	389
の選手として出場できる可能性がある。そして、競技で結果を出す	419
ことにより、スキルを履歴書に記載して、進学や就職活動に役立た	449
せることが可能である。	460

錦絵（にしきえ）・縁日（えんにち）・射的（しゃてき）・腹式呼吸（ふくしきこきゅう）・吐（は）く・履歴書（りれきしょ）

	学習日	総字数	－	エラー数	＝	純字数
1	／		－		＝	
2	／		－		＝	

	学習日	総字数	－	エラー数	＝	純字数
3	／		－		＝	
4	／		－		＝	

【速度－21】　次の文章を明朝体とし、1行30字で入力しなさい。（制限時間10分）

　　繊維ナノセルロースは、木材や古紙などから抽出したパルプで、　　30
環境に配慮された素材である。これは、毛髪の約１０万分の１とさ　　60
れるナノレベルまで解きほぐして、加工したものだ。軽さと強度に　　90
優れ、熱による変形が少ないという特徴もある。　　113

　　このナノ素材は、間伐材や稲わらなど、これまであまり使い道が　　143
なかったものを、有効に活用する点に特徴がある。その用途とは、　　173
軽量で強度が求められる車などの構造部材だ。日本は、森林が多く　　203
有望な素材といえる。　　214

　　製紙会社は、木材などから繊維を抽出して紙を作っている。この　　244
技術を応用しながら、ナノセルロースの開発を進めている。実用化　　274
に向けた試験的な生産では、他への転用やどのように加工していく　　304
のかなどの課題も多い。さらに、量産化に向けて、品質を確保する　　334
ことも必要だ。　　342

　　ナノセルロースは、世界的に開発競争が激しい。製紙業が盛んな　　372
米国や北欧などがライバルである。日本は炭素繊維の生産では先行　　402
しており、市場では主導権を握っている。政府はナノセルロースを　　432
第２炭素繊維に育てる考えで、成長戦略にも盛り込んでいる。　　460

繊維（せんい）・間伐（かんばつ）

	学習日	総字数	－	エラー数	＝	純字数
1	／		－		＝	
2	／		－		＝	

	学習日	総字数	－	エラー数	＝	純字数
3	／		－		＝	
4	／		－		＝	

【速度－22】 次の文章を明朝体とし、1行30字で入力しなさい。（制限時間10分）

　私たち人類は、宇宙に夢や希望を抱いて、様々な調査を進めてき 30
た。そのため、月をはじめとした地球外の惑星探査について、競う 60
ように進めている。中でも火星は、探査ラッシュといえる。有人で 90
の飛行を目指す米国が5機、他に欧州とインドも打ち上げており、 120
計7機もの探査機がひしめく状況だ。 138

　日本が打ち上げ、現在運用されている探査機は、金星を探査する 168
「あかつき」と、小惑星を探査する「はやぶさ2」の2機がある。 198
そこへ水星への探査という新たな計画が、欧州と宇宙航空研究開発 228
機構（JAXA）との共同で、進められている。 251

　水星を探査する目的は、異なる天体での探査で違いを生み出す狙 281
いがある。これまでに世界各国が、地上からの観測をチャレンジし 311
たり、衛星を打ち上げたりしてきたが、熱線や電磁波が強く、公転 341
する速度が88日と速いことから断念してきた。 364

　水星には、地球のような磁場が存在することや水が氷の状態で、 394
何十億年も閉じ込められていることが、わかっている。謎が多いこ 424
の天体について、我が国の計画が成功し、新たな発見があることを 454
期待したい。 460

競（きそ）う・狙（ねら）い

	学習日	総字数	－	エラー数	＝	純字数
1	／		－		＝	
2	／		－		＝	

	学習日	総字数	－	エラー数	＝	純字数
3	／		－		＝	
4	／		－		＝	

【速度-23】 次の文章を明朝体とし、1行30字で入力しなさい。(制限時間10分)

　東南アジアのフィリピンとラオスの両国は、電気自動車（ＥＶ）　　30
の導入に向けて力を入れ始めている。フィリピンでは、庶民の足と　　60
して、短距離の移動には三輪タクシーが広く普及している。だが、　　90
排気ガスが大気汚染の一因として問題になっている。この対策とし　　120
て、ＥＶ化する動きが進んでいる。　　137

　今後、ラオスでは経済成長に伴って、自動車の普及が見込まれて　　167
いる。また、水資源が豊富なため水力発電が盛んであり、電気料金　　197
はタイの半額だ。電気自動車を導入することにより、輸入燃料に頼　　227
らない計画を進めている。　　240

　一方、本格的に普及するには課題が多い。現状では、ＥＶの価格　　270
はガソリン車の２倍以上である。この価格を引き下げるとともに、　　300
充電する設備を整えることも重要である。そして、フィリピンでは　　330
電力不足も懸念されており、各国に応じた対策が必要だ。　　357

　この二つの国では、ＥＶを新たな基幹産業に育てたいという思惑　　387
がある。日本の各メーカーは、ＥＶ技術に関して世界をリードして　　417
いる。この普及に向けた取り組みを支援することで、将来の需要を　　447
取り込みたいと考えている。　　460

庶民（しょみん）・普及（ふきゅう）・懸念（けねん）・基幹産業（きかんさんぎょう）

	学習日	総字数	－	エラー数	＝	純字数
1	／		－		＝	
2	／		－		＝	

	学習日	総字数	－	エラー数	＝	純字数
3	／		－		＝	
4	／		－		＝	

【速度－24】 次の文章を明朝体とし、1行30字で入力しなさい。（制限時間10分）

日本は国土の約7割が山地であり、海に周囲を囲まれている。私	30
たちは、山や海に親しみ、その恩恵に感謝をしながら、毎日を過ご	60
している。こうした背景から、1995年に海の日が国民の祝日と	90
なり、2016年には山の日が制定された。	111
それ以外にも、自然に感謝をする記念日を定めている日がある。	141
その一つが、7月7日の川の日である。この記念日の趣旨は、都市	171
の発展により、希薄となった河川への関心を取り戻すことを目的と	201
している。この日が制定されたのは、七夕の天の川のイメージと、	231
河川の愛護月間であることから決まった。	251
一方、残念ながらなくなった記念日もある。その一つが、森林の	281
日である。この日は、名前に美が付く村が集まり定めたものだ。定	311
めた理由は、森林が国土の約66％を占め、世界平均と比べ割合が	341
大きいことなどがある。しかし、市町村合併により、美が付く村や	371
市町村が減少し記念日ではなくなった。	390
記念日には、様々な思いや由来がある。国民の祝日と制定された	420
ことで、行事が実施されている。そんな記念日に、思いを巡らせて	450
みるのもよいだろう。	460

恩恵（おんけい）・趣旨（しゅし）・希薄（きはく）・愛護（あいご）

	学習日	総字数	－	エラー数	＝	純字数
1	／		－		＝	
2	／		－		＝	

	学習日	総字数	－	エラー数	＝	純字数
3	／		－		＝	
4	／		－		＝	

【速度－25】　次の文章を明朝体とし、1行30字で入力しなさい。（制限時間10分）

若者を中心に、新聞や雑誌などを読むことができ、情報交換した　30
り癒やされたりする場として、ｃａｆｅ（カフェ）が人気だ。その　60
歴史は古く、１５世紀頃にはアラブ地方に誕生していた。その後、　90
英国や仏国などの欧米諸国に広まり、明治時代には、東京や大阪に　120
誕生していた。　128

現在は、様々なカフェが登場している。例えば、動物と触れ合う　158
ことができたり、キャラクターの世界観を体験できたりするものが　188
ある。また、寺や仏教に親しみをもってもらうためのお寺カフェ、　218
温泉やサウナ設備などを備えたお風呂カフェも登場している。　247

さらに、医療分野からも注目を集めている。それは、健康や病気　277
などについて、気軽に語り合いながら学ぶ医療カフェである。医師　307
と患者や地域の住民が参加し、診察室よりも気軽に相談や質問がで　337
きる。こうした場所は、大変貴重と参加者にも好評だ。　363

本来はコーヒーや紅茶などを飲み、個人がくつろげる空間として　393
の役割が強かったが、様々な年代に利用され、その形態は変化を続　423
けている。今後も進化を続け、どのようなカフェが誕生するのか、　453
楽しみである。　460

癒（い）やされ・風呂（ふろ）

	学習日	総字数	－	エラー数	＝	純字数
1	／		－		＝	
2	／		－		＝	

	学習日	総字数	－	エラー数	＝	純字数
3	／		－		＝	
4	／		－		＝	

【速度－26】 次の文章を明朝体とし、1行30字で入力しなさい。（制限時間10分）

　私たちの身近に使われる天然の繊維といえば、綿や麻などが有名　30

である。しかし、それらを作る畑は、世界的な人口増加によって、　60

食べ物の生産に置き換えられ、その収穫量は減少傾向にある。その　90

対策として、バナナを材料とした繊維が注目されている。　117

　さてバナナには、一度収穫を終えたら同じ茎には二度と実をつけ　147

ない性質がある。収穫後残った茎は、新しい芽を育てるために伐採　177

され、そのまま放置したり焼却処分したりする。その量は、年間で　207

約10億tに上り、環境問題となっている。　228

　この廃棄される茎の部分を使い、新しい繊維の開発が行われた。　258

バナナを材料にしたことから、バナナクロスと名付けられた。その　288

作り方は、茎の内側の皮を機械で繊維状にし、天日で乾燥してから　318

精錬し、綿と一緒に糸にする。　333

　すでに、イベントではTシャツやズボンとして発表され、話題と　363

なった。今後はさらに、鞄や雑貨などの幅広い活用も考えられてい　393

る。おやつやデザートで身近な存在であったバナナが、新たな天然　423

の繊維として、違った形で私たちの生活に身近な存在となる日は、　453

目の前である。　460

	学習日	総字数	－	エラー数	＝	純字数
1	／		－		＝	
2	／		－		＝	

	学習日	総字数	－	エラー数	＝	純字数
3	／		－		＝	
4	／		－		＝	

　　自宅から通勤できない社員に対して、企業によっては、福利厚生　　　30
の一環として社員寮を用意している。住居だけでなく食事が提供さ　　　60
れる場合もあり、学校を卒業したばかりの人や、転勤などで家族と　　　90
離れて暮らす人にとって、とても便利な施設といえる。　　　　　　　116

　　1950年代の高度経済成長期には、地方から都市部へ就職する　　　146
人たちが増え、社員寮の建築ラッシュが始まった。その後、バブル　　　176
と呼ばれる好景気時には、プールやトレーニングジムを兼ね備えた　　　206
寮も誕生し、話題になった。　　　　　　　　　　　　　　　　　　　220

　　平成以降は、バブルの崩壊や長引く不景気により、寮を土地ごと　　　250
売却する企業が相次いだ。そのため、マンションやアパートを借り　　　280
上げて、社員に貸し出す企業が増えた。その一方で、ここ数年は、　　　310
新しいタイプの寮が建てられている。　　　　　　　　　　　　　　　328

　　国内のある企業は、BCP（事業継続計画）の一つとして、都内　　　358
に独身寮を建てた。その寮は耐震性に優れ、地下には約300人分　　　388
の食料が備蓄されている。有事の際は、部屋のすべてを開放するこ　　　418
とで、ほとんどの従業員を約3日間にわたって、安全に避難させる　　　448
ことが可能となっている。　　　　　　　　　　　　　　　　　　　　460

一環(いっかん)・好景気(こうけいき)・崩壊(ほうかい)・耐震性(たいしんせい)・備蓄(びちく)

	学習日	総字数	－	エラー数	＝	純字数
1	／		－		＝	
2	／		－		＝	

	学習日	総字数	－	エラー数	＝	純字数
3	／		－		＝	
4	／		－		＝	

【速度－28】 次の文章を明朝体とし、1行30字で入力しなさい。（制限時間10分）

近年、小売業を中心に人手不足が大きな課題となっている。すで 　30
に各企業では、セルフレジを導入したり夜間の営業時間を短縮した 　60
りするなど、様々な取り組みが行われている。さらに、店舗全体を 　90
無人化する試みが進められている。 　107

その店舗は、出入口に改札のようなゲートがあり、そこに設置さ 　137
れたセンサーに、専用のQRコードをかざすと入店できる。店内で 　167
は、欲しい商品を棚から手に取り、持参した鞄や袋などに入れるだ 　197
けでよい。レジはなく、ゲートから店外に出ることが可能となって 　227
いる。 　231

決済の仕組みは、店内に取り付けられた複数のカメラやマイクか 　261
ら得た情報で、誰がどの商品を手にしたのか判別する。支払方法は 　291
クレジットカードで決済するため、スマートフォン上に届いた通知 　321
によって内容を確認する。 　334

店舗の無人化は、私たちの職が奪われると言われている。だが、 　364
今後も有人の運営は必要である。その理由は、店員や他の顧客との 　394
会話を楽しんだり、専門的な説明で付加価値を与えたりする業態も 　424
あるからである。無人と有人の良い部分を活用し、充実した生活を 　454
過ごしたい。 　460

欲(ほ)しい・鞄(かばん)・判別(はんべつ)

	学習日	総字数	－	エラー数	＝	純字数
1	／		－		＝	
2	／		－		＝	

	学習日	総字数	－	エラー数	＝	純字数
3	／		－		＝	
4	／		－		＝	

【速度−29】 次の文章を明朝体とし、1行30字で入力しなさい。（制限時間10分）

　社会の多様化や生活環境の変化により、子どもたちの生活習慣の　　30
乱れが心配されている。子どもたちが健やかに成長していくために　　60
は、食事や睡眠が大切である。文部科学省では、子どもたちの生活　　90
リズムを改善するために、早寝早起き朝ごはんという運動を推進し　　120
ている。　　125

　この活動には、ＰＴＡや子ども会など多くの団体が協力し、学校　　155
や地域へ啓発運動をしている。その取り組みとして、アンケートな　　185
どによって状況を把握し、教材やパンフレットを作成し配布してい　　215
る。これにより、学校や地域で独自の活動が行われるようになり、　　245
小中学生の生活習慣は改善されている。　　264

　しかし、高校生はまだ改善の必要がある。国の調査では、朝食を　　294
週に２回以上食べていない割合は約２５％であり、睡眠時間でも、　　324
６時間より少ない数は約５０％であった。成長する大切なときであ　　354
り、夜型の生活リズムの改善が必要である。　　375

　そして、学生時代に身に付いたものが、成人における生活習慣の　　405
低下に繋がっている。この運動が推進されることによって、正しい　　435
生活リズムをしっかりと身に付けてほしいものである。　　460

健（すこ）やか・啓発（けいはつ）・把握（はあく）・繋（つな）がる

	学習日	総字数	−	エラー数	=	純字数
1	／		−		=	
2	／		−		=	

	学習日	総字数	−	エラー数	=	純字数
3	／		−		=	
4	／		−		=	

【速度－30】 次の文章を明朝体とし、1行30字で入力しなさい。(制限時間10分)

ユネスコ無形文化遺産に、和食が登録されるなど、日本の文化や	30
食事が世界で受け入れられている。さらに、私たちが普段から使用	60
している日本語でも、世界中に浸透しているものがある。その一つ	90
に、交番（ＫＯＢＡＮ）がある。	106
これは、明治7年に東京に設けられた交番所が由来で、三人一組	136
で1時間ごとに交替しながら、見守り（番）をすることから、その	166
名が付けられた。現在でも、日本を訪れる外国人にも理解しやすく	196
するために、ＫＯＢＡＮの表示が使用されている。	220
その仕組みは、警官と地域住民とが良好な関係を築いて、治安の	250
良さを支えるというものだ。我が国独自のシステムは、アジア諸国	280
や米国などに輸出され、各国の治安を守る大きな役割を果たしてい	310
る。また、表示も同様にＫＯＢＡＮが採用されている。	336
私たちの身近なものが、外国で評価され受け入れられるというこ	366
とは嬉しいものだ。すでに「かわいい」や「もったいない」などの	396
日本語が、共通の言葉として世界中で使用されている。今後も様々	426
な国の人が、当たり前のように使用する日本語が増えることを期待	456
したい。	460

浸透（しんとう）・設（もう）ける・治安（ちあん）

	学習日	総字数	－	エラー数	＝	純字数
1	／		－		＝	
2	／		－		＝	

	学習日	総字数	－	エラー数	＝	純字数
3	／		－		＝	
4	／		－		＝	

【速度－31】 次の文章を明朝体とし、1行30字で入力しなさい。（制限時間10分）

　環境省と経済産業省は、自動車リサイクル制度の見直しを進めて　　30
いる。廃車を再利用するための費用は、ユーザーが新車購入時に、　　60
その負担をしている。だが、そのリサイクル料は、作業の効率化と　　90
技術の進歩などにより、コストが下がり、１００億円以上が余って　　120
いる。　　124

　その工程では、エンジンやバンパーなど転売できる部品を外して　　154
細かく砕き、金属部分を取り出して再利用する。最後には、分別し　　184
きれなかった「破砕くず」を処理する。この量は年約６０万ｔで、　　214
焼却処分されている。　　225

　自動車リサイクル法によって、現行の制度が始まったのは、破砕　　255
くずの不法投棄が相次いだためである。この制度により、導入前は　　285
８３％であったリサイクル率は、現在では、９９％に改善されたと　　315
いう。　　319

　両省は、各社に対して、料金の引き下げを求める考えがある。さ　　349
らに、手元に残っている資金を拠出して、業界で基金を作り、技術　　379
の開発にあてることも提案する。この理由の一つは、炭素繊維強化　　409
プラスチックなど、新しい素材を処理するためだ。技術の進歩に合　　439
わせて、制度を変えていくことが必要である。　　460

砕（くだ）く・破砕（はさい）・投棄（とうき）・拠出（きょしゅつ）・繊維（せんい）

	学習日	総字数	－	エラー数	＝	純字数
1	／		－		＝	
2	／		－		＝	

	学習日	総字数	－	エラー数	＝	純字数
3	／		－		＝	
4	／		－		＝	

【速度－32】 次の文章を明朝体とし、1行30字で入力しなさい。（制限時間10分）

		30

　ある大学の敷地内に、カラスのいたずらを締め出したごみ集積所　　30
ができ、評判になっている。これは、日本野鳥の会が考案した方法　　60
を実践した成果だ。その方法は、カラスに「生ごみを見せない。近　　90
付かせない。袋を開けさせない」という3原則を忠実に守ったもの　　120
だ。集積所は、高さが2．5mの塀に囲まれ、上部は30cm間隔　　150
でテグスが張ってある。　　162

　この考案者は、世界45都市の生ごみ収集事情を調べた。生ごみ　　192
対策では、日本はかなり遅れた途上国だということが分かった。ま　　222
た、住民にモラルを守らせるには、強制的、機械的に違反できない　　252
システムを作ることが必要と感じた。鍵を二重にし、ごみの回収日　　282
には管理者がマスターキーを開け、住民は暗証番号でテンキー錠を　　312
開ける。不心得者が、不法投棄しようにもできない。　　337

　この効果は、驚くほどである。カラスのごみの散乱がなく、ごみ　　367
の不法投棄もなくなり、排出マナーも向上した。さらに、周辺道路　　397
もきれいになった。カラスや生ごみが問題と思うのならば、この件　　427
を見習って、ごみ出しの規制を作り、不言実行することが必要であ　　457
ろう。　　460

締（し）め・塀（へい）・鍵（かぎ）・錠（じょう）・不心得者（ふこころえもの）・不言実行（ふげんじっこう）

	学習日	総字数	－	エラー数	＝	純字数
1	／		－		＝	
2	／		－		＝	

	学習日	総字数	－	エラー数	＝	純字数
3	／		－		＝	
4	／		－		＝	

39

【速度－33】　次の文章を明朝体とし、1行30字で入力しなさい。（制限時間10分）

　　資源の枯渇が懸念されているクロマグロは、完全養殖による方法　　30
で、生産性の向上につながる技術の開発が進んでいる。これまでの　　60
養殖は幼魚を捕獲し、いけすで育てたが、幼魚の捕獲には限りがあ　　90
るため、生産量の拡大が思うようにできなかった。　　　　　　　　114

　　卵から育てる養殖も成功しているが、市場に流通するにはコスト　　144
が高い。生産性の向上が求められていたところ、研究の成果で、卵　　174
からふ化したばかりの稚魚に与えるエサを工夫し、効率よく育てる　　204
ことに成功した。さらに、栄養価の高いエサを与えれば、生き残り　　234
率が上がり、コストが下がることもわかった。　　　　　　　　　　256

　　ある大学では、ＢＩＯ（バイオ）の会社と協力して、遺伝子検査　　286
でマグロの親子関係を特定する技術を開発した。マグロの生態を詳　　316
しく調べ、将来の栽培漁業につなげる研究もしている。　　　　　　342

　　ワシントン条約締約国会議では、大西洋や地中海産クロマグロの　　372
禁輸が議論され、漁獲規制への圧力が、少しずつ強くなっている。　　402
完全養殖したクロマグロを、資源を確保しながら、安く大量に生産　　432
できるように、安心して漁業ができる養殖技術に期待したい。　　　460

枯渇（こかつ）・稚魚（ちぎょ）・栽培（さいばい）

	学習日	総字数	－	エラー数	＝	純字数
1	／		－		＝	
2	／		－		＝	

	学習日	総字数	－	エラー数	＝	純字数
3	／		－		＝	
4	／		－		＝	

【速度−34】 次の文章を明朝体とし、1行30字で入力しなさい。(制限時間10分)

　学校では、社会で必要な力を育てるために、キャリア教育の充実　　30
が求められている。この教育は、理科や数学のように学習内容が、　　60
教科書で決まっていない。会社や商店などで、仕事を体験するのも　　90
キャリア教育の一つだ。これは、インターンシップ（就業体験）と　　120
呼ばれている。　　128

　高校生の中には、将来の目標を持たないために、宿題や授業以外　　158
の勉強時間が少ない者が多くみられる。目標のない人は、大学でも　　188
勉強しなかったり、就職してもすぐに辞めてしまったりする傾向が　　218
ある。キャリア教育により将来の目標を持つことで、勉強だけでな　　248
く普段の生活も充実させることができる。　　268

　国は、キャリア教育を普通科高校の1年生全員に、授業として受　　298
けさせることを考えている。この授業は、就業体験だけではない。　　328
グループで自分の生き方や将来について話し合ったり、職業につい　　358
て考えたりする。　　367

　キャリア教育の取り組みとして、高校生の早い時期に、自己分析　　397
や職業レディネステスト（VRT）を実施する。この結果で、自身　　427
の興味や自信度などを知ることで、職業選択の参考にすることがで　　457
きる。　　460

辞(や)めて

	学習日	総字数	−	エラー数	=	純字数
1	／		−		=	
2	／		−		=	

	学習日	総字数	−	エラー数	=	純字数
3	／		−		=	
4	／		−		=	

【速度－35】 次の文章を明朝体とし、1行30字で入力しなさい。（制限時間10分）

自然の中に放置しても、環境に悪影響を与えない電池が開発され	30
た。微生物などによって分解されるプラスチックで覆われており、	60
やがて土に混ざっていくという。様々なものにセンサーを埋め込む	90
「ＩｏＴ」が広がる中で、使用後のセンサーを回収できない場合に	120
備えた技術だ。	128
開発中の電池は、電圧１．１ボルトで、ＬＥＤを約２４時間点灯	158
させる。完成すれば、大量のセンサーを火山の周りにまいて温度や	188
振動を調べたり、川に流して流速を調べたりできる。	213
電池は二つの電極と、その間を満たす電解液でできている。通常	243
は、電極にリチウムなどのレアメタルや、フッ素などの有害物質が	273
使われ、電解液は強いアルカリ性の水酸化カリウムなどだ。この新	303
しい電池は、電極に生物の組織を炭化させたものを使い、電解液も	333
ほぼ中性にした。	342
新型電池と市販の電池を粉々に砕き、別々の植木鉢に１ｇずつ混	372
ぜ、植物を育てる実験を行った。市販の電池を混ぜた植木鉢はほと	402
んど生長しなかったのに対し、新型の電池は通常の植木鉢と変わら	432
なかったという。今後、様々な用途に使用されることだろう。	460

覆（おお）われ・粉々（こなごな）・砕（くだ）き

	学習日	総字数	－	エラー数	＝	純字数
1	／		－		＝	
2	／		－		＝	

	学習日	総字数	－	エラー数	＝	純字数
3	／		－		＝	
4	／		－		＝	

【速度－36】 次の文章を明朝体とし、1行30字で入力しなさい。（制限時間10分）

　外国の船が、日本の近海に入り問題になることがある。その理由　　30
は、日本の領海への侵入である。その範囲は、干潮のときの海岸線　　60
から12カイリ（約22km）の水域だ。外国の船は、平和や秩序　　90
を乱さなければ航行することは認められている。日本が「入らない　　120
でください」と規制をしているときには、無理に侵入すれば問題に　　150
なる。　　154

　領海の外側から12カイリの範囲は、接続水域と呼ばれている。　　184
この範囲は、本質的には公海であるため、外国の船は自由に航行す　　214
ることができる。だが、トラブルがあった場合は、日本の法律で取　　244
り締まることが可能である。　　258

　また、海岸線から200カイリの範囲は、排他的経済水域といわ　　288
れ、魚などの水産資源や地下資源は日本のものである。それを守る　　318
ために、海上保安庁や海上自衛隊が、船や飛行機、レーダーなどを　　348
使用して監視を行っている。　　362

　しかし、船と飛行機の数や人員は限られているため、広大な海を　　392
完璧に監視することは難しい。領海への侵入は、頻繁にマスコミに　　422
よって報道されている。複雑な問題を抱えていると思うが、平和な　　452
解決を望みたい。　　460

取（と）り締（し）まる・排他的（はいたてき）

	学習日	総字数	−	エラー数	=	純字数
1	／		−		=	
2	／		−		=	

	学習日	総字数	−	エラー数	=	純字数
3	／		−		=	
4	／		−		=	

　木造建築が、大きく変わってきた。住宅だけでなく、学校や病院　　　30
といった公共建築を木で建てる例が増えている。木造建築は、鉄筋　　　60
コンクリート造りや鉄骨造りに比べると、安く作れることが魅力で　　　90
ある。　　　94

　木造建築で、古くから使われてきたのが、軸組み工法だ。職人の　　124
高度な技に頼るので、仕上がりが悪いと建物が倒壊しやすいという　　154
欠点があった。そこで、品質が不安定な軸組みに代わり、強くて、　　184
低価格な木造住宅を作るために、ツーバイフォーという工法が開発　　214
され普及した。　　222

　木造建築の火災への強さが増し、２０００年に建築基準法が改正　　252
された。それにより、都市部で大規模な木造建築が建てられるよう　　282
になった。　　288

　より大規模な建造物を建てるために、新たに開発されたクロス・　　318
ラミネーティド・ティンバー（ＣＬＴ）と呼ばれる板も、注目され　　348
ている。木材を３層以上縦と横に交差して貼り合わせたＣＬＴは、　　378
どの方向からの強い力にも耐えられる大きな板である。日本のメー　　408
カーは、これを使用して、高さ３５０ｍのビルを建てる計画を発表　　438
した。どのような姿を現すか、今から楽しみだ。　　460

魅力(みりょく)・倒壊(とうかい)・耐(た)える・現(あらわ)す

	学習日	総字数	−	エラー数	＝	純字数
1	／		−		＝	
2	／		−		＝	

	学習日	総字数	−	エラー数	＝	純字数
3	／		−		＝	
4	／		−		＝	

【速度−38】 次の文章を明朝体とし、１行30字で入力しなさい。（制限時間10分）

米航空宇宙局（ＮＡＳＡ）の科学者たちが、恒星トラピスト１の		30

米航空宇宙局（ＮＡＳＡ）の科学者たちが、恒星トラピスト１の　30
周りに、７個の惑星があることを発見した。さらに、この惑星系は　60
３９光年しか地球から離れていない。これらの惑星は、地球とほぼ　90
同じ大きさで、大気や水がある可能性がある。　112

このトラピスト１は太陽と比べると、質量は約８％である。木星　142
よりも少し大きく、明るさは１０００分の１程度だ。この恒星は、　172
まだ若く、寿命は数１００億年以上と考えられる。また、銀河系で　202
はよく見られるタイプだ。　215

これまでにも、太陽系外惑星は数多く見つかっている。その中に　245
おいて、ハビタブルゾーン（宇宙で、生命が生存するために適した　275
領域）にある惑星は、４０にも満たない。今回の発見では、太陽系　305
に近い場所で７個の地球型惑星が確認された。　327

この惑星系は、地球外生命を探るための場所として最適な一つと　357
なった。その理由は、惑星と主星の相対的な大きさが、生命の誕生　387
に理想的なことだ。そして、地球から近いため、大気を詳しく調べ　417
ることにより、生物が呼吸した痕跡を検出できる可能性があり、こ　447
れからの研究が期待される。　460

恒星（こうせい）・惑星（わくせい）・寿命（じゅみょう）・痕跡（こんせき）

	学習日	総字数	−	エラー数	=	純字数
1	／		−		=	
2	／		−		=	

	学習日	総字数	−	エラー数	=	純字数
3	／		−		=	
4	／		−		=	

【速度－39】 次の文章を明朝体とし、1行30字で入力しなさい。（制限時間10分）

　　ふるさと納税とは、全国の都道府県や市町村などへの寄付のこと　　30
だ。この制度における「ふるさと」の対象は、人によって、様々な　　60
イメージがあり、特定する地方団体は限定されていない。つまり、　　90
以前に住んでいた故郷や関心のある地域の自治体に、現在、どこに　　120
住んでいても関係なく、寄付することができる。　　143

　　そして、寄付する際には、使い道を指定できたり、金額に応じて　　173
名産品を贈ってくれたりする自治体もある。ふるさと納税をするこ　　203
とで、その地方の米や肉などを食べることができる。　　228

　　また、翌年の確定申告で、納税した自治体が発行した証明書によ　　258
り手続きすることで、納めた税金が還元される。寄付した金額のう　　288
ち、２０００円を超える部分を、所得税や住民税から控除すること　　318
ができる。　　324

　　ふるさと納税は、納めた税金の多くが還元される上、全国各地の　　354
名産品をもらえる制度である。納税という名から敬遠する人もいる　　384
が、節税する方法が少ないサラリーマンにも有効に節税ができる。　　414
申込方法は、地方団体ごとに異なるため、ＨＰで確認し、直接その　　444
団体に問い合わせることが必要だ。　　460

寄付（きふ）・還元（かんげん）・控除（こうじょ）

	学習日	総字数	－	エラー数	＝	純字数
1	／		－		＝	
2	／		－		＝	

	学習日	総字数	－	エラー数	＝	純字数
3	／		－		＝	
4	／		－		＝	

【速度－40】　次の文章を明朝体とし、１行30字で入力しなさい。（制限時間10分）

　日本における宇宙開発の原点は、昭和３０年に発射実験が行われ　　30

た大きさ２３ｃｍのロケットであった。その高度も、６００ｍまで　　60

しか上がらなかった。その後も打ち上げ実験は繰り返され、今では　　90

大きいものでは５６ｍもあり、人工衛星など機材を載せ、宇宙まで　　120

運べるようになった。　　131

　さらに、世界に先駆けた新しい計画が、日本のある大学を中心と　　161

して進められている。それは、月に探査機を送るだけではなく、月　　191

に入植用の基地を建設するというものだ。将来的には、月を地球の　　221

ように人類が生活できる空間にする計画である。　　244

　この計画の特徴は、次世代ロボットと人が協力し、月の資源開発　　274

を進め、居住地の形成を目指すという点だ。さらには、人々が行き　　304

来するだけでなく、貿易など経済的なやり取りも含めた、地球と月　　334

との間で繋がりを持つことを目指している。　　355

　宇宙開発には、多額の費用がかかり、発射失敗などのリスクを伴　　385

う。しかし、それらを乗り越え、今日を迎えている。新しい計画が　　415

成功することにより、地球と月との間で交流が可能となる。どのよ　　445

うな世界なのか、楽しみである。　　460

発射（はっしゃ）・載（の）せ・先駆（さきが）け・繋（つな）がり

	学習日	総字数	－	エラー数	＝	純字数
1	／		－		＝	
2	／		－		＝	

	学習日	総字数	－	エラー数	＝	純字数
3	／		－		＝	
4	／		－		＝	

【速度−41】 次の文章を明朝体とし、1行30字で入力しなさい。（制限時間10分）

最近、食品企業で発生する規格外品などを引き取って、福祉施設	30
や生活が厳しい人に、無料で提供する「フードバンク」が注目され	60
ている。この活動はアメリカで発祥し、日本では平成12年1月に	90
団体が設立され活動がスタートした。	108
企業は、販売ができない食品を、NPO法人を通じ生活困窮者や	138
施設に供給することができる。廃棄に掛かる費用を抑制するだけで	168
なく、食品廃棄物の発生も抑えられる。また、福祉活動に貢献とい	198
うCSRの取り組みにもつながる。	215
農林水産省によると、日本の食料自給率はカロリーベースにおい	245
て40％であり、アメリカやフランスなどの先進国の中では一番低	275
く、60％を輸入に頼っている。一方、年間で約2,800万トン	305
の食品を廃棄している。そのうちの600万から700万トンは、	335
まだ、食べられる食品だといわれている。	355
フードバンクの活動は、企業ばかりでなく、個人の参加も進んで	385
いる。一方、無償の活動であるため、資金や人手の不足に陥ってい	415
る団体も少なくないなどの課題も多い。この有意義な活動に、公的	445
な支援がされることを望みたい。	460

困窮（こんきゅう）・廃棄（はいき）・掛（か）かる・抑制（よくせい）・貢献（こうけん）・陥（おちい）る

	学習日	総字数	－	エラー数	＝	純字数
1	／		－		＝	
2	／		－		＝	

	学習日	総字数	－	エラー数	＝	純字数
3	／		－		＝	
4	／		－		＝	

【速度－42】 次の文章を明朝体とし、1行30字で入力しなさい。（制限時間10分）

電子機器の基板は通常、プラスチックを使っている。回収できな　　30
いと、生物や環境に悪影響を与えるプラごみになる。そこで、土の　　60
湿り具合を測り、データを無線で送りつつ、計測が終わるとそのま　　90
ま土に還る。そんなIoT（モノのインターネット）機器を、ある　　120
研究所が開発した。　　130

　基板や部品の一部に、繊維が極細な紙「ナノペーパー」を使い、　　160
土中の微生物で分解されるようにした。この紙を基板にし、コイル　　190
やトランジスタといった電子部品を並べて、湿度計を作った。回収　　220
が難しい場所で、環境に配慮しながらデータを採取したい場合など　　250
に、活躍しそうだ。　　260

　この紙の繊維は一般的なパルプの1千分の1の細さのため、表面　　290
がツルツルでプラスチックのように使える。微生物によって分解さ　　320
れやすく、金属の部品はさびるため、検証の結果、約40日で95　　350
％が土に還った。　　359

　そして、ガス感知機能を持つ部品が開発できれば、火山の噴火口　　389
近くのような、人が近づけない場所でデータを採取でき、回収不要　　419
な計測器ができる可能性もある。分解されるまでの期間を調整する　　449
研究も、進展している。　　460

還（かえ）る・繊維（せんい）・微生物（びせいぶつ）・配慮（はいりょ）・活躍（かつやく）

	学習日	総字数	－	エラー数	＝	純字数
1	／		－		＝	
2	／		－		＝	

	学習日	総字数	－	エラー数	＝	純字数
3	／		－		＝	
4	／		－		＝	

【速度－43】 次の文章を明朝体とし、1行30字で入力しなさい。（制限時間10分）

荷物が多いときや、天候が悪いときの移動手段の一つにタクシー	30
がある。それは、運転手と車両を借り切って乗車するサービスで、	60
顧客の要望に応じ、行き先に輸送するものだ。このタクシーの新し	90
い技術として、ロボットタクシーが注目されている。	115

それは、利用者が携帯端末で場所を指定するだけで、無人の車が | 145 |
自分のところまで迎えにくる。車に搭載されたカメラで人物を識別 | 175 |
し、自動でドアが開き乗車できるシステムだ。乗車後は、交通情報 | 205 |
をもとに、目的地までの最短ルートをＡＩにより判断し導き出し、 | 235 |
運転するというものだ。 | 247 |

これの実現により、人件費や経費を抑えることができ、より安価 | 277 |
な利用が可能となる。ほかにも、病院や介護施設へ巡回し運行した | 307 |
り、過疎化した地域で移動したりする手段として、活用が期待され | 337 |
ている。 | 342 |

すでに、公道による実証実験も行われ、有人走行も果たした。さ | 372 |
らに、警視庁では課題の洗い出しを進めている。また、保険会社も | 402 |
自動運転に対応したサービスの検討を始めるなど、運用の準備が進 | 432 |
められている。ロボットタクシーの登場は、もう目前である。 | 460 |

搭載（とうさい）・巡回（じゅんかい）・過疎（かそ）

	学習日	総字数	－	エラー数	＝	純字数
1	／		－		＝	
2	／		－		＝	

	学習日	総字数	－	エラー数	＝	純字数
3	／		－		＝	
4	／		－		＝	

【速度－44】 次の文章を明朝体とし、1行30字で入力しなさい。（制限時間10分）

アニメなどのキャラクターに似せた弁当やキャラ弁、メールに使　30

う顔文字。これらが、高校の新しい英語の教科書に、日本の文化の　60

一部として紹介された。　72

　教科書には、日本の古い伝統や技術を載せるだけではなく、若い　102

世代の「現在の文化」も映し出されている。改正教育基本法には、　132

伝統と文化の尊重という表現で明記されている。　155

　キャラ弁は、ある出版社の教科書によると、最近では米国人の間　185

でも人気があると紹介している。インターネットでも弁当に関する　215

情報は多い。野菜やハムを使って動物の顔などを作るキャラ弁は、　245

英語でcharabenという表記で使われている。他の出版社で　275

は、キャラ弁を見た外国の人が「日本人は、とても創造的だ」と驚　305

く文章を載せた。　314

　メールでおなじみの顔文字も、複数の出版社が取り上げている。　344

ある出版社では、英語の顔文字と比べ、日本語は目で感情表現する　374

が、英語は口で表現する、と違いを説明している。英語だと、顔が　404

横向きになるのも特徴だが、理由ははっきりしない。国柄による、　434

若い世代の表現の異なる理由を調べてみるのも興味深い。　460

載(の)せる・国柄(くにがら)

	学習日	総字数	－	エラー数	＝	純字数
1	／		－		＝	
2	／		－		＝	

	学習日	総字数	－	エラー数	＝	純字数
3	／		－		＝	
4	／		－		＝	

2

速度部門

【速度－45】　次の文章を明朝体とし、1行30字で入力しなさい。（制限時間10分）

国内のとあるホテルでは、スタッフが作成した折り鶴をベッドに	30
置き、宿泊者を歓迎するサービスを行っている。特に、外国人から	60
は好評で、日本人が得意とする「おもてなし」の一つといえる。色	90
が鮮やかな紙で作られた折り鶴の中には、芸術品と呼べるほど美し	120
いものもある。	128
折り紙は、鎌倉時代にその原型が誕生したという。当初は物を包	158
むための作法であったが、和紙の普及とともに庶民の楽しみへ変化	188
していった。手先が器用とされる日本人は、動物や植物などを表現	218
するため様々な折り方を考案した。	235
日本の伝統的な文化とも呼べる折り紙だが、その技術は自動車の	265
エアバッグや、手術用の医療器具などにも応用されている。また、	295
ＮＡＳＡ（アメリカ航空宇宙局）は、宇宙空間でソーラーパネルを	325
収納・展開するため、折り紙の発想を取り入れ成功を収めた。	354
最近、折り紙部が注目を集めている。一部の中学や高校で採用さ	384
れているユニークな部活動だが、その素晴らしい作品がメディアで	414
紹介され話題になった。折り紙に数学的な要素を取り入れて、楽し	444
みながら学ぶことが狙いといえる。	460

折(おり)鶴(づる)・鮮(あざ)やか

	学習日	総字数	－	エラー数	＝	純字数
1	／		－		＝	
2	／		－		＝	

	学習日	総字数	－	エラー数	＝	純字数
3	／		－		＝	
4	／		－		＝	

【速度−46】 次の文章を明朝体とし、１行30字で入力しなさい。（制限時間10分）

　　有機野菜は栽培する年だけでなく、３年以上も前から化学農薬や　　30

化学肥料を使わずに、育てた野菜のことだ。この「有機」と名乗る　　60

には、有機ＪＡＳ規格に適合した生産が行われているか、毎年、厳　　90

しい検査に合格しなければならない。さらに、これらを育てるため　　120

には、多くの時間と手間がかかる。　　137

　　宮崎県にある農場では、熟成された堆肥を丹念に混ぜ込み、鉄分　　167

やミネラルが豊富な「生きた土」を作り出している。また、畑の中　　197

では、ダイオキシンやニコチンの汚染を防ぐため、野焼きや煙草を　　227

吸うことも禁止している。　　240

　　この農場主の有機栽培への思いは、農業に携わる人たちの健康を　　270

守るだけではない。消費者にも、体に負担となるものを使って育て　　300

た野菜を食べさせたくない。そして、環境も守っていきたいとの考　　330

えで、１９９０年から有機栽培を始めたそうだ。　　353

　　有機栽培の認可を受けるには、周辺からの化学農薬の流入も防が　　383

なくてはならない。そのためには、ある程度の農場の広さも必要で　　413

ある。私たち消費者も、農家の人が苦労して育てていることに感謝　　443

し、自然の力で育つ野菜を食したい。　　460

栽培（さいばい）・煙草（たばこ）・携（たずさ）わる

	学習日	総字数	－	エラー数	＝	純字数
1	／		－		＝	
2	／		－		＝	

	学習日	総字数	－	エラー数	＝	純字数
3	／		－		＝	
4	／		－		＝	

【速度－47】　次の文章を明朝体とし、１行30字で入力しなさい。また、問題の網掛け部分の文字は誤りを訂正すること。なお、網掛けする必要はない。（制限時間10分）

生活態度や読書暦、購買行動など、個人の膨大なデータを、ＡＩ	30
（人工知能）が分析し、その人の性格や信用度などを点数化するス	60
コアリングが、用いられようとしている。スコアが広く共有され、	90
自分の生活や人生に決定的な意味を持つようになったとき、どんな	120
社会が訪れるのだろうか。	133
ある消費者金融のサイトでは、１５０問の質問が用意され、ＡＩ	163
が回答者に点数を付ける。１０００点満点で、スコアが高ければ、	193
融資を受けられる上限額が上がり、金利は下がる仕組みだ。質問の	223
内容は、読んでいる新聞や人生経験、運動習慣など、一見すると、	253
返済能力と無関係に見える内容も多い。だが、ＡＩは、プロファイ	283
リングによって、膨大なデータの中から関連性を見つけ出し、将来	313
の行動や犯罪リスクなどを予測することができる。この会社では、	343
近く情報銀行としてサービスを開始し、スコアの外部販売に乗り出	373
したい考えだ。	381
もし、様々な企業に提供されたスコアが、社会一般で、広く使様	411
される「ユニバーサルスコア」となったらどうなるだろう。スコア	441
なしでは、レストランやホテルのサービスが受けられなかったり、	471
不利な扱いを受けたりするようになったら、多くの人はスコアを上	501
げるため、自分の情報を渡すようになる。すると、スコアの精度は	531
さらに上がり影響力も増加して、加速度的にスコア社会が進む。	561
懸念されるのは、個人の情報やプライバシーだけではない。社会	591
の変容だ。人々がＡＩの提議する「良い行動」に適合するように考	621
え、行動するようになれば、社会の多様性が失われるのではないだ	651
ろうか。スコアの影響力を抑えるため、生活に重大な影響を及ぼす	681
就職や結婚、進学などの場面では、私用を禁止するべきだろう。	710

[2級]

膨大（ぼうだい）　　分析（ぶんせき）

懸念（けねん）　　抑（おさ）える

30	暦→歴	411	様→用	621	提議→定義
710	私→使				

	学習日	総字数	－	エラー数	＝	純字数
1	／		－		＝	
2	／		－		＝	
3	／		－		＝	
4	／		－		＝	

【速度-48】 次の文章を明朝体とし、1行30字で入力しなさい。また、問題の網掛け部分の文字は誤りを訂正すること。なお、網掛けする必要はない。(制限時間10分)

ＦＡＯ（国連食糧農業機関）のデータによると、世界では、年間	30
でおよそ２５億ｔもの穀物が生産されている。これは、野菜の生産	60
や食品の在庫などを加えれば、地球常のすべての人が十分に食べら	90
れる量である。一方で、世界には貧困や飢えに苦しんでいる人が、	120
９億人近くいるといわれており、世界では多くの人が飢餓状態であ	150
ることを意味する。	160
飢餓は、アジアやアフリカなど、大抵が開発途上国に集中してい	190
る。それらの国では、農業で生活している人の割合が高く、多くが	220
小規模な農家だ。そのため、転校の不順や自然災害で影響を受ける	250
ことが多い。近年では、温暖化による異常気象で農作物の不作を引	280
き起こしている。その原因は二酸化炭素だが、ほとんどを先進国が	310
排出している。だが、その影響を受けているのは、開発途上国の人	340
たちである。	347
このような状況において、２０１５年の国連総会で「持続可能な	377
開発目標」が採択された。これは、２０３０年までに世界の貧困を	407
終わらせて、持続可能な世界の実現を目指したものだ。１７の目標	437
からなり、その一つに飢餓をなくすことが盛り込まれている。特に	467
子どもや弱い立場の人などが、安全で栄養のある食糧を得られるこ	497
とを目指している。	507
世界では、毎日多くの食糧が排気されており、年間で約１３億ｔ	537
といわれている。そのほとんどは先進国によるものであり、日本も	567
例外でなく、むしろ他国よりも多い。食糧の多くは、開発途上国で	597
作られている。こうした国からの輸入に頼る日本にとって、貧困や	627
飢えの問題は他人事ではない。政府は、開発途上国に技術面や金銭	657
などで支援を行っている。しかし、まずは国民一人ひとりが、食料	687
を無駄にしないように心掛けることが大切である。	710

└[2級]

穀物（こくもつ）　　飢（う）え　　飢餓（きが）

廃棄（はいき）　　無駄（むだ）

90	常→上	250	転校→天候	537	排気→廃棄

	学習日	総字数	-	エラー数	=	純字数
1	／		-		=	
2	／		-		=	
3	／		-		=	

【速度−49】 次の文章を明朝体とし、1行30字で入力しなさい。また、問題の網掛け部分の文字は誤りを訂正すること。なお、網掛けする必要はない。（制限時間10分）

犬と私たちは、いつ出会ったのだろうか。最も古い犬の骨は、ロ　30
シアで発見された3万3千年ほど前のもので、旧人の住居跡で見つ　60
かった。人に家畜化されたのは、約2万年前と考えられている。イ　90
スラエルのある移籍では、高齢の女性が犬に手を添える形で葬られ　120
た、約1万2千年前の墓が見つかっている。　141

日本最古の犬の骨は、約9千年前のもので、神奈川県の貝塚で見　171
つかっている。縄文時代には、番犬や狩猟県として飼われていたよ　201
うだ。縄文人は、犬を埋葬していた形跡もあり、大切に飼われてい　231
たようだ。日本人のそばには、昔から犬の姿があった。　257

鎌倉時代になると、犬追物がはやり、矢で射るための的として犬　287
が殺傷された。江戸時代に入ると、徳川綱吉が生類憐みの令を出し　317
た。犬だけが対象ではないが、綱吉は、犬公方（いぬくぼう）と呼　347
ばれることになった。また、犬は不動明王の使いだったり、安産の　377
神様だったりするなど、日本人の文化に根付いていた。明治時代に　407
は、各県単位での畜犬規則が定められ、犬が個人の所有物となって　437
いく。飼い主と犬との個の関係が成立して、この関係が現代にまで　467
つながっているとみられている。　483
　　　　　└[2級]

犬のすごさは、人と絆を結べることにあるという。犬は、飼い主　513
と目線を合わせる。すると相方で、愛情や信頼に関わる、オキシト　543
シン（Oxytocin）というホルモン濃度が、常昇するという　573
研究が、ある大学から報告されている。また、犬は人が指をさした　603
カップに、エサが入っていることを理解できるということが分かっ　633
ている。犬は人と生活する中で、あうんの呼吸で人の意図を理解す　663
る能力を持つようになった。人がこれほど特別な関係を築けた動物　693
は、地球上にはほかにいないだろう。　710

葬（ほうむ）られ　埋葬（まいそう）　犬追物（いぬおうもの）
生類（しょうるい）憐（あわれ）みの令（れい）
不動明王（ふどうみょうおう）　畜犬（ちっけん）　絆（きずな）

120	移籍→遺跡	201	県→犬	543	相→双
573	常→上				

	学習日	総字数	−	エラー数	=	純字数
1	／		−		=	
2	／		−		=	
3	／		−		=	
4	／		−		=	

【速度－50】 次の文章を明朝体とし、１行30字で入力しなさい。また、問題の網掛け部分の文字は誤りを訂正すること。なお、網掛けする必要はない。（制限時間10分）

私たちが、何気なく過ごしている毎日に、様々な記念日が定めら	30
れている。その中に、１月１５日の「フードドライブ」の日という	60
記念日がある。これは、過程で余った食品を学校や職場など身近な	90
場所へ持ち寄って、地域の福祉施設やＮＰＯ法人を通じて、必要と	120
する所へ寄付行為をする活動のことである。この活動によって、多	150
くの人が参加をして欲しいと願い、記念日が制定された。	177
寄付できる基準として、常温保存が可能であること、賞味期限が	207
一定期間以上残っていること。さらに未開封であるものとなってい	237
る。その収集方法は、店舗や役所などの出入口に、専用の箱や机を	267
用意し、そこに基準に沿った食品を置くだけでよい。また、どのよ	297
うな組織体でも実施が可能で、簡単に食品ロス削減に貢献すること	327
ができるのも、この活動の特徴である。	346
だが、和が国ではフードドライブの認知度が低いという課題があ	376
る。ある民間企業の調査では、その認知度が約４０％という結果で	406
あった。このため、参加が少なく十分な量の物資が集まらず、一方	436
では、コストがかかってしまう現象が起きている。さらに、正しい	466
情報が伝わらないことから、集まった食品に偏りが生じたり、品質	496
の管理に問題が生じたりする課題も起きている。	519
こうした課題を解消するため、各自治体や学校で取り組みが行わ	549
れている。東京都では、フードドライブの実施自治体ＭＡＰをＨＰ	579
に公開することで、取り組みの見える化を図っている。また、ある	609
高校では、学校内に回収箱を設置し、お昼休みの校内放送を利用し	639
て寄付を呼び掛けたところ、約１習慣で数十キロの寄付を集めた。	669
今後、フードドライブの認知度が高まり、多くの個人、企業が参加	699
することを期待したい。	710

└─[2級]

賞味期限（しょうみきげん）　　店舗（てんぽ）

貢献（こうけん）　　偏（かたよ）り

90	過程→家庭	376	和→我	669	習慣→週間

	学習日	総字数	－	エラー数	＝	純字数
1	／		－		＝	
2	／		－		＝	
3	／		－		＝	
4	／		－		＝	

Wordによる第2級文書の完成例

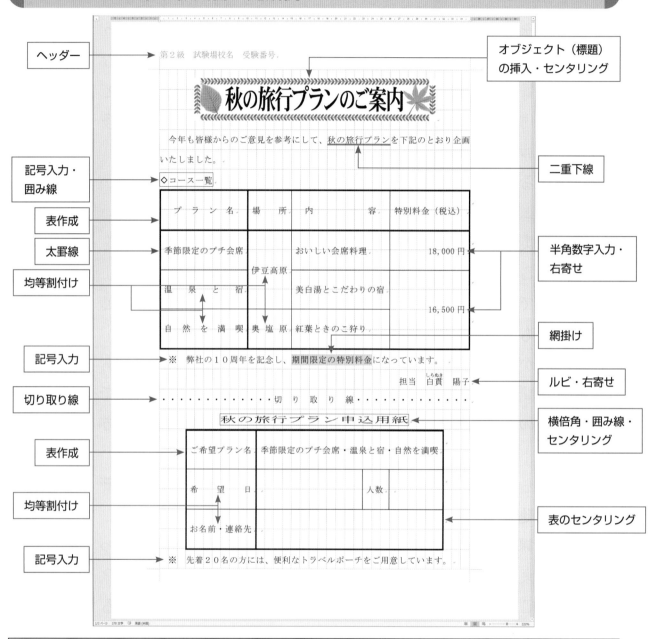

ヘッダー

オブジェクト（標題）の挿入・センタリング

記号入力・囲み線

二重下線

表作成

太罫線

半角数字入力・右寄せ

均等割付け

網掛け

記号入力

ルビ・右寄せ

切り取り線

横倍角・囲み線・センタリング

表作成

均等割付け

表のセンタリング

記号入力

入力前の設定確認事項

1. 文字ずれの確認
　初めに、文字ずれをしないための書式設定を行います（Word2019で文字ずれをしない新しい書式設定……p.3参照）。

2. ページ設定
　以下のようにページ設定をしてください。
　　［用紙サイズ］………A4縦　　　　　［余白］………上下左右25mm　　　　　［フォントサイズ］………12ポイント
　　［文字数］…………35字　　　　　　［行数］………25行（文字数と行数は、問題により異なります）

3. グリッド線の表示
　文字位置や、罫線位置の確認のために必要です（グリッド線の設定）。

4. 描画キャンバスを非表示にする
　オートシェイプで切り取り線を作成するときに、描画キャンバスを非表示にします。以下のように設定します。
　［Wordのオプション］⇒［詳細設定］画面の［編集オプション］にある［オートシェイプの挿入時、自動的に新しい描画キャンバスを作成する］のチェックをはずします。

Word2019による文書の作成プロセス

1 オブジェクトの挿入

①[挿入]タブ⇒[図] グループにある[画像]をクリックします。

②[図の挿入]ダイアログボックスが表示されるので、オブジェクトが保存されているフォルダを選択します。

③挿入したいオブジェクトをクリックします。

④[図の挿入]ダイアログボックスの下にある[挿入]ボタンをクリックします。

※標題の挿入には3行分必要となります。

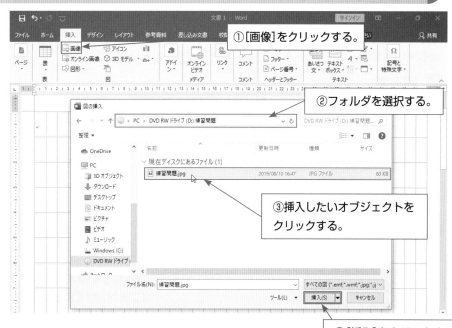

2 オブジェクトの中央揃え

センタリングしたいオブジェクトをクリックし[ホーム]タブ⇒[段落]グループにある[中央揃え]をクリックします。

参考（標題には必要ありません）
挿入したオブジェクトを自由に移動するためには、[図の形式] タブ⇒ [配置] グループにある [文字列の折り返し] から [前面]をクリックします。
＊この操作は、図を移動するときに必ず必要な操作になるので、覚えておきましょう。

[前面]をクリック。

3 二重下線

①文字を入力します。

②下線を引く文字列をドラッグし、[ホーム]タブ⇒[フォント] グループにある[下線] アイコン右側の▼から[二重下線] を選択してクリックします。

下線

59

4 記号入力（◇）

[きごう]で変換すると、「※」「◎」「◇」「☆」などが入力できます。

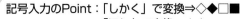

[きごう]または[しかく]で変換する。

記号入力のPoint：「しかく」で変換⇒◇◆□■
「ほし」で変換⇒☆★※＊
＊記号の種類によっては、文字幅が狭く、記号の右側に入力する文章が、グリッド線とずれる場合があります（採点上の問題はありません）。

5 囲み線

線で囲みたい文字列をドラッグして[ホーム]タブ⇒[フォント]グループにある[囲み線]を選択し、クリックします。

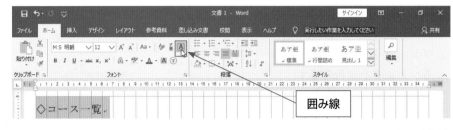

囲み線

◇コース一覧

6 表の作成

①エンターキーで改行せずに、表を作成する位置でマウスをダブルクリックして、カーソルを移動します。

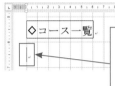

◇コース一覧

エンターキーで改行せずに、表を作成したい位置でダブルクリックすると、文字の書式が初期設定に戻る（フォントサイズを除く）。

※書式のクリア
書式のクリアの操作は、[ホーム]タブ⇒[フォント]グループにある[すべての書式をクリア]をクリックすると、指示した編集内容をクリアすることができます。

すべての書式をクリア

◇コース一覧

Enter キーを押して改行すると、[囲み線]の編集内容を引き継ぐので、書式をクリアする。

※２級の文書作成では、すべてを入力してから編集をした方が効率的ですが、入力しながら編集する場合は、[すべての書式をクリア]の使い方を知っておくと便利です。

②[挿入]タブ⇒[表]グループにある[表]をクリックし、縦４×横４の範囲をドラッグしてクリックし、「表」を作成します。

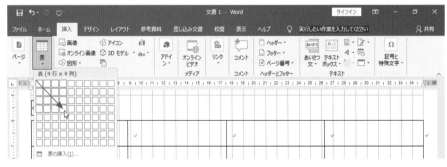

③[縦罫線の調整]
a．縦罫線にマウスポインタを合わせて、クリックします。
b．縦罫線を Alt キーを押しながら右にドラッグし、本文の目印になる文字に合わせて離します。

今年も皆様からのご意見を参考にして、秋の旅行プランを下記のとおり企画いたしました。

◇コース一覧

それぞれの縦罫線を、左側から順に Alt キーを押しながら目印になる文字に合わせる。

④[罫線を太線にする]

a．罫線の太さを変更する場合は、変更する箇所
をドラッグし、[テーブルデザイン]タブ⇒[飾り
枠]グループにある[ペンの太さ]をクリックして、
線の太さ「2.25pt」を選択します。

b．変更する箇所をドラッグしたまま、[テーブル
デザイン]タブ⇒[飾り枠]グループにある[罫線]
の下側の▼をクリックして、罫線のプルダウンメ
ニューを表示させ、[外枠]を選択します。

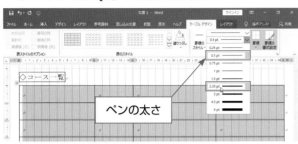

※④aの後に、[テーブルデザイン]タブの右側にある[レイアウト]タブ⇒[罫線の作成]グループにある[罫線を引く]の
で線をドラッグして、目的の罫線の太さを変更することもできます。

c．外枠の他に、2本の縦・横罫線も太線にします。

⑤[横罫線の調整]

　横罫線は2行に1本引きま
す。表の一番下の罫線にマウ
スポインタを合わせて[Alt]
キーを押しながら4行分下に
ドラッグし、行間隔を2行分
となるように調整します。

表が4行分広がった。

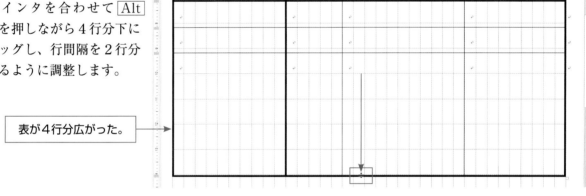

⑥[行の高さを揃える]

a．カーソルを罫線内に合わ
せ、[テーブルデザインタ
ブ]の右の[レイアウト]タ
ブをクリックします。

b．[セルのサイズ]グループ
にある[高さを揃える]をク
リックして行の高さを揃え
ます。

[高さを揃える]をクリック
して、行の高さを揃える。

※[ホーム]タブ⇒[段落]グループにある[行と段落の間隔]アイコンをクリックし、行高を変更することもできます。

この操作の方が早く表を作成できますが、グリッド線から若干ずれることがあります。場合によっては表の上下が大きくなりすぎるため、[ページ設定]で行数を変更する必要があります（2級の行数指定は、余白の設定を踏まえて変更可能です）。

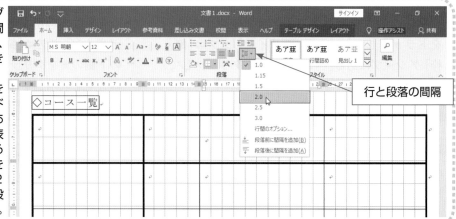

⑦［セルの配置］

a．表中全体をドラッグします。

b．［テーブルデザイン］タブの右の［レイアウト］タブ⇒［配置］グループにある［両端揃え（中央）］をクリックし、段落記号をセル内の中央に配置します。

※右クリックで、ショートカットメニューを表示して操作することもできます。

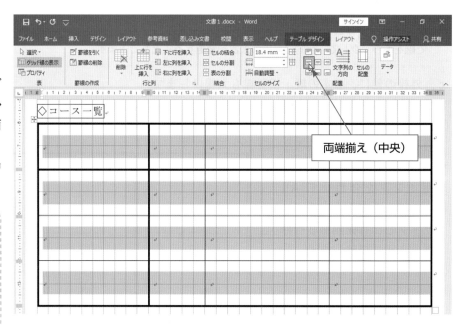

右クリック⇒[表のプロパティ]⇒[セル]のタブをクリックして、[中央揃え]を選択して[OK]をクリックする。

7 罫線を消す・セルの結合

セルを結合する箇所をドラッグして[テーブルデザインタブ]の右の[レイアウト]タブ⇒[結合]グループにある[セルの結合]をクリックし、セルを結合します。

※[テーブルデザイン]タブの右の[レイアウト]タブ⇒[罫線の作成]グループにある[罫線の削除]を選択して、罫線を削除する方法もあります。

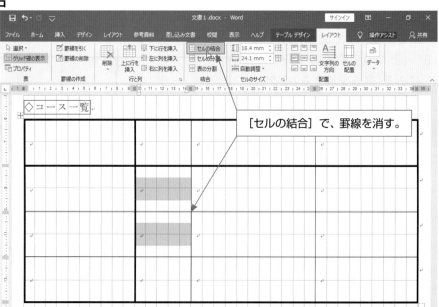

[セルの結合]で、罫線を消す。

8 表内文字入力

表内に文字を入力します。

この行は中央揃えをする。

9 均等割付け

均等割付けをするブロックのセルをドラッグして［ホーム］タブ⇒［段落］グループにある［均等割り付け］を選択しクリックします。

※均等割付けする文字列をドラッグし、［段落］グループにある［均等割り付け］で編集することもできます。

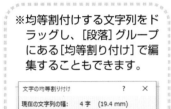

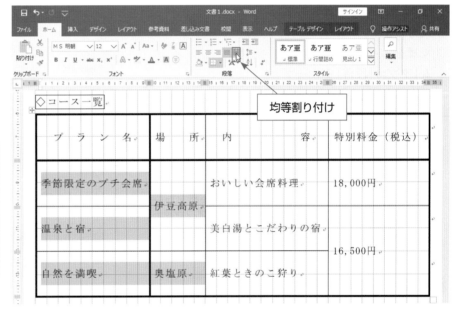

均等割り付け

10 表内文字の右寄せ（ブロック全体で一度に）

表内の文字をブロック全体で、一度に右寄せする方法です。

①右寄せが必要なセルを含むブロック全体のセルをすべてドラッグして範囲指定します。

②［ホーム］タブ⇒［段落］グループにある［右揃え］を選択しクリックします。

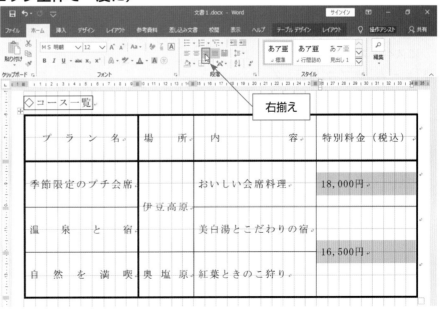

右揃え

11 網掛け

網掛けする文字列をドラッグし、[ホーム] タブ⇒[フォント] グループにある [文字の網かけ] を選択してクリックします。

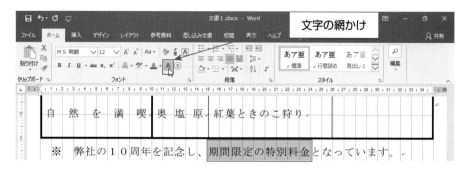

12 ルビ・右寄せ

①ルビをふる文字列をドラッグし、[ホーム] タブ⇒[フォント] グループにある [ルビ] を選択してクリックします。

②[ルビ] のダイアログボックスが表示されます。[ルビ] の欄に正しい読み方を入力します。

③ルビをふった後に、[ホーム] タブ⇒[段落] グループにある [右揃え] ボタンをクリックして右寄せします。

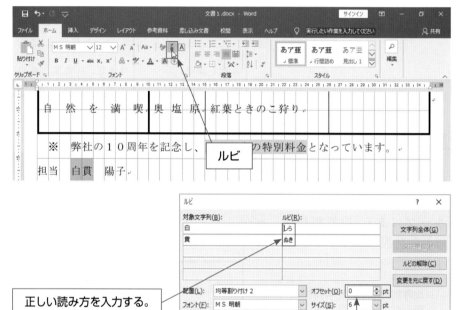

正しい読み方を入力する。

ルビが下の漢字に重なる場合は、[オフセット] のpt数で調整する。

13 「切り取り線」の作成 I

「切り取り線」の作成は、「中点」「負符号」「3点リーダ」「図形（点線・破線）」などで作成します。

◆ 「中点」による「切り取り線」の作成方法

①「切り取り線」と入力し、「切り取り線」の文字の間にスペースを挿入します。

②[ホーム] タブ⇒[段落] グループにある [中央揃え] をクリックして、文字をセンタリングします。

③「切り取り線」の文字の左右に、グリッド線のマス目の数分の中点を入力します。

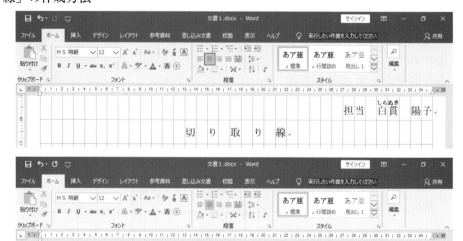

※「中点」による「切り取り線」の作成では、オートコレクトの「箇条書き（行頭文字）」を必ず解除してください（文字間隔がずれてしまうため）。

14 「切り取り線」の作成Ⅱ

「切り取り線」の作成は、「中点」「負符号」「3点リーダ」「図形（点線・破線）」などで作成します。

◆「図形」による「切り取り線」の作成方法

① カーソルを「切り取り線」の作成位置に合わせ、［挿入］タブ⇒［図］グループにある［図形］をクリックし、プルダウンメニューを表示させ、［直線］を選択して線を引きます。

② ［図形の書式］タブ⇒［図形のスタイル］グループにある［図形の枠線］を選択してプルダウンメニューを表示させ、［太さ］から線の太さを変更します。
また、［実線／点線］から線種を変更します。
［テーマの色］から線の色も黒に設定します。

※［図形の書式］タブが表示されていない場合は、線（図）をクリックすると表示されます。

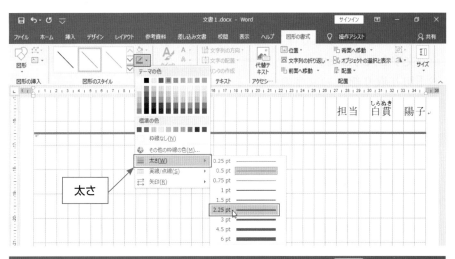

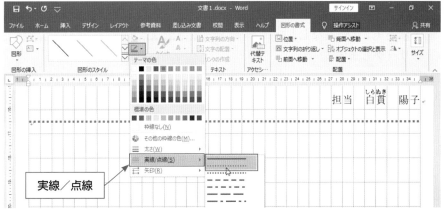

③ 線が行の中間に来るように、また行頭・行末を越えないように調整します。微調整が必要な場合は、$\boxed{Alt}$ キーを押しながら切り取り線 ⊶----⊶ の端をドラッグします。

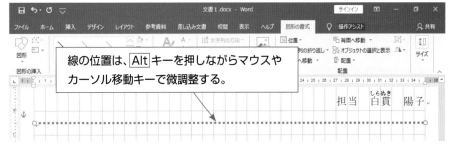

線の位置は、$\boxed{Alt}$ キーを押しながらマウスやカーソル移動キーで微調整する。

15 「切り取り線」の文字の作成

◆「図形」（テキストボックス）による「切り取り線」の文字の作成方法

① [挿入] タブ⇒[テキスト] グループにある[テキストボックス]をクリックしてプルダウンメニューを表示させ、[横書きテキストボックスの描画]をクリックします。

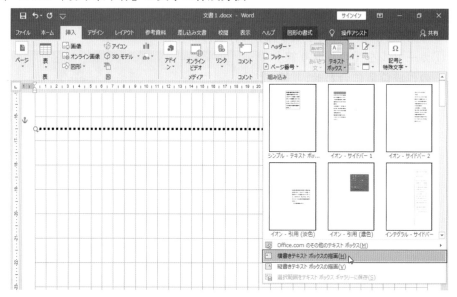

② 切り取り線の下に範囲指定をしてテキストボックスを作成し「切り取り線」の文字を入力します。

③「切り取り線」の文字の間にスペースを挿入し、[ホーム]タブ⇒[段落]グループにある[中央揃え]をクリックして、文字をセンタリングします。

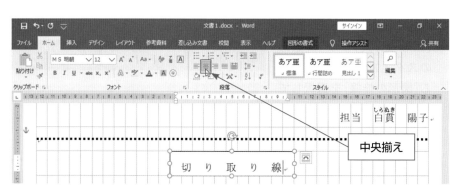

④ [図形の書式] タブ⇒[図形のスタイル]グループにある[図形の枠線]を選択してプルダウンメニューを表示させ、[枠線なし]をクリックします。

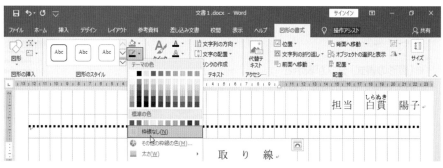

⑤ [Alt]キーを押しながらテキストボックスの位置をマウスで微調整し、切り取り線の上に配置します。

⑥ 次に、テキストボックスの位置を、[図形の書式]タブ⇒[配置]グループにある[オブジェクトの配置]を選択してプルダウンメニューを表示させ、[左右中央揃え]を選択しクリックして、センタリングします。

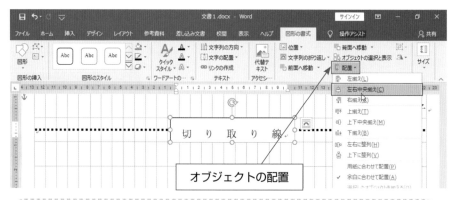

> **重要**
> ※出題された切り取り線がどのような形でも、「中点」「負符号」「3点リーダ」「図形」など、いずれかで作成して構いません。「切り取り線」の作成方法は、前述のⅠでもⅡでもどちらでも、自分がより早く入力できる方法で作成しましょう。

16 横倍角（横200%）

①文字を入力します。

②横倍角する文字列をドラッグし、［ホーム］タブ⇒［段落］グループにある［拡張書式］を選択し、［文字の拡大／縮小］のプルダウンメニューを表示させ、［200%］をクリックして変更します。

拡張書式

[200%] をクリックする。

17 2表目の作成

①1表目と同様に、問題の指示どおりに作成します。
  ・罫線の太さを変更
  ・罫線の削除（セルの結合）
  ・表の位置調整

②文字を入力します。

③問題の指示どおりに編集します。

秋の旅行プラン申込用紙

ご希望プラン名	季節限定のプチ会席・温泉と宿・自然を満喫	
希望　　日		人数
お名前・連絡先		

18 表の中央揃え

①表全体をドラッグします。

②［ホーム］タブ⇒［段落］グループにある［中央揃え］をクリックして、表全体をセンタリングします。

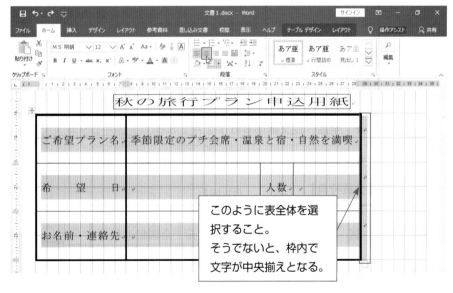

このように表全体を選択すること。
そうでないと、枠内で文字が中央揃えとなる。

19 表の下の文字入力

①表の下に文字を入力します。

②「※」は、［こめ］、［ほし］または［きごう］で変換すると、入力できます。

［こめ］、［ほし］または［きごう］で変換する。

秋の旅行プラン申込用紙

ご希望プラン名	季節限定のプチ会席・温泉と宿・自然を満喫	
希望　　日		人数
お名前・連絡先		

※ 先着20名の方には、便利なトラベルポーチをご用意しています。

【実技－3】　下記の問題文を、余白は上下左右25㎜、1行37字に設定し、指示のないフォントは明朝体の全角で12ポイントに統一して入力しなさい。なお、ヘッダーに左揃えでクラス、出席番号、名前を入力すること。（制限時間15分）

　　※　下記の問題文は、1ページ28行で作成されている。

【指示】1．表は、行頭・行末を越えずに作成し、行間は、2．0とすること。

　　　　2．罫線は、太実線と細実線とを区別すること。

　　　　3．切り取り線「・・・・・」の部分は、行頭・行末を越えないように作成し、「購入申込書」の表より短くしないこと。

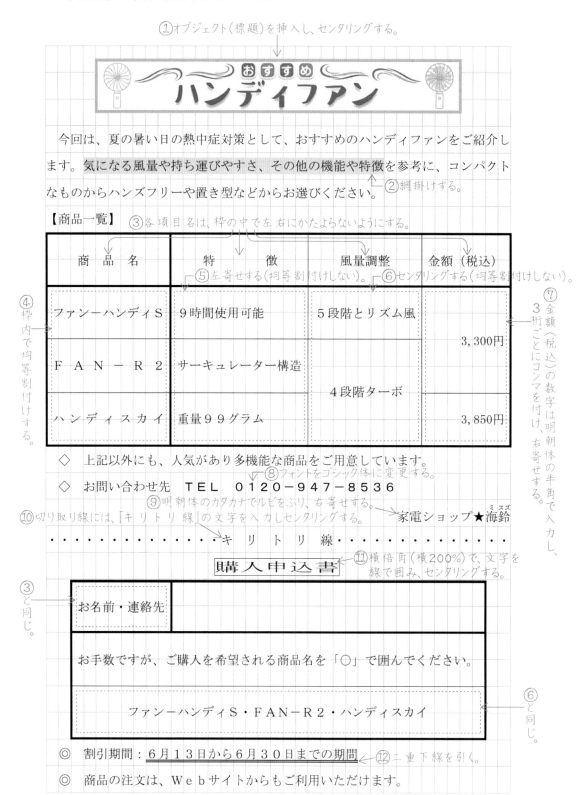

【実技－4】　下記の問題文を、余白は上下左右25㎜、1行35字に設定し、指示のないフォントは明朝体の全角で12ポイントに統一して入力しなさい。なお、ヘッダーに左揃えでクラス、出席番号、名前を入力すること。（制限時間15分）

※　下記の問題文は、1ページ27行で作成されている。

【指示】　1．表は、行頭・行末を越えずに作成し、行間は、2.0とすること。
　　　　　2．罫線は、太実線と細実線とを区別すること。
　　　　　3．切り取り線「・・・・・」の部分は、行頭・行末を越えないように作成し、「商品購入申込用紙」の表より短くしないこと。

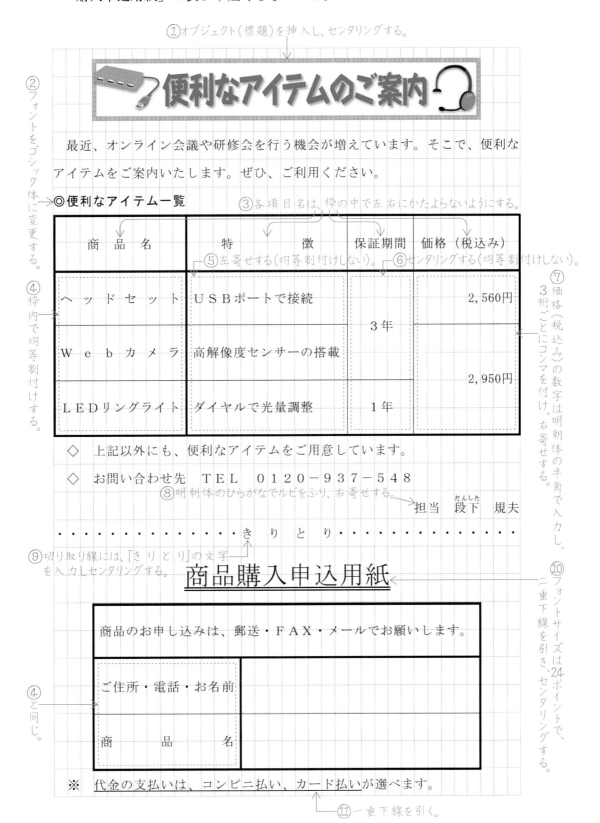

①オブジェクト（標題）を挿入し、センタリングする。

②フォントをゴシック体に変更する。

最近、オンライン会議や研修会を行う機会が増えています。そこで、便利なアイテムをご案内いたします。ぜひ、ご利用ください。

◎便利なアイテム一覧

③各項目名は、枠の中で左右にかたよらないようにする。

④枠内で均等割付けする。

⑤左寄せする（均等割付けしない）。　⑥センタリングする（均等割付けしない）。

商　品　名	特　　　徴	保証期間	価格（税込み）
ヘッドセット	USBポートで接続	3年	2,560円
Webカメラ	高解像度センサーの搭載		2,950円
LEDリングライト	ダイヤルで光量調整	1年	

⑦価格（税込み）の数字は明朝体の半角で入力し、3桁ごとにコンマを付け、右寄せする。

◇　上記以外にも、便利なアイテムをご用意しています。

◇　お問い合わせ先　ＴＥＬ　０１２０－９３７－５４８

⑧明朝体のひらがなでルビをふり、右寄せする。

担当　段下　規夫

・・・・・・・・・・・き　り　と　り・・・・・・・・・・・

⑨切り取り線には、「きりとり」の文字を入力しセンタリングする。

商品購入申込用紙

⑩フォントサイズは24ポイントで、二重下線を引き、センタリングする。

商品のお申し込みは、郵送・ＦＡＸ・メールでお願いします。	
ご住所・電話・お名前	
商　　品　　名	

④と同じ。

※　代金の支払いは、コンビニ払い、カード払いが選べます。

⑪一重下線を引く。

71

【実技－5】　右の問題文を、余白は上下左右25㎜、1行36字に設定し、指示のないフォントは明朝体の全角で12ポイントに統一して入力しなさい。なお、ヘッダーに左揃えでクラス、出席番号、名前を入力すること。（制限時間15分）

　　　　※　右の問題文は、1ページ25行で作成されているが、行数を調整すること。

【問　題】

　次の指示に従い、右のような文書を作成しなさい。

【指　示】

1．右の問題文を校正記号に従って入力すること。

2．表は、行頭・行末を越えずに作成し、行間は、2.0とすること。

3．罫線は、右の表のように太実線と細実線とを区別すること。

4．表の枠内の文字は1行で入力し、上下のスペースが同じであること。

5．表内の「店舗名」、「営業時間」、「利用料金／1回」、「オプション」は下の資料を参照し、項目名とデータが正しく並ぶように作成すること。

　　資料

店　舗　名	利用料金／1回	営業時間
みなとみらい店	900円	24時間
日比谷店	1,000円	7時～23時
駒沢公園店	900円	7時～23時

オプション	利用料金／1回
レンタルセット	400円
パーソナルレッスン	11,000円

6．表内の「利用料金／1回」の数字は、明朝体の半角で入力し、3桁ごとにコンマを付けること。

7．出題内容に合ったオブジェクトを、用意されたフォルダなどから選び、指示された位置に挿入すること。ただし、適切な大きさで、他の文字や線などにかからないこと。

8．①～⑧の処理を行うこと。

9．右の問題文にない空白行を入れないこと。

ランニングステーション ←①フォントサイズは24ポイントで、斜体文字にし、センタリングする。

　健康の維持のために、ランニングを始めませんか。社会帰りや空いている時間に、手軽に楽しむためのサポートをします。

＜店舗一覧＞　②各項目名は、枠の中で左右にかたよらないようにする。

店　舗　名	特　　徴	営業時間	利用料金／１回
	皇居周辺をランニング	７時〜２３時	
	一周約２キロの手軽な距離		９００円
みなとみらい店	海を見ながら楽しめる		

④左寄せする(均等割付けしない)。　⑤センタリングする(均等割付けしない)。
③枠内で均等割付けする。　⑥右寄せする。

◎　ご利用にあたり、お得な回数券や月会費もあります。
◎施設内のカフェスペースで、飲み物なども販売しています。

＜オプションの紹介＞　②と同じ。

オプション	利用料金／１回	会員特別割引	オブジェクト(写真)の挿入位置
	４００円	１０％	
	１１，０００円		

③と同じ。　⑥と同じ。　⑤と同じ。

※　上記以外にも、多彩なオプションをご用意しております。 ⑦一重下線を引く。
※　お問い合わせ　ＴＥＬ　０３－９７８６－８４６０（ゴ）

ＣＬＵＢ　シティラン←⑥と同じ。

担当：伴田　優太(トモタ)←⑧明朝体のカタカナでルビをふり、右寄せする。

3　実技編

73

【実技－6】　右の問題文を、余白は上下左右25㎜、1行36字に設定し、指示のないフォントは明朝体の全角で12ポイントに統一して入力しなさい。なお、ヘッダーに左揃えでクラス、出席番号、名前を入力すること。（制限時間15分）

　　※　右の問題文は、1ページ25行で作成されているが、行数を調整すること。

【問　題】

次の指示に従い、右のような文書を作成しなさい。

【指　示】

1．右の問題文を校正記号に従って入力すること。
2．表は、行頭・行末を越えずに作成し、行間は、2.0とすること。
3．罫線は、右の表のように太実線と細実線とを区別すること。
4．表の枠内の文字は1行で入力し、上下のスペースが同じであること。
5．表内の「品名」、「産地」、「価格（税込み）」、「会員割引率」は下の資料を参照し、項目名とデータが正しく並ぶように作成すること。

　資料

品　　　名	価格（税込み）	産　　地
ローズマリー蜂蜜	4,000円	スペイン産
百花蜂蜜	4,000円	国産
アカシア蜂蜜	9,000円	国産

会員区分	会員割引率
ロイヤル会員	10%
一般会員	5%

6．表内の「価格（税込み）」の数字は、明朝体の半角で入力し、3桁ごとにコンマを付けること。
7．出題内容に合ったオブジェクトを、用意されたフォルダなどから選び、指示された位置に挿入すること。ただし、適切な大きさで、他の文字や線などにかからないこと。
8．①～⑧の処理を行うこと。
9．右の問題文にない空白行を入れないこと。

はちみつで健康に！ ←——①フォントサイズは36ポイントで、二重下線を引き、センタリングする。

　はちみつは、健康や美容に良いといわれており、栄養成分が　バランスよく含まれている食品です。日々の生活に、はちみつを取り入れてみませんか。

【品名一覧】
②各項目名は、枠の中で左右にかたよらないようにする。

③枠内で均等割付けする。
④センタリングする(均等割付けしない)。
⑤左寄せする(均等割付けしない)。
⑥右寄せする。

品　　　　名	産　地	特　　　徴	価格（税込み）
		淡い香りとクセのない甘さ	
		風味が強くミネラル豊富	4,000円
ローズマリー蜂蜜	スペイン産	紅茶やコーヒーに	

◆トルアキ
◆　他にも、多数の商品を取り揃えております。

◆　　詳しくは、当社Ｗｅｂページをご覧ください。
　　　　　　　　　　　⑦網掛けする。

【定期購入】
②と同じ。

③と同じ。
⑥と同じ。

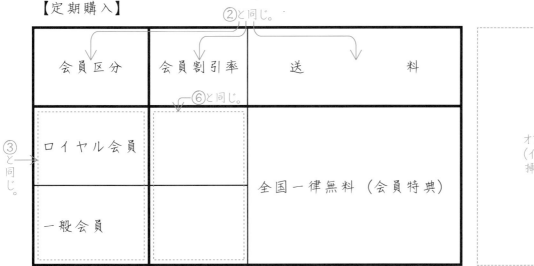

会員区分	会員割引率	送　　　料
ロイヤル会員		全国一律無料（会員特典）
一般会員		

オブジェクト
（イラスト）の
挿入位置

○　ロイヤル会員の場合は、さらにお得な特典があります。

○　問い合わせ先　ＴＥＬ　０１２０ー８８８ー８３２
　　　　　　　　　　　　　　　　　　ゴ

株式会社　大谷養蜂場 ←——⑥と同じ。

担当：大城　俊夫 ←——⑧明朝体のひらがなでルビをふり、右寄せする。
　　　おおしろ

【実技−7】　右の問題文を、余白は上下左右25mm、1行37字に設定し、指示のないフォントは明朝体の全角で12ポイントに統一して入力しなさい。なお、ヘッダーに左揃えでクラス、出席番号、名前を入力すること。（制限時間15分）

　　　※　右の問題文は、1ページ26行で作成されているが、行数を調整すること。

【問　題】

次の指示に従い、右のような文書を作成しなさい。

【指　示】

1．右の問題文を校正記号に従って入力すること。
2．問題文に合った標題のオブジェクトを、用意されたフォルダなどから選び、指示された位置に挿入しセンタリングすること（標題のオブジェクトの挿入では、すべての問題で3行分必要となる）。
3．表は、行頭・行末を越えずに作成し、行間は、2.0とすること。
4．罫線は、右の表のように太実線と細実線とを区別すること。
5．表の枠内の文字は1行で入力し、上下のスペースが同じであること。
6．表内の「清掃メニュー」、「清掃内容」、「価格（税抜き）」は下の資料を参照し、項目名とデータが正しく並ぶように作成すること。

資料

清掃メニュー	価格（税抜き）	清　掃　　内　　容
エアコン洗浄	8,000円	カビや汚れを分解洗浄
キッチン・洗面所	13,000円	こびり付いた油を取り除く
洗濯槽洗浄	13,000円	カビや汚れを分解洗浄

7．表内の「価格（税抜き）」の数字は、明朝体の半角で入力し、3桁ごとにコンマを付けること。
8．切り取り線「・・・・・・」の部分は、行頭、行末を越えないように作成すること。また、「依頼申込書」の表より短くしないこと。
9．切り取り線には、右の問題文のように「切　り　取　り」の文字を入力し、センタリングすること。
10．「依頼申込書」の表はセンタリングすること。
11．①〜⑦の処理を行うこと。
12．右の問題文にない空白行を入れないこと。

HINT
校正記号　「」…脱字補充　　「」…書体をゴシック体に変更する　　「○○○○」…文字を入れ替える

┌───┐
│   │
│   オブジェクト（標題）の挿入・センタリング   │
│   │
└───┘

お客様の快適な生活のために、ご要望に合わせたプランをご提供いたします。

※　現在、割引キャンペーンを行っておりますのでご利用ください。
①二重下線を引く。

【清掃内容と価格表】
②各項目名は、枠の中で左右にかたよらないようにする。

③枠内で均等割付けする。

④左寄せする（均等割付けしない）。　⑤右寄せする。　⑤と同じ。

清掃メニュー	清掃内容	清掃作業時間	価格（税抜き）
キッチン・洗面所	こびり付いた油を取り除く	１２０分	
		６０分	
エアコン洗浄		８０分	8,000円

＊　お問い合わせ先　ゴ TEL　0120－985－7483

ゴッド半戸（はんと）商会 ←⑥明朝体のひらがなでルビをふり、右寄せする。

担当：正木　裕也 ←⑤と同じ。

・・・・・・・・・・・・・・・・切　り　取　り・・・・・・・・・・・・・・・・・

依頼申込書 ←⑦フォントサイズは24ポイントで、文字を線で囲み、センタリングする。

②と同じ。　③と同じ。　④と同じ。

清掃メニュー	キッチン・洗面所、洗濯槽洗浄、エアコン洗浄
お名前・ご連絡先	
支払方法	当日支払い、事前に振込口座支払い

※　事前の口座振込の場合、５％の値引きをいたします。

【実技－8】　右の問題文を、余白は上下左右25㎜、1行37字に設定し、指示のないフォントは明朝体の全角で12ポイントに統一して入力しなさい。なお、ヘッダーに左揃えでクラス、出席番号、名前を入力すること。(制限時間15分)

　　　※　右の問題文は、1ページ27行で作成されているが、行数を調整すること。

【問　題】

次の指示に従い、右のような文書を作成しなさい。

【指　示】

1. 右の問題文を校正記号に従って入力すること。
2. 問題文に合った標題のオブジェクトを、用意されたフォルダなどから選び、指示された位置に挿入しセンタリングすること。
3. 表は、行頭・行末を越えずに作成し、行間は、2.0とすること。
4. 罫線は、右の表のように太実線と細実線とを区別すること。
5. 表の枠内の文字は1行で入力し、上下のスペースが同じであること。
6. 表内の「ブランド名」、「付加防止機能」、「初夢特価（税込み）」は下の資料を参照し、項目名とデータが正しく並ぶように作成すること。

資料

ブランド名	初夢特価（税込み）	付加防止機能
ＷＯＡ	17,000円	汚れ
ＩＥＹＥＲ	17,000円	キズ
ナチュ	18,000円	汚れ

7. 表内の「初夢特価（税込み）」の数字は、明朝体の半角で入力し、3桁ごとにコンマを付けること。
8. 切り取り線「・・・・・」の部分は、行頭、行末を越えないように作成すること。また、「商品注文票」の表より短くしないこと。
9. 切り取り線には、右の問題文のように「キ　リ　ト　リ」の文字を入力し、センタリングすること。
10. 「商品注文票」の表はセンタリングすること。
11. ①～⑨の処理を行うこと。
12. 右の問題文にない空白行を入れないこと。

オブジェクト（標題）の挿入・センタリング

学校・仕事でも、スマートな自分を演出したい。そこで、シンプルな
デザインにより、心を表現できる最新モデルのメガネをご用意しました。

＜最新モデル＞　　　　　　　①各項目名は、枠の中で左右にかたよらないようにする。

ブランド名	特　　　　徴	付加防止機能	初夢特価（税込み）
	純チタンの高品質なメガネ	汚れ	
	バネ機構がWの形状		17,000円
ｉＥＹＥＲ	女性らしい丸みあるフォルム		

②枠内で均等割付けする。

③左寄せする（均等割付けしない）。

④センタリングする（均等割付けしない）。

⑤右寄せする。

◇　ネジを使用しない構造で極薄のステンレスフレームを使用しています。

⑥網掛けする。

◇　お問い合わせ先　ＴＥＬ　０１２０－９７３－５８４
　　　　　　　　　　　　　　ゴ

【あんしん眼鏡】←⑤と同じ。

担当　才川　晴子←⑦明朝体のカタカナでルビをふり、右寄せする。
　　　サイカワ

・・・・・・・・・・・・・・・キ　リ　ト　リ・・・・・・・・・・・・・・・

⑧横倍角（横200％）で、一重下線を引き、センタリングする。

商品注文票

ナチュ・ＷＯＡ・ｉＥＹＥＲ（ご希望のモデルを〇で囲んでください）	
ご住所・連絡先	
お名前	

②と同じ。

◎　全商品とも保証付、フレーム調整・修理もお任せください。

⑨波線の下線を引く。

【実技－9】　右の問題文を、余白は上下左右25㎜、1行37字に設定し、指示のないフォントは明朝体の全角で12ポイントに統一して入力しなさい。なお、ヘッダーに左揃えでクラス、出席番号、名前を入力すること。（制限時間15分）

　　　　※　右の問題文は、1ページ25行で作成されているが、行数を調整すること。

【問　題】

次の指示に従い、右のような文書を作成しなさい。

【指　示】

1．右の問題文を校正記号に従って入力すること。
2．表は、行頭・行末を越えずに作成し、行間は、2．0とすること。
3．罫線は、右の表のように太実線と細実線とを区別すること。
4．表の枠内の文字は1行で入力し、上下のスペースが同じであること。
5．表内の「メニュー」、「時間」、「価格（税込み）」、「ポイント還元」は下の資料を参照し、項目名とデータが正しく並ぶように作成すること。

　　資料

メニュー	価格（税込み）	時　　間
スイーツセット	550円	全日
桜モーニング	550円	8時～11時
オリジナルガパオ	1,260円	全日

ポイント還元	会員区分
10％	プラチナ会員
5％	一般会員

6．表内の「価格（税込み）」の数字は、明朝体の半角で入力し、3桁ごとにコンマを付けること。
7．出題内容に合ったオブジェクトを、用意されたフォルダなどから選び、指示された位置に挿入すること。ただし、適切な大きさで、他の文字や線などにかからないこと。
8．①～⑧の処理を行うこと。
9．右の問題文にない空白行を入れないこと。

①フォントサイズは24ポイントで、一重下線を引き、センタリングする。

<u>新メニューのご案内</u>

　店舗の改装に伴い、新しいメニューをご<del>案内</del>用意いたしました。ぜひ、会社の同僚やご友人とカフェやお食事をお楽しみください。

②文字を線で囲む。

おすすめメニュー

③各項目名は、枠の中で左右にかたよらないようにする。

④枠内で均等割付けする。

⑤左寄せする(均等割付けしない)。　⑥センタリングする(均等割付けしない)。

⑦右寄せする。

メニュー	内　　容	時　間	価格（税込み）
桜モーニング	朝のお得なセット		550円
	選べる各種スイーツ	全日	
オリジナルガパオ	こだわりの牛ロースを使用		

◆　上記以外にも、お得なメニューをご用意しております。

　　◆　詳しくは、当社HPをご覧ください。

②と同じ。

会員特別ポイント

③と同じ。

④と同じ。

⑦と同じ。　⑤と同じ。

会員区分	ポイント還元	電子マネーでのお支払い
プラチナ会員		通常の2倍のポイント
一般会員		

オブジェクト(イラスト)の挿入位置

　☆　会員区分は、ご利用金額によってアップします。

　☆　お問い合わせ先　TEL　03-8375-6904
（ゴ）

株式会社　桜屋珈琲　⑦と同じ。

担当：新谷（しんや）　俊之　⑧明朝体のひらがなでルビをふり、右寄せする。

3
実技編

【実技-10】　右の問題文を、余白は上下左右25㎜、1行37字に設定し、指示のないフォントは明朝体の全角で12ポイントに統一して入力しなさい。なお、ヘッダーに左揃えでクラス、出席番号、名前を入力すること。(制限時間15分)

　　　　※　右の問題文は、1ページ24行で作成されているが、行数を調整すること。

【問　題】
　次の指示に従い、右のような文書を作成しなさい。

【指　示】
1．右の問題文を校正記号に従って入力すること。
2．表は、行頭・行末を越えずに作成し、行間は、2.0とすること。
3．罫線は、右の表のように太実線と細実線とを区別すること。
4．表の枠内の文字は1行で入力し、上下のスペースが同じであること。
5．表内の「職種・スタッフ」、「雇用の形態」、「交通費の支給」、「週払い給与金額」は下の資料を参照し、項目名とデータが正しく並ぶように作成すること。

　資料

職種・スタッフ	交通費の支給	雇用の形態
駐車場	一律支給	アルバイト
園の運営・飼育	実費支給	正社員
イベント	実費支給	アルバイト

アルバイトの職種	週払い給与金額
イベント	35,800円
駐車場	28,000円

6．表内の「週払い給与金額」の数字は、明朝体の半角で入力し、3桁ごとにコンマを付けること。
7．出題内容に合ったオブジェクトを、用意されたフォルダなどから選び、指示された位置に挿入すること。ただし、適切な大きさで、他の文字や線などにかからないこと。
8．①～⑧の処理を行うこと。
9．右の問題文にない空白行を入れないこと。

<u>動物園のスタッフ募集</u> ←——①フォントサイズは36ポイントで、二重下線を引き、センタリングする。

　当園では、来園されたお客様の対応業務や動物の飼育業務、駐車場での車両誘導や案内のスタッフを募集しています。

【職種一覧】

②各項目名は、枠の中で左右にかたよらないようにする。

③枠内で均等割付けする。

④左寄せする(均等割付けしない)。

⑤センタリングする(均等割付けしない)。

⑤と同じ。

職種・スタッフ	内　　　　　容	雇用の形態	交通費の支給
園の運営・飼育	動物の飼育、園内での案内や接客		実費支給
	園内の案内やチケットの販売	アルバイト	
駐車場	料金所での接客と車の誘導		

◎　正社員の給与については、前職の給与と経験を考慮して決定いたします。

◎　子どもが好きな方、動物が好きな方の応募をお待ちしており　す　ま。

【給与】

②と同じ。

③と同じ。

⑥右寄せする。

⑤と同じ。

アルバイトの職種	週払い給与金額	寮・社員食堂
イベント		あり
駐車場	28,000円	

オブジェクト(イラスト)の
挿入位置

※　繁忙日の勤務には、手当を支給いたします。

⑦網掛けする。

※　お問い合わせ先：0120−975−8346
ゴ

担当：門馬(もんま)　健太 ←——⑧明朝体のひらがなでルビをふり、右寄せする。

【実技−11】　右の問題文を、余白は上下左右25㎜、1行35字に設定し、指示のないフォントは明朝体の全角で12ポイントに統一して入力しなさい。なお、ヘッダーに左揃えでクラス、出席番号、名前を入力すること。(制限時間15分)

　　　　※　右の問題文は、1ページ26行で作成されているが、行数を調整すること。

【問　題】

次の指示に従い、右のような文書を作成しなさい。

【指　示】

1．右の問題文を校正記号に従って入力すること。
2．問題文に合った標題のオブジェクトを、用意されたフォルダなどから選び、指示された位置に挿入しセンタリングすること。
3．表は、行頭・行末を越えずに作成し、行間は、2．0とすること。
4．罫線は、右の表のように太実線と細実線とを区別すること。
5．表の枠内の文字は1行で入力し、上下のスペースが同じであること。
6．表内の「生産地」、「茶名」、「特別価格（税込)」は下の資料を参照し、項目名とデータが正しく並ぶように作成すること。

　　資料

生産地	特別価格 （税込)	茶　　　　名
静岡	2,160円	特上八十八夜新茶
京都	2,376円	宇治献納新茶
鹿児島	2,376円	特上八十八夜新茶

7．表内の「特別価格（税込)」の数字は、明朝体の半角で入力し、3桁ごとにコンマを付けること。
8．切り取り線「・・・・・・」の部分は、行頭、行末を越えないように作成すること。また、「【購入申込書】」の表より短くしないこと。
9．切り取り線には、右の問題文のように「き　り　と　り　線」の文字を入力し、センタリングすること。
10.「【購入申込書】」の表はセンタリングすること。
11.①〜⑧の処理を行うこと。
12.右の問題文にない空白行を入れないこと。

HINT
校正記号　「○∧○」…脱字補充　　　「○◯○」…余分字を削除し空ける　トルアキ

84

オブジェクト（標題）の挿入・センタリング

ビタミンCたっぷりの八十八夜摘新茶を飲んで、身も心もリフレッシュしてください。新茶は、今がお買い得です。

①網掛けする。

［高級新茶特価セール］（ゴ）

②各項目名は、枠の中で左右にかたよらないようにする。

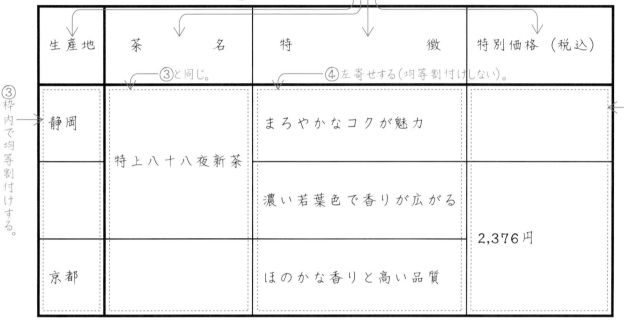

生産地	茶　名	特　　徴	特別価格（税込）
静岡	特上八十八夜新茶	まろやかなコクが魅力	
		濃い若葉色で香りが広がる	2,376円
京都		ほのかな香りと高い品質	

③と同じ。
④左寄せする（均等割付けしない）。
③枠内で均等割付けする。
⑤右寄せする。

◎　全国のお茶生産量は、1位静岡県、2位鹿児島県、京都府は5位です。

※　上記以外にも、おいしい新茶を各種ご用意しています。

担当　鶴海（ツルミ）　はな ← ⑥明朝体のカタカナでルビをふり、右寄せする。

・・・・・・・・・・・・・きりとり線・・・・・・・・・・・・・・・

【購入申込書】← ⑦フォントサイズは24ポイントで、センタリングする。

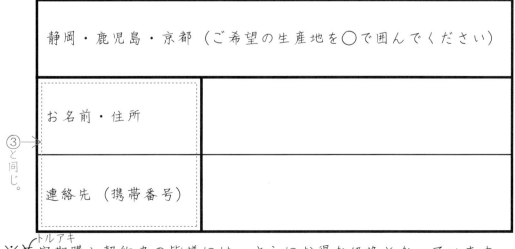

静岡・鹿児島・京都（ご希望の生産地を○で囲んでください）

| お名前・住所 | |
| 連絡先（携帯番号） | |

③と同じ。

※　定期購入契約者の皆様には、さらにお得な価格となっています。
（トルアキ）
⑧一重下線を引く。

【実技－12】 右の問題文を、余白は上下左右25㎜、１行35字に設定し、指示のないフォントは明朝体の全角で12ポイントに統一して入力しなさい。なお、ヘッダーに左揃えでクラス、出席番号、名前を入力すること。（制限時間15分）

　　　※ 右の問題文は、１ページ27行で作成されているが、行数を調整すること。

【問　題】

次の指示に従い、右のような文書を作成しなさい。

【指　示】

1．右の問題文を校正記号に従って入力すること。
2．問題文に合った標題のオブジェクトを、用意されたフォルダなどから選び、指示された位置に挿入しセンタリングすること。
3．表は、行頭・行末を越えずに作成し、行間は、２．０とすること。
4．罫線は、右の表のように太実線と細実線とを区別すること。
5．表の枠内の文字は１行で入力し、上下のスペースが同じであること。
6．表内の「講座名」、「対象」、「受講料・資料代」は下の資料を参照し、項目名とデータが正しく並ぶように作成すること。

資料

講　座　名	対　象	受講料・資料代
英文の長文読解	２・３年生	4,000 円
現代文読解	２・３年生	5,000 円
英語総合	１年生	4,000 円

7．表内の「受講料・資料代」の数字は、明朝体の半角で入力し、３桁ごとにコンマを付けること。
8．切り取り線「・・・・・・」の部分は、行頭、行末を越えないように作成すること。また、「申込書」の表より短くしないこと。
9．切り取り線には、右の問題文のように「き　り　と　り」の文字を入力し、センタリングすること。
10．「申込書」の表はセンタリングすること。
11．①～⑨の処理を行うこと。
12．右の問題文にない空白行を入れないこと。

HINT 校正記号　「□○□」…行を下に移動　　「○＾○」…字詰め

オブジェクト（標題）の挿入・センタリング

夏休み中に、学力アップのための講習会を実施いたします。講習の最後には

①網掛けする。

模擬試験を行い、学習成果を判断します。

②文字を線で囲む。

高校生専用

③各項目名は、枠の中で左右にかたよらないようにする。

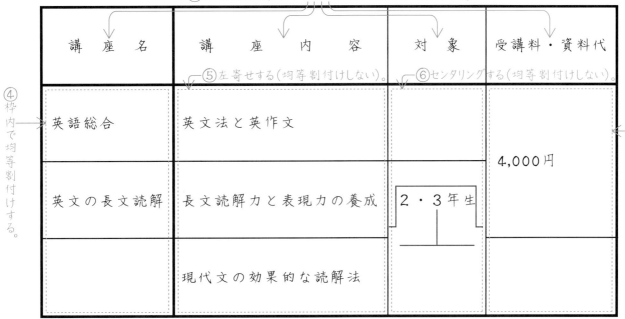

講　座　名	講　座　内　容	対　象	受講料・資料代
英語総合	英文法と英作文	2・3年生	4,000円
英文の長文読解	長文読解力と表現力の養成		
	現代文の効果的な読解法		

④枠内で均等割付けする。

⑤左寄せする（均等割付けしない）。

⑥センタリングする（均等割付けしない）。

⑦右寄せする。

▲　現在の学力から学習内容を探り、基礎から学習を進めます。

▲　タブレットＰＣにより、ＩＣＴ授業を展開します。

ゴ

ＴＥＬ　０４６６－３５－１２１２　←⑦と同じ。

カミサカ
上阪個別指導室　←⑧明朝体のカタカナでルビをふり、右寄せする。

・・・・・・・・・・・・・・き　り　と　り・・・・・・・・・・・・・・・

申　込　書　←⑨横倍角（横200%）で、一重下線を引き、センタリングする。

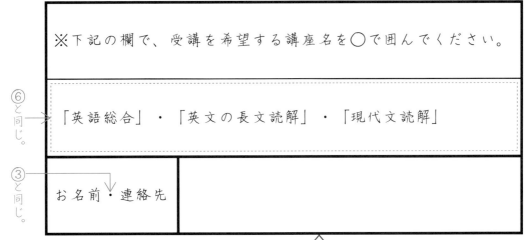

※下記の欄で、受講を希望する講座名を○で囲んでください。

「英語総合」・「英文の長文読解」・「現代文読解」

⑥と同じ。

お名前・連絡先

③と同じ。

△　他の講座をご希望の場合は、ご相談ください。

【実技－13】 右の問題文を、余白は上下左右25mm、1行35字に設定し、指示のないフォントは明朝体の全角で12ポイントに統一して入力しなさい。なお、ヘッダーに左揃えでクラス、出席番号、名前を入力すること。(制限時間15分)

※ 右の問題文は、1ページ25行で作成されているが、行数を調整すること。

【問　題】

次の指示に従い、右のような文書を作成しなさい。

【指　示】

1．右の問題文を校正記号に従って入力すること。
2．表は、行頭・行末を越えずに作成し、行間は、2.0とすること。
3．罫線は、右の表のように太実線と細実線とを区別すること。
4．表の枠内の文字は1行で入力し、上下のスペースが同じであること。
5．表内の「品名」、「噴射口の総数」、「価格（税込）」、「サービス内容」は下の資料を参照し、項目名とデータが正しく並ぶように作成すること。

資料

品　　名	噴射口の総数	価格（税込）
ナノバブル	150個	12,900円
静水圧	615個	7,560円
3Dアース	150個	7,560円

品　　　名	サービス内容
樹脂製アダプター	異径3種入り
シャワー掛具	ビス、プラグ付き

6．表内の「価格（税込）」の数字は、明朝体の半角で入力し、3桁ごとにコンマを付けること。
7．出題内容に合ったオブジェクトを、用意されたフォルダなどから選び、指示された位置に挿入すること。ただし、適切な大きさで、他の文字や線などにかからないこと。
8．①～⑩の処理を行うこと。
9．右の問題文にない空白行を入れないこと。

マイ・シャワーヘッド ←①フォントサイズは28ポイントで、網掛けし、センタリングする。

　優れた機能が満載のシャワーヘッドは、取り替えがシンプルで簡単に〆行う（トル）ことができます。　あなたも、自分専用のものを手に入れませんか ←②網掛けする。

お薦めの商品 ←③文字を線で囲む。

④各項目名は、枠の中で左右にかたよらないようにする。

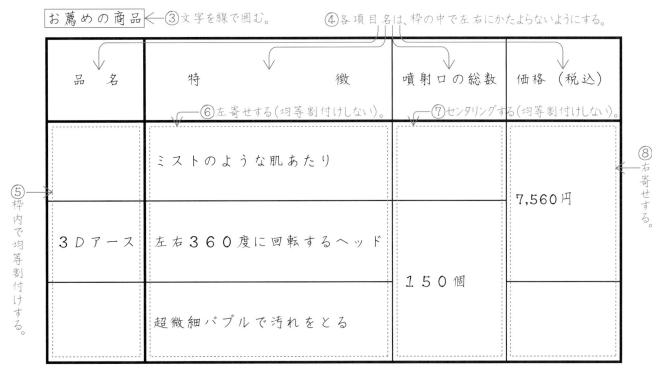

⑥左寄せする(均等割付けしない)。　⑦センタリングする(均等割付けしない)。
⑤枠内で均等割付けする。　⑧右寄せする。

品名	特徴	噴射口の総数	価格（税込）
3Dアース	ミストのような肌あたり	150個	7,560円
	左右360度に回転するヘッド		
	超微細バブルで汚れをとる		

＊　極細のストレート水流が、髪1本1本へと入り込むので、節水タイプの

優しい肌あたりでも、浴び心地を十分に感じられます。

シャワーヘッド用パーツ ←③と同じ。

④と同じ。

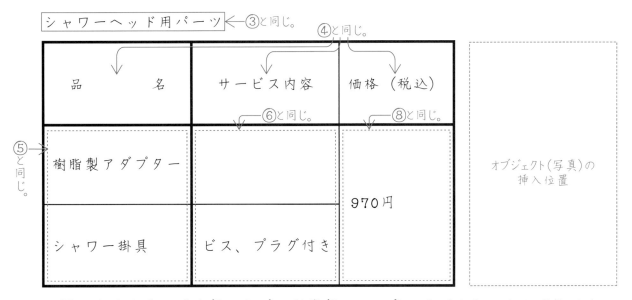

⑥と同じ。　⑧と同じ。
⑤と同じ。

品名	サービス内容	価格（税込）
樹脂製アダプター		970円
シャワー掛具	ビス、プラグ付き	

オブジェクト（写真）の
挿入位置

■　水栓金具・補修部品などの配管部品は、商品1個から注文が可能です。

⑨一重下線を引く。

0120-343-964（ゴ）まで、ご連絡ください。

薄野（ススキノ）水栓製作所 ←⑩明朝体のカタカナでルビをふり、右寄せする。

【実技－14】　右の問題文を、余白は上下左右25㎜、1行35字に設定し、指示のないフォントは明朝体の全角で12ポイントに統一して入力しなさい。なお、ヘッダーに左揃えでクラス、出席番号、名前を入力すること。（制限時間15分）

　※　右の問題文は、1ページ26行で作成されているが、行数を調整すること。

【問　題】

次の指示に従い、右のような文書を作成しなさい。

【指　示】

1．右の問題文を校正記号に従って入力すること。
2．問題文に合った標題のオブジェクトを、用意されたフォルダなどから選び、指示された位置に挿入しセンタリングすること。
3．表は、行頭・行末を越えずに作成し、行間は、2．0とすること。
4．罫線は、右の表のように太実線と細実線とを区別すること。
5．表の枠内の文字は1行で入力し、上下のスペースが同じであること。
6．表内の「産地」、「品種」、「10ｋｇの価格」は下の資料を参照し、項目名とデータが正しく並ぶように作成すること。

　　資料

産　　地	品　　種	10ｋｇの価格
新潟県魚沼産	コシヒカリ	5,980円
福井県産	コシヒカリ	4,590円
山形県産	つや姫	5,980円

7．表内の「10ｋｇの価格」の数字は、明朝体の半角で入力し、3桁ごとにコンマを付けること。
8．切り取り線「・・・・・・」の部分は、行頭、行末を越えないように作成すること。また、「購入申込書」の表より短くしないこと。
9．切り取り線には、右の問題文のように「切　り　取　り」の文字を入力し、センタリングすること。
10．「購入申込書」の表はセンタリングすること。
11．①～⑧の処理を行うこと。
12．右の問題文にない空白行を入れないこと。

「○○○」…脱字補充　　「○○○」…余分字を削除し詰める

オブジェクト（標題）の挿入・センタリング

今回は、無農薬無肥料で育てた最高級の特Ａランク米をご紹介します。甘や

①二重下線を引く。

こし、粘りともに豊かな味をご賞味ください。

共済組合推薦米
（ゴ）

②各項目名は、枠の中で左右にかたよらないようにする。

産　　地	品　種	特　　　　徴	１０ｋｇの価格
山形県産	コシヒカリ	コシヒカリを上回る評価	5,980円
		最高級のブランド米	
福井県産		福井県で誕生したコシヒカリ	

③枠内で均等割付けする。

③と同じ。

④左寄せする（均等割付けしない）。

⑤右寄せする。

★　必要な箇所を○で囲み、ＦＡＸ０３－７９８１－６２４５にてお申し込

⑥網掛けする。

みをお願いいたします。

農業共済組合：担当　藤間（トウマ）　修一　←⑦明朝体のカタカナでルビをふり、右寄せする。

・・・・・・・・・・・・・・・切　り　取　り・・・・・・・・・・・・・・・

購入申込書　←⑧横倍角（横200％）で、文字を線で囲み、センタリングする。

産地・品種	つや姫・魚沼産コシヒカリ・福井県産コシヒカリ
お名前・ご住所	
支払の方法	代金引換・コンビニ支払・郵便振込

②と同じ。

③と同じ。

④と同じ。

＊　日本穀物検定協会により、特に良好なものが特Ａにランクされます。（トル）

【実技－15】　右の問題文を、余白は上下左右25mm、1行36字に設定し、指示のないフォントは明朝体の全角で12ポイントに統一して入力しなさい。なお、ヘッダーに左揃えでクラス、出席番号、名前を入力すること。（制限時間15分）

　　　　　※　右の問題文は、1ページ24行で作成されているが、行数を調整すること。

【問　題】

次の指示に従い、右のような文書を作成しなさい。

【指　示】

1．右の問題文を校正記号に従って入力すること。
2．表は、行頭・行末を越えずに作成し、行間は、2．0とすること。
3．罫線は、右の表のように太実線と細実線とを区別すること。
4．表の枠内の文字は1行で入力し、上下のスペースが同じであること。
5．表内の「プログラム名」、「回数／月」、「料金／月額」、「対象」「非会員割引」は下の資料を参照し、項目名とデータが正しく並ぶように作成すること。

　　資料

プログラム名	料金／月額	回数／月
スタイルUP	28,000円	8回
チェンジBODY	32,000円	8回
ザ・シェイプ	28,000円	6回

対象	非会員割引
プログラム料金	10％
各種サプリメント代金	

6．表内の「料金／月額」の数字は、明朝体の半角で入力し、3桁ごとにコンマを付けること。
7．出題内容に合ったオブジェクトを、用意されたフォルダなどから選び、指示された位置に挿入すること。ただし、適切な大きさで、他の文字や線などにかからないこと。
8．①～⑩の処理を行うこと。
9．右の問題文にない空白行を入れないこと。

美しいカラダづくり ①フォントサイズは36ポイントで、斜体文字にし、センタリングする。

　ｃｌｕｂフィットネスでは、理想的なカラダづくりのために様々なプログラムをご用意し、キャンペーンを実施しています。 ②一重下線を引く。

プログラム一覧

③各項目名は、枠の中で左右にかたよらないようにする。

④枠内で均等割付けする。　⑤左寄せする(均等割付けしない)。　⑥センタリングする(均等割付けしない)。　⑦右寄せする。

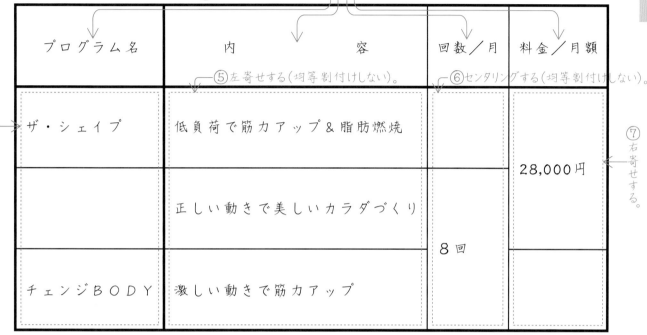

プログラム名	内　　　容	回数／月	料金／月額
ザ・シェイプ	低負荷で筋力アップ＆脂肪燃焼		28,000円
	正しい動きで美しいカラダづくり	8回	
チェンジBODY	激しい動きで筋力アップ		

◇　初めての方でも、楽しくシェイプできます。

◇キ このキャンペーンは、非会員の方でもご利用いただけます。（トルアキ）

⑧文字を線で囲む。

キャンペーン割引

③と同じ。　④と同じ。　⑥と同じ。

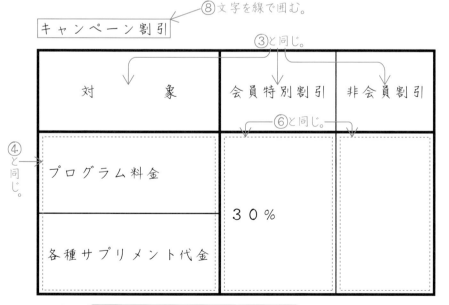

対　　　象	会員特別割引	非会員割引
プログラム料金	30％	
各種サプリメント代金		

オブジェクト(イラスト)の
挿入位置

◎　割引対象外のものもありますので、詳しくはお問い合わせください。

⑨網掛けする。

◎　Ｃｌｕｂフィットネス　ＴＥＬ　０１２０－９７５－３４３

担当：長野　雄大（たかひろ） ⑩明朝体のひらがなでルビをふり、右寄せする。

【実技－16】　右の問題文を、余白は上下左右25㎜、１行37字に設定し、指示のないフォントは明朝
　　　　　　　体の全角で12ポイントに統一して入力しなさい。なお、ヘッダーに左揃えでクラス、出席
　　　　　　　番号、名前を入力すること。（制限時間15分）
　　　　　　※　右の問題文は、１ページ27行で作成されているが、行数を調整すること。

【問　題】

　次の指示に従い、右のような文書を作成しなさい。

【指　示】

　１．右の問題文を校正記号に従って入力すること。
　２．問題文に合った標題のオブジェクトを、用意されたフォルダなどから選び、指示された位置に挿
　　　入しセンタリングすること。
　３．表は、行頭・行末を越えずに作成し、行間は、２．０とすること。
　４．罫線は、右の表のように太実線と細実線とを区別すること。
　５．表の枠内の文字は１行で入力し、上下のスペースが同じであること。
　６．表内の「品種」、「花言葉」、「価格（税抜き）」は下の資料を参照し、項目名とデータが正しく並
　　　ぶように作成すること。
　　　資料

品　　　種	価格（税抜き）	花　言　葉
ガクアジサイ	2,500円	謙虚、移り気
城ヶ崎	2,300円	謙虚、移り気
ホンアジサイ	2,500円	仲良し、家族団らん

　７．表内の「価格（税抜き）」の数字は、明朝体の半角で入力し、３桁ごとにコンマを付けること。
　８．切り取り線「・・・・・・」の部分は、行頭、行末を越えないように作成すること。また、「ア
　　　ジサイ注文票」の表より短くしないこと。
　９．切り取り線には、右の問題文のように「切　り　取　り　線」の文字を入力し、センタリングす
　　　ること。
　10．「アジサイ注文票」の表はセンタリングすること。
　11．①～⑨の処理を行うこと。
　12．右の問題文にない空白行を入れないこと。

オブジェクト（標題）の挿入・センタリング

　梅雨の時期に、心に安らぎをもたらしてくれるのがアジサイです。世界には多くの種類がありますが、日本のアジサイを紹介します。

①文字を線で囲む。

日本原産

②各項目名は、枠の中で左右にかたよらないようにする。

③枠内で均等割付けする。

④左寄せする(均等割付けしない)。

⑤右寄せする。

品　　種	特　　徴	花　言　葉	価格（税抜き）
	花がてまり状に咲く		2,500円
ガクアジサイ	4枚の花弁が付いている	謙虚、移り気	
	花弁が八重咲になる		

○　日本原産以外のアジサイも、多数ご用意しています。

○　お問い合わせ先　ＴＥＬ　０１２０−９４１−３４７

ゴ

⑥明朝体のひらがなでルビをふり、右寄せする。

株式会社　山﨑園芸
（やまさき）

・・・・・・・・・・切　り　取　り　線・・・・・・・・・・・・・・・・

⑦フォントサイズは24ポイントで、文字を線で囲み、センタリングする。

アジサイ注文票

②と同じ。

③と同じ。

記載必要事項	申込は郵送・ＦＡＸ・メールが可能です。
ご住所・電話・お名前	
品種と数量	

⑧一重下線を引く。

◇代金の支払いは、コンビニ払い、カード払いが選べます。

⑨網掛けする。

【実技－17】　右の問題文を、余白は上下左右25㎜、１行37字に設定し、指示のないフォントは明朝
　　　　　　体の全角で12ポイントに統一して入力しなさい。なお、ヘッダーに左揃えでクラス、出席
　　　　　　番号、名前を入力すること。（制限時間15分）
　　　　　※　右の問題文は、１ページ26行で作成されているが、行数を調整すること。

【問　題】

次の指示に従い、右のような文書を作成しなさい。

【指　示】

1．右の問題文を校正記号に従って入力すること。
2．表は、行頭・行末を越えずに作成し、行間は、２．０とすること。
3．罫線は、右の表のように太実線と細実線とを区別すること。
4．表の枠内の文字は１行で入力し、上下のスペースが同じであること。
5．表内の「商品名」、「限定商品」、「価格（税込）」、「会員の値引率」は下の資料を参照し、項目名
　とデータが正しく並ぶように作成すること。

資料

商　品　名	価格（税込）	限定商品
ハロウィンブーケ	3,800円	季節限定
メロディ・ボックス	5,500円	季節の花セレクト
おまかせプラン	3,800円	季節の花セレクト

会員の値引率	会員区分
１０％	ゴールド会員
5％	一般会員

6．表内の「価格（税込）」の数字は、明朝体の半角で入力し、３桁ごとにコンマを付けること。
7．出題内容に合ったオブジェクトを、用意されたフォルダなどから選び、指示された位置に挿入す
　ること。ただし、適切な大きさで、他の文字や線などにかからないこと。
8．①～⑨の処理を行うこと。
9．右の問題文にない空白行を入れないこと。

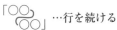

①フォントサイズは24ポイントで斜体文字にし、一重下線を引き、センタリングする。

<u>*フラワーギフトのご案内*</u>

　家族の誕生日や大切なお祝い、新居祝いや職場内でのプレゼントなどにご利用ください。

②網掛けする。

最近では、枯れない プリザーブドフラワーのタイプが人気 です。

③文字を線で囲む。

商品一覧表

④各項目名は、枠の中で左右にかたよらないようにする。

⑤枠内で均等割付けする。

⑥左寄せする(均等割付けしない)。　⑦センタリングする(均等割付けしない)。

⑧右寄せする。

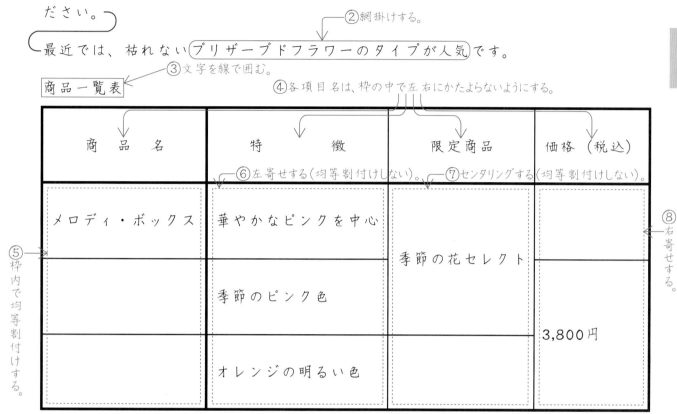

商　品　名	特　　　徴	限定商品	価格（税込）
メロディ・ボックス	華やかなピンクを中心	季節の花セレクト	
	季節のピンク色		3,800円
	オレンジの明るい色		

　☆　上記以外にも、多くの商品をご用意しております。

　◎　詳細は、弊社Ｗｅｂサイトをご覧くだ<ruby>さ</ruby>い。

③と同じ

会員の特典

④と同じ。

⑤と同じ。

⑧と同じ。　⑦と同じ。

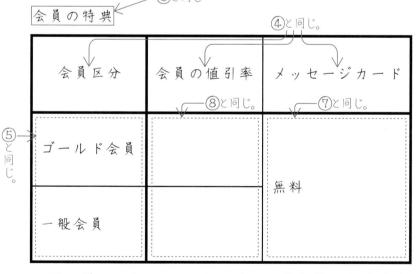

会員区分	会員の値引率	メッセージカード
ゴールド会員		
一般会員		無料

オブジェクト
（イラスト）
の挿入位置

■　購入回数によって、ゴールド会員となります。

■　お問い合わせ先　ＴＥＬ　０１２０－９５７－３６４

株式会社　花の妖精館 ←⑧と同じ。

担当：砂川（サガワ）　太一 ←⑨明朝体のカタカナでルビをふり、右寄せする。

3

実技編

97

【実技−18】　右の問題文を、余白は上下左右25㎜、１行37字に設定し、指示のないフォントは明朝
　　　　　　体の全角で12ポイントに統一して入力しなさい。なお、ヘッダーに左揃えでクラス、出席
　　　　　　番号、名前を入力すること。(制限時間15分)
　　　　　※　右の問題文は、１ページ25行で作成されているが、行数を調整すること。

【問　題】
　次の指示に従い、右のような文書を作成しなさい。

【指　示】
　１．右の問題文を校正記号に従って入力すること。
　２．問題文に合った標題のオブジェクトを、用意されたフォルダなどから選び、指示された位置に挿
　　　入しセンタリングすること。
　３．表は、行頭・行末を越えずに作成し、行間は、２．０とすること。
　４．罫線は、右の表のように太実線と細実線とを区別すること。
　５．表の枠内の文字は１行で入力し、上下のスペースが同じであること。
　６．表内の「レッスン名」、「実施曜日」、「レッスン代／月」は下の資料を参照し、項目名とデータが
　　　正しく並ぶように作成すること。
　　　資料

実施曜日	レッスン名	レッスン代／月
土	ダンシングレッスン	3,600円
土	ジュニアクラス	3,100円
水	ＬＡ／ラテンエアロ	3,600円

　７．表内の「レッスン代／月」の数字は、明朝体の半角で入力し、３桁ごとにコンマを付けること。
　８．切り取り線「・・・・・・」の部分は、行頭、行末を越えないように作成すること。また、「申込
　　　書」の表より短くしないこと。
　９．切り取り線には、右の問題文のように「切　り　取　り　線」の文字を入力し、センタリングす
　　　ること。
　10．「申込書」の表はセンタリングすること。
　11．①〜⑨の処理を行うこと。
　12．右の問題文にない空白行を入れないこと。

┌───┐
│   │
│   オブジェクト（標題）の挿入・センタリング   │
│   │
└───┘

学校やお勤め帰りにも 気軽にレッスンが受けられる教室 で、初心者の方や 経験
①網掛けする。

の少ない方にもおすすめです。

ゴ
スクールの内容とレッスン代 ②各項目名は、枠の中で左右にかたよらないようにする。

レッスン名	内　　　容	実施曜日	レッスン代／月
	ラテンダンスでエクササイズ		3,600円
	社交ダンスを楽しく踊る	土	
ジュニアクラス	小学生以下の教室		

③枠内で均等割付けする。

④左寄せする（均等割付けしない）。

⑥右寄せする。

⑤センタリングする（均等割付けしない）。

◎　弊社のホームページで、入会金の「無料キャンペーン」を実施しています。

担当：古庄　智行 ←⑦明朝体のひらがなでルビをふり、右寄せする。
　　　ふるしょう

・・・・・・・・・・・・・・・切　り　取　り　線・・・・・・・・・・・・・・・・・

申　込　書 ←⑧横倍角（横200％）で、一重下線を引き、センタリングする。

レッスン名（ la・ダンシング・ジュニア ）を○で囲んでください	
名前	
住所・電話番号	

③と同じ。

＊　どのコースも、 無料体験 できますのでお問い合わせください。
⑨文字を線で囲む。

【実技－19】　右の問題文を、余白は上下左右25㎜、1行36字に設定し、指示のないフォントは明朝体の全角で12ポイントに統一して入力しなさい。なお、ヘッダーに左揃えでクラス、出席番号、名前を入力すること。（制限時間15分）

　※　右の問題文は、1ページ25行で作成されているが、行数を調整すること。

【問　題】
　次の指示に従い、右のような文書を作成しなさい。

【指　示】
　1．右の問題文を校正記号に従って入力すること。
　2．表は、行頭・行末を越えずに作成し、行間は、2.0とすること。
　3．罫線は、右の表のように太実線と細実線とを区別すること。
　4．表の枠内の文字は1行で入力し、上下のスペースが同じであること。
　5．表内の「商品」、「製作の時間」、「税込み価格」、「期間限定オプション」、「3点セット」は下の資料を参照し、項目名とデータが正しく並ぶように作成すること。

　　資料

商　　　品	税込み価格	製作の時間
テラリウム	2,560円	60分
ハーバリウム	2,560円	30分
フラワーサシュ	2,000円	60分

3点セット	期間限定オプション
20％	特別会員割引
5％	一般割引

　6．表内の「税込み価格」の数字は、明朝体の半角で入力し、3桁ごとにコンマを付けること。
　7．出題内容に合ったオブジェクトを、用意されたフォルダなどから選び、指示された位置に挿入すること。ただし、適切な大きさで、他の文字や線などにかからないこと。
　8．①～⑧の処理を行うこと。
　9．右の問題文にない空白行を入れないこと。

ハンドメイドキット ← ①フォントサイズは24ポイントで、斜体文字にし、センタリングする。

花や植物を使ったハンドメイドキットを、[トル]多数ご用意いたしました。玄関まわりやテーブルの上など、ちょっと飾るだけでおしゃれな雰囲気になります。

<商品一覧>
②各項目名は、枠の中で左右にかたよらないようにする。

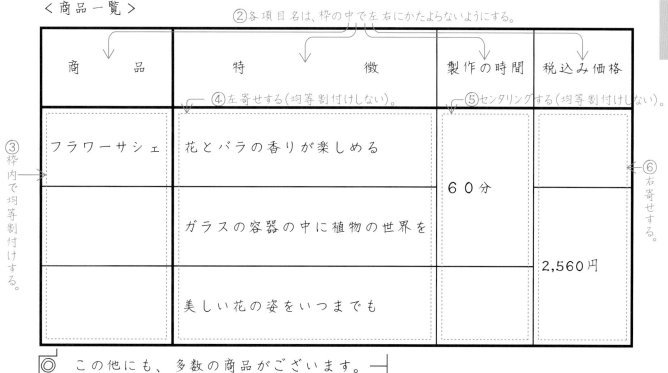

商　　品	特　　　徴	製作の時間	税込み価格
フラワーサシェ	花とバラの香りが楽しめる	６０分	
	ガラスの容器の中に植物の世界を		2,560円
	美しい花の姿をいつまでも		

③枠内で均等割付けする。
④左寄せする(均等割付けしない)。
⑤センタリングする(均等割付けしない)。
⑥右寄せする。

◎ この他にも、多数の商品がございます。

◎ 初心者の方でも、手軽に作成できるので安心です。

<キャンペーン>
②と同じ。

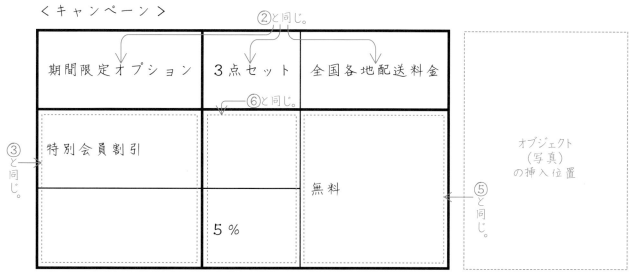

期間限定オプション	3点セット	全国各地配送料金
特別会員割引		無料
	５％	

③と同じ。
⑥と同じ。
⑤と同じ。

オブジェクト（写真）の挿入位置

◆ 詳しくは、当社の<u>Webページ</u>をご覧ください。
⑦二重下線を引く。

◆ お問い合わせ　ＴＥＬ　０３－９７８６－８４６０ [ゴ]

フラワー工房 ← ⑥と同じ。

担当：茂手木（もてき）　夕樹 ← ⑧明朝体のひらがなでルビをふり、右寄せする。

【実技－20】　右の問題文を、余白は上下左右25㎜、1行37字に設定し、指示のないフォントは明朝体の全角で12ポイントに統一して入力しなさい。なお、ヘッダーに左揃えでクラス、出席番号、名前を入力すること。（制限時間15分）

　　　※　右の問題文は、1ページ25行で作成されているが、行数を調整すること。

【問　題】

次の指示に従い、右のような文書を作成しなさい。

【指　示】

1．右の問題文を校正記号に従って入力すること。
2．問題文に合った標題のオブジェクトを、用意されたフォルダなどから選び、指示された位置に挿入しセンタリングすること。
3．表は、行頭・行末を越えずに作成し、行間は、2.0とすること。
4．罫線は、右の表のように太実線と細実線とを区別すること。
5．表の枠内の文字は1行で入力し、上下のスペースが同じであること。
6．表内の「実施試験」、「内容」、「受験料（税込み）」は下の資料を参照し、項目名とデータが正しく並ぶように作成すること。

資料

実施試験	受験料（税込み）	内　　　　　　容
エキスパート	5,000円	戦国時代の深い知識と探求心
ビギナー	3,500円	有名なエピソードについて
マスター	3,500円	有名な武将・エピソードの知識

7．表内の「受験料（税込み）」の数字は、明朝体の半角で入力し、3桁ごとにコンマを付けること。
8．切り取り線「・・・・・・」の部分は、行頭、行末を越えないように作成すること。また、「検定試験申込書」の表より短くしないこと。
9．切り取り線には、右の問題文のように「き　り　と　り　線」の文字を入力し、センタリングすること。
10．「検定試験申込書」の表はセンタリングすること。
11．①～⑨の処理を行うこと。
12．右の問題文にない空白行を入れないこと。

HINT 校正記号　「○○／○○」…行を続ける　　「○○○」トルアキ…余分字を削除し空ける

オブジェクト（標題）の挿入・センタリング

当検定協会では、全国の歴史ファンの方に、

戦国時代を中心にした下記の内容で歴史検定試験を実施しています。

①一重下線を引く。

［検定内容］
ゴ

②各項目名は、枠の中で左右にかたよらないようにする。

実施試験	内　　　　　容	日　程	受験料（税込み）
		6月18日	3,500円
	有名な武将・エピソードの知識		
エキスパート		7月12日 トルアキ	

④左寄せする(均等割付けしない)。

③枠内で均等割付けする。

⑤右寄せする。

☆　出題形式はマークシート方式で、全100問の出題となっています。

⑥網掛けする。

担当：笹下 ササシタ　さつき　⑦明朝体のカタカナでルビをふり、右寄せする。

・・・・・・・・・・・・・・き　り　と　り　線・・・・・・・・・・・・・・・・

検定試験申込書　⑧フォントサイズは24ポイントで、文字を線で囲み、センタリングする。

お名前	
ご住所／連絡先	
検定試験（ビギナー・マスター・エキスパート）を◯で囲んでください	

③と同じ。

★　前回の問題については、ホームページよりダウンロードができます。

⑨波線の下線を引く。

【実技－21】　右の問題文を、余白は上下左右25mm、1行36字に設定し、指示のないフォントは明朝体の全角で12ポイントに統一して入力しなさい。なお、ヘッダーに左揃えでクラス、出席番号、名前を入力すること。（制限時間15分）

　　　※　右の問題文は、1ページ24行で作成されているが、行数を調整すること。

【問　題】

次の指示に従い、右のような文書を作成しなさい。

【指　示】

1．右の問題文を校正記号に従って入力すること。

2．表は、行頭・行末を越えずに作成し、行間は、2.0とすること。

3．罫線は、右の表のように太実線と細実線とを区別すること。

4．表の枠内の文字は1行で入力し、上下のスペースが同じであること。

5．表内の「品名」、「限定販売数量」、「セール価格」、「会員」、「購入特典」は下の資料を参照し、項目名とデータが正しく並ぶように作成すること。

資料

品　　　名	セール価格	限定販売数量
マンゴー	2,700円	５００個
ストロベリー	2,700円	３００個
グレープフルーツ	3,200円	５００個

会　　員	購　入　特　典
ＧＯＬＤ会員	セール価格の１０％引き
一般会員	セール価格の５％引き

6．表内の「セール価格」の数字は、明朝体の半角で入力し、3桁ごとにコンマを付けること。

7．出題内容に合ったオブジェクトを、用意されたフォルダなどから選び、指示された位置に挿入すること。ただし、適切な大きさで他の文字や線などにかからないこと。

8．①〜⑨の処理を行うこと。

9．右の問題文にない空白行を入れないこと。

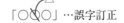

HINT 校正記号　「○○○○」…文字を入れ替える　　「○○○」…誤字訂正

104

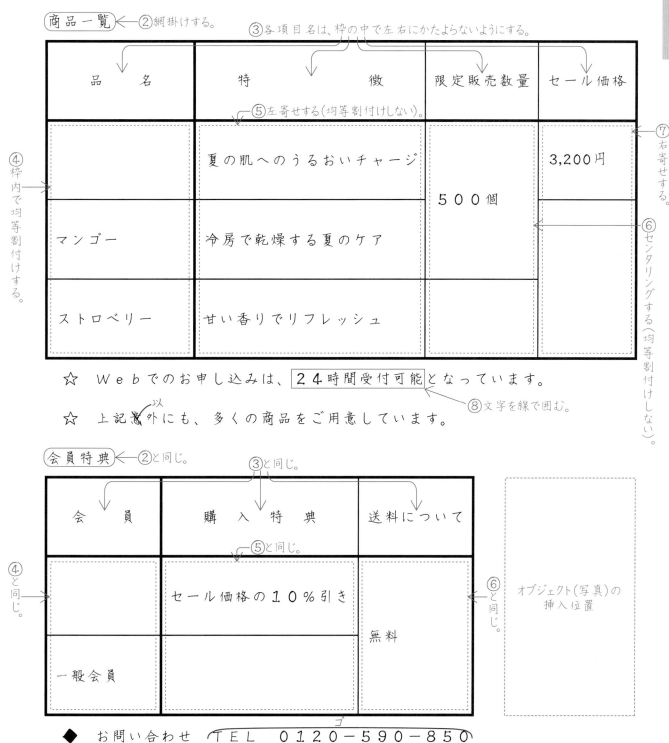

夏のボディケアセール ← ①フォントサイズは28ポイントで、斜体文字にし、二重下線を引き、センタリングする。

　世界中から集めた良質な原料を取り入れて、肌や髪を輝かせます。また、環境に配慮したリサイクル容器可能の導入を推進しています。

商品一覧 ← ②網掛けする。　　　③各項目名は、枠の中で左右にかたよらないようにする。

④枠内で均等割付けする。

⑤左寄せする（均等割付けしない）。

⑦右寄せする。

⑥センタリングする（均等割付けしない）。

品　　名	特　　　　徴	限定販売数量	セール価格
	夏の肌へのうるおいチャージ	500個	3,200円
マンゴー	冷房で乾燥する夏のケア		
ストロベリー	甘い香りでリフレッシュ		

☆　Ｗｅｂでのお申し込みは、24時間受付可能となっています。

⑧文字を線で囲む。

☆　上記以外にも、多くの商品をご用意しています。

会員特典 ← ②と同じ。　　　③と同じ。

④と同じ。

⑤と同じ。

⑥と同じ。

会　　　員	購　入　特　典	送料について
	セール価格の１０％引き	無料
一般会員		

オブジェクト（写真）の挿入位置

◆　お問い合わせ　ＴＥＬ　0120-590-850ゴ

ＢＯＮ　ＳＨＯＰ ← ⑦と同じ。

担当：芳本（ヨシモト）　みか ← ⑨明朝体のカタカナでルビをふり、右寄せする。

【実技－22】　右の問題文を、余白は上下左右25mm、1行36字に設定し、指示のないフォントは明朝体の全角で12ポイントに統一して入力しなさい。なお、ヘッダーに左揃えでクラス、出席番号、名前を入力すること。（制限時間15分）

　　　　※　右の問題文は、1ページ25行で作成されているが、行数を調整すること。

【問　題】
　次の指示に従い、右のような文書を作成しなさい。

【指　示】
1．右の問題文を校正記号に従って入力すること。
2．表は、行頭・行末を越えずに作成し、行間は、2．0とすること。
3．罫線は、右の表のように太実線と細実線とを区別すること。
4．表の枠内の文字は1行で入力し、上下のスペースが同じであること。
5．表内の「衣類」、「特別期間割引」、「価格（税別）」、「税別表示」は下の資料を参照し、項目名とデータが正しく並ぶように作成すること。

資料

衣　類	特別期間割引	価格（税別）
礼服	15％	860円
~~コート~~	~~10％~~	~~980円~~ トル
ダウンコート	15％	1,100円
ジャンパー	10％	860円

限定ドライ品	税別表示
スカート・スラックス	170円
セーター・ベスト	260円

6．表内の「価格（税別）」、「税別表示」の数字は、明朝体の半角で入力し、3桁ごとにコンマを付けること。
7．出題内容に合ったオブジェクトを、用意されたフォルダなどから選び、指示された位置に挿入すること。ただし、適切な大きさで、他の文字や線などにかからないこと。
8．①～⑨の処理を行うこと。
9．右の問題文にない空白行を入れないこと。

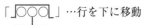

HINT 校正記号　「┌○○○┐」…行を下に移動　　「○○○」…字間を空ける

春の特別割引 ← ①フォントサイズは36ポイントで、文字を線で囲み、センタリングする。

　冬は遠ざかり、春の季節となりました。大切な衣類とお客様の心のお洗濯は、ぜひ、当店にお任せください。

クリーニング ← ②網掛けする。　③各項目名は、枠の中で左右にかたよらないようにする。

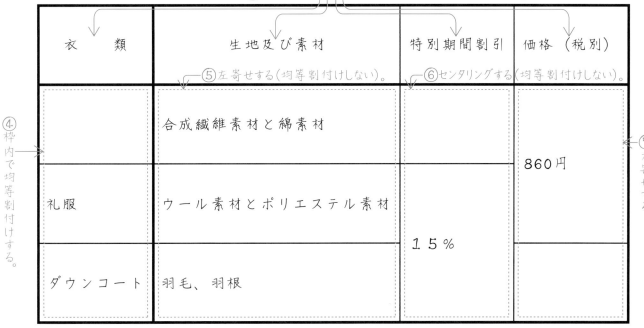

衣　　　　類	生地及び素材	特別期間割引	価格（税別）
	合成繊維素材と綿素材		
礼服	ウール素材とポリエステル素材		860円
ダウンコート	羽毛、羽根	15％	

④枠内で均等割付けする。　⑤左寄せする(均等割付けしない)。　⑥センタリングする(均等割付けしない)。　⑦右寄せする。

　▲　ベルトやコートフードなど取り外せる物は、別途の料金がかかります。また、ドライクリーニングは全品「消臭・抗菌」加工付きです。

タイムサービス ← ②と同じ。　③と同じ。

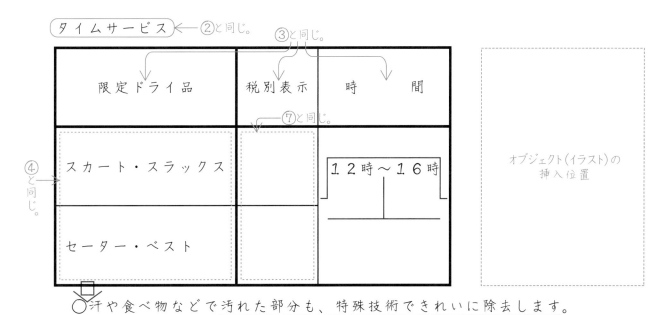

限定ドライ品	税別表示	時　　　間
スカート・スラックス		12時～16時
セーター・ベスト		

④と同じ。　⑦と同じ。

オブジェクト（イラスト）の挿入位置

○汗や食べ物などで汚れた部分も、特殊技術できれいに除去します。

　←⑧一重下線を引く。

　※　お問い合わせ先　TEL　0120-982-765

クリーニング：白衣舎（びゃくいしゃ） ← ⑨明朝体のひらがなでルビをふり、右寄せする。

東京武蔵野支店 ← ⑦と同じ。

【実技－23】 右の問題文を、余白は上下左右25mm、1行37字に設定し、指示のないフォントは明朝体の全角で12ポイントに統一して入力しなさい。なお、ヘッダーに左揃えでクラス、出席番号、名前を入力すること。（制限時間15分）

　　　※　右の問題文は、1ページ26行で作成されているが、行数を調整すること。

【問　題】

次の指示に従い、右のような文書を作成しなさい。

【指　示】

1．右の問題文を校正記号に従って入力すること。

2．問題文に合った標題のオブジェクトを用意されたフォルダなどから選び、指示された位置に挿入しセンタリングすること。

3．表は、行頭・行末を越えずに作成し、行間は、2.0とすること。

4．罫線は、右の表のように太実線と細実線とを区別すること。

5．表の枠内の文字は1行で入力し、上下のスペースが同じであること。

6．表内の「品名」、「到着日」、「4食セット税込価格」は下の資料を参照し、項目名とデータが正しく並ぶように作成すること。

資料

品　　　名	4食セット税込価格	到着日
虹彩御膳	2,880円	日
四季野菜御膳	3,500円	日
長寿御膳	2,880円	日・月

7．表内の「4食セット税込価格」の数字は、明朝体の半角で入力し、3桁ごとにコンマを付けること。

8．切り取り線「・・・・・・」の部分は、行頭、行末を越えないように作成すること。また、「【購入申込書】」の表より短くしないこと。

9．切り取り線には、右の問題文のように「キ　リ　ト　リ」の文字を入力し、センタリングすること。

10．「【購入申込書】」の表はセンタリングすること。

11．①～⑨の処理を行うこと。

12．右の問題文にない空白行を入れないこと。

```
┌─────────────────────────────────────────────┐
│                                               │
│        オブジェクト（標題）の挿入・センタリング        │
│                                               │
└─────────────────────────────────────────────┘
```

　当社では、電子レンジで_温暖めるだけの冷凍弁当やレシピ付き食材など、お客様の

ニーズに合わせたメニューをご用意しています。

【メニュー一覧】　①各項目名は、枠の中で左右にかたよらないようにする。

②枠内で均等割付けする。

③左寄せする(均等割付けしない)。　④センタリングする(均等割付けしない)。　⑤右寄せする。

品　　名	内　　　容	到着日	4食セット税込価格
	食事療法に最適ヘルシーメニュー		2,880円
	管理栄養士が作ったレシピ	日	
四季野菜御膳	有機栽培・無農薬の野菜尽くし		

　◇　　食事療法にご利用の場合は、主治医の指示をご連絡ください。

⑥網掛けする。

　※　　電話でのお問い合わせ：０１２０－９３４－８５６７
　　　　　　　　　　　　　　　　　　ゴ

担当：福水_{フクミ}　マナ ← ⑦明朝体のカタカナでルビをふり、右寄せする。

・・・・・・・・・・・・・・・・・・・キ　リ　ト　リ・・・・・・・・・・・・・・・・・・・

【購入申込書】← ⑧フォントサイズは24ポイントで、センタリングする。

ご希望の御膳（長寿・虹彩・四季野菜）を〇で囲んでください	
お名前・住所	
連絡先（携帯番号）	

③と同じ。

※詳しくは、<u>公式Ｗｅｂページ</u>をご覧ください。　トルアキ

⑨二重下線を引く。

【実技－24】　右の問題文を、余白は上下左右25㎜、1行36字に設定し、指示のないフォントは明朝体の全角で12ポイントに統一して入力しなさい。なお、ヘッダーに左揃えでクラス、出席番号、名前を入力すること。（制限時間15分）

　　　※　右の問題文は、1ページ26行で作成されているが、行数を調整すること。

【問　題】
　次の指示に従い、右のような文書を作成しなさい。

【指　示】
　1．右の問題文を校正記号に従って入力すること。
　2．表は、行頭・行末を越えずに作成し、行間は、2.0とすること。
　3．罫線は、右の表のように太実線と細実線とを区別すること。
　4．表の枠内の文字は1行で入力し、上下のスペースが同じであること。
　5．表内の「品番」、「バッグサイズ」、「価格（税込み）」、「通常販売価格」は下の資料を参照し、項目名とデータが正しく並ぶように作成すること。

　　　資料

品　　番	バッグサイズ	価格（税込み）
TY70	M／L	4,120円
STU249	M／L	9,800円
KZ126	S／M	4,120円

品　　名	通常販売価格
旅行ポーチ4点セット	1,280円
バッグインバッグ	1,560円

　6．表内の「価格（税込み）」、「通常販売価格」、「特別販売価格」の数字は、明朝体の半角で入力し、3桁ごとにコンマを付けること。
　7．出題内容に合ったオブジェクトを、用意されたフォルダなどから選び、指示された位置に挿入すること。ただし、適切な大きさで、他の文字や線などにかからないこと。
　8．①～⑨の処理を行うこと。
　9．右の問題文にない空白行を入れないこと。

HINT
校正記号　「く」…行の間隔を詰める　　「○○○」…字間を空ける

① フォントサイズは36ポイントで、センタリングする。

快適な旅行の必需品

　今年のＧＷは、大型連休となっています。そこで、旅行を予定される方のために、お求めやすい価格でキャリーバッグをご用意いたしました。

② 二重下線を引く。

【おすすめ商品一覧】

③ 各項目名は、枠の中で左右にかたよらないようにする。

⑤ 左寄せする（均等割付けしない）。　　⑥ センタリングする（均等割付けしない）。

④ 枠内で均等割付けする。　　⑦ 右寄せする。

品　　番	特　　　　徴	バッグサイズ	価格（税込み）
	超軽量と多彩なカラー		
	人気のお洒落なデザイン	M／L	4,120円
ＳＴＵ２４９	強固な設計と効率的な収納力		

※　上記の商品以外にも、数多くの品を揃えております。
※詳しくは、当社ホームページをご覧ください。

【オプション】

③と同じ。

⑦と同じ。

④と同じ。

品　　　名	通常販売価格	特別販売価格
旅行ポーチ４点セット		
バッグインバッグ		980円

⑧ 網掛けする。

オブジェクト（写真）の
挿入位置

△　バッグと同時購入の場合、特別販売価格でお求めいただけます。

△　お問い合わせ先　ＴＥＬ　０１２０－２２３－８５９１

株式会社　御手洗商会

⑨ 明朝体のひらがなでルビをふり、右寄せする。

担当：芝田　裕之

⑦と同じ。

【実技－25】　右の問題文を、余白は上下左右25㎜、１行35字に設定し、指示のないフォントは明朝体の全角で12ポイントに統一して入力しなさい。なお、ヘッダーに左揃えでクラス、出席番号、名前を入力すること。（制限時間15分）

　　　　　※　右の問題文は、１ページ26行で作成されているが、行数を調整すること。

【問　題】

次の指示に従い、右のような文書を作成しなさい。

【指　示】

1．右の問題文を校正記号に従って入力すること。
2．問題文に合った標題のオブジェクトを用意されたフォルダなどから選び、指示された位置に挿入しセンタリングすること。
3．表は、行頭・行末を越えずに作成し、行間は、２．０とすること。
4．罫線は、右の表のように太実線と細実線とを区別すること。
5．表の枠内の文字は１行で入力し、上下のスペースが同じであること。
6．表内の「商品コード」、「サイズ」、「価格（税込み）」は下の資料を参照し、項目名とデータが正しく並ぶように作成すること。

　　資料

商品コード	価格（税込み）	サイズ
ＧＺ６７３	105,000円	２６インチ
ＡＸ１１８５	105,000円	２７インチ
ＥＬＤ２４９０	85,000円	２６インチ

7．表内の「価格（税込み）」の数字は、明朝体の半角で入力し、３桁ごとにコンマを付けること。
8．切り取り線「・・・・・・」の部分は、行頭、行末を越えないように作成すること。また、「購入申込書」の表より短くしないこと。
9．切り取り線には、右の問題文のように「き　り　と　り　線」の文字を入力し、センタリングすること。
10．「購入申込書」の表はセンタリングすること。
11．①～⑧の処理を行うこと。
12．右の問題文にない空白行を入れないこと。

┌───┐
│   │
│   オブジェクト（標題）の挿入・センタリング   │
│   │
└───┘

　初心者からシニアの方まで快適に使える電動アシスト自転車を、特別価格で

ご用意いたしました。

≪特別価格の電動アシスト自転車≫　①各項目名は、枠の中で左右にかたよらないようにする。

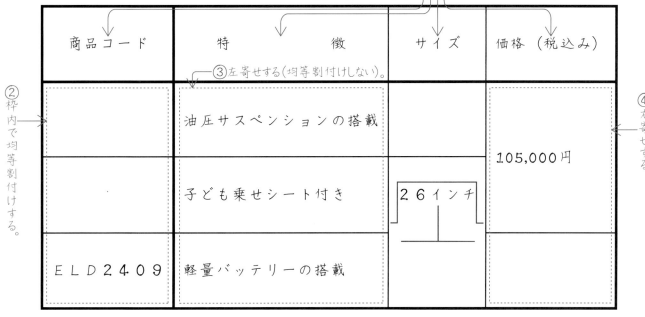

商品コード	特　　徴	サイズ	価格（税込み）
	油圧サスペンションの搭載		105,000円
	子ども乗せシート付き	２６インチ	
ＥＬＤ２４０９	軽量バッテリーの搭載		

②枠内で均等割付けする。
③左寄せする（均等割付けしない）。
④右寄せする。

　☆　１年間の製品保証、３年間の防犯保険が付帯されています。

⑤明朝体のひらがなでルビをふり、右寄せする。

有限会社　樋下田（ひげた）商会

ＴＥＬ：０３－９８７２－３６５４　④と同じ。
ゴ

・・・・・・・・・・・・　き　り　と　り　線　・・・・・・・・・・・・・・
⑥フォントサイズは24ポイントで、センタリングする。

【購入申込書】　①と同じ。

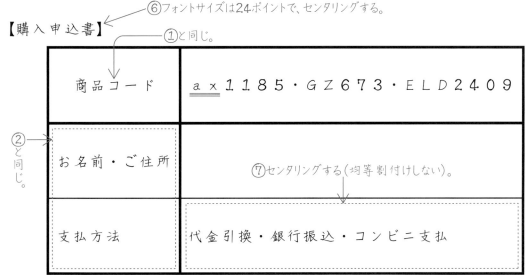

商品コード	ａｘ１１８５・ＧＺ６７３・ＥＬＤ２４０９
お名前・ご住所	
支払方法	代金引換・銀行振込・コンビニ支払

②と同じ。
⑦センタリングする（均等割付けしない）。

　◇　自転車と一緒に購入の場合は、オプション分送料無料となります。
⑧網掛けする。

【実技－26】　右の問題文を、余白は上下左右25㎜、1行37字に設定し、指示のないフォントは明朝体の全角で12ポイントに統一して入力しなさい。なお、ヘッダーに左揃えでクラス、出席番号、名前を入力すること。（制限時間15分）

　　　※　右の問題文は、1ページ29行で作成されているが、行数を調整すること。

【問　題】
次の指示に従い、右のような文書を作成しなさい。

【指　示】
1．右の問題文を校正記号に従って入力すること。
2．問題文に合った標題のオブジェクトを、用意されたフォルダなどから選び、指示された位置に挿入しセンタリングすること。
3．表は、行頭・行末を越えずに作成し、行間は、2.0とすること。
4．罫線は、右の表のように太実線と細実線とを区別すること。
5．表の枠内の文字は1行で入力し、上下のスペースが同じであること。
6．表内の「出張プラン」、「特徴」、「料金（税込み）」は下の資料を参照し、項目名とデータが正しく並ぶように作成すること。

　　資料

出張プラン	料金（税込み）	特　　　　徴
B	18,000円	温泉でリフレッシュ
D	21,000円	四季の懐石料理
C	21,000円	温泉でリフレッシュ
A	18,000円	駅より徒歩3分

7．表内の「料金（税込み）」の数字は、明朝体の半角で入力し、3桁ごとにコンマを付けること。
8．切り取り線「・・・・・・」の部分は、行頭、行末を越えないように作成すること。また、「★出張プラン申込書★」の表より短くしないこと。
9．切り取り線には、右の問題文のように「キ　リ　ト　リ　線」の文字を入力し、センタリングすること。
10．「★出張プラン申込書★」の表はセンタリングすること。
11．①～⑨の処理を行うこと。
12．右の問題文にない空白行を入れないこと。

HINT
校正記号　「○　　」…誤字訂正

114

オブジェクト（標題）の挿入・センタリング

弊社では、出張の多い会社員の皆様に向けて、東京駅から往復JR乗車券と~~浴用~~ 宿泊

をパックにしたプランをご用意しました。

出張プラン一覧表 ←①文字を線で囲む。

②各項目名は、枠の中で左右にかたよらないようにする。

③センタリングする（均等割付けしない）。

④枠内で均等割付けする。 ⑤左寄せする（均等割付けしない）。

⑥右寄せする。

出張プラン	宿　泊　場　所	特　　　徴	料金（税込み）
A	ロイヤルホテルDX新潟		18,000円
	天神エクセレントホテル	温泉でリフレッシュ	
C	天然温泉シエロホテル		
D	越後「四季のホテル」別館	四季の懐石料理	

☆　お問い合わせ　TEL　03－8375－6904

UTC旅行株式会社 ←⑥と同じ。

担当　米原（まいはら）　高子 ←⑦明朝体のひらがなでルビをふり、右寄せする。

・・・・・・・・・・・・・・・キ　リ　ト　リ　線・・・・・・・・・・・・

★出張プラン申込書★ ←⑧横倍角（横200%）で、センタリングする。

④と同じ。

申込者のお名前	
連絡先	
A・B・C・D（ご希望の出張プランを〇で囲んでください）	

◆　上記以外のプランもご用意していますので、HPをご覧ください。

←⑨網掛けする。

【実技－27】　右の問題文を、余白は上下左右25㎜、１行36字に設定し、指示のないフォントは明朝体の全角で12ポイントに統一して入力しなさい。なお、ヘッダーに左揃えでクラス、出席番号、名前を入力すること。（制限時間15分）

　　　　※　右の問題文は、１ページ25行で作成されているが、行数を調整すること。

【問　題】
次の指示に従い、右のような文書を作成しなさい。

【指　示】
1．右の問題文を校正記号に従って入力すること。
2．表は、行頭・行末を越えずに作成し、行間は、２．０とすること。
3．罫線は、右の表のように太実線と細実線とを区別すること。
4．表の枠内の文字は１行で入力し、上下のスペースが同じであること。
5．表内の「商品名」、「素材」、「価格（税込み）」、「会員割引率」は下の資料を参照し、項目名とデータが正しく並ぶように作成すること。

資料

商　品　　名	価格（税込み）	素　　材
掛ふとんカバー	3,990 円	綿
ジャガード織りラグ	4,890 円	ポリエステル
遮光遮熱カーテン	3,990 円	ポリエステル

会員区分	会員割引率
ロイヤル会員	１０％
一般会員	３％

6．表内の「価格（税込み）」の数字は、明朝体の半角で入力し、３桁ごとにコンマを付けること。
7．出題内容に合ったオブジェクトを、用意されたフォルダなどから選び、指示された位置に挿入すること。ただし、適切な大きさで、他の文字や線などにかからないこと。
8．①～⑧の処理を行うこと。
9．右の問題文にない空白行を入れないこと。

秋のお部屋コーディネート！←──①フォントサイズは24ポイントでセンタリングする。

　おうち時間を楽しむための新商品を、リーズナブルな価格で取り揃えました。

模様替えをして、　季節をお部屋からも感じてください。

【商品一覧】
②各項目名は、枠の中で左右にかたよらないようにする。

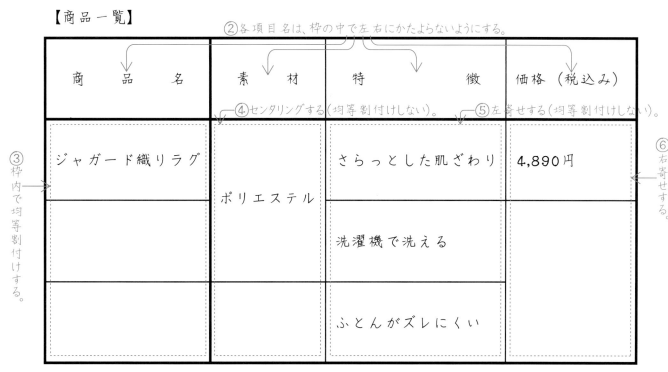

商　品　名	素　材	特　　　徴	価格（税込み）
ジャガード織りラグ	ポリエステル	さらっとした肌ざわり	4,890円
		洗濯機で洗える	
		ふとんがズレにくい	

③枠内で均等割付けする。
④センタリングする（均等割付けしない）。
⑤左寄せする（均等割付けしない）。
⑥右寄せする。

◆　他にも、多数の商品を取り揃えております。

◆　詳しくは、当社Ｗｅｂページをご覧ください。　トル

【Ｗｅｂ購入特典】
②と同じ。

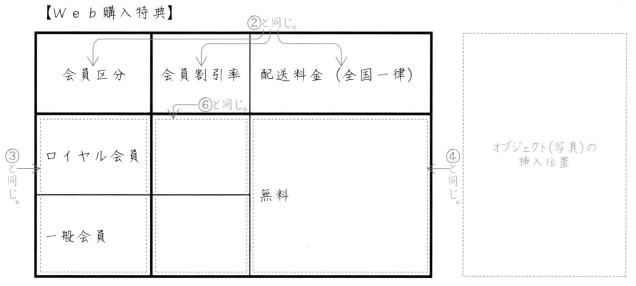

会員区分	会員割引率	配送料金（全国一律）
ロイヤル会員		無料
一般会員		

③と同じ。
⑥と同じ。
④と同じ。

オブジェクト（写真）の挿入位置

○　会員の場合は、通常の 2倍のポイントが加算 されます。
⑦網掛けする。

○　問い合わせ先　ＴＥＬ　０１２０－９９９－１３７
ゴ

株式会社　ＡＳＡＨＩ家具←──⑥と同じ。

担当：額田 ぬかた　真一←──⑧明朝体のひらがなでルビをふり、右寄せする。

1 一　般

ル　ビ	漢字などに付けるふりがなのこと。
文字ピッチ	横書きの1行の中で、<u>左右に隣り合う文字の中心から中心までの長さ</u>のこと。
行ピッチ	横書きの文書の中で、<u>上下に隣接する行の文字の中心から中心までの長さ</u>のこと。
和欧文字間隔	横書きの中で、<u>左右に隣り合う全角文字の外側から半角文字の外側までの長さ</u>のこと。この間隔を通常の文字間隔より広めにとることで、英数字の視認性が良くなる。
文字間隔	横書きの1行の中で、<u>左右に隣り合う文字の外側から外側までの長さ</u>のこと。
行間隔	横書きの中で、<u>上下に隣接する行の文字の外側から外側までの長さ</u>のこと。

マルチシート	一つの文書やウィンドウで、<u>複数の文書（シート）を同時に取り扱う機能</u>のこと。
ワークシートタブ	<u>表示する文書（シート）を切り替えるときにクリックする部分</u>のこと。

2 入　力

コード入力	<u>16進数で表されたJISコードやUnicodeにより、漢字や記号を入力する方法</u>のこと。
手書き入力	<u>マウスなどを使い、文字や記号の線の形をトレースし（なぞっ）て入力する方法</u>のこと。
タ　ブ	ワープロソフトなどで、あらかじめ設定した位置に文字やカーソルを移動させる機能のこと。
インデント	<u>行中における文字列の開始位置と終了位置を変えること。</u>
ツールボタン	<u>メニュー（コマンド）を割り当てたアイコン</u>のこと。
ツールバー	<u>ツールボタンを機能別にまとめた部分</u>のこと。
テキストボックス	ページの任意の位置に、あらかじめ設定した書式とは別に、<u>独自に文字が入力できるように設定する枠</u>のこと。
単語登録	ユーザが使い勝手をよくするため、<u>新たな単語とその読みを辞書ファイルに記憶すること。</u>
定型句登録	よく利用する文や語句などを、<u>通常の「読み」よりも少ないタッチ数で辞書ファイルに記憶させること。</u>
オブジェクト	<u>画像やグラフなど、文書の中に貼り付けるデータ</u>のこと。
予測入力	過去の入力状況を記憶して、<u>新しい入力の際に予想される変換候補を優先して表示すること</u>で、入力の打数や選択の手間を省力し支援する変換方式のこと。

3 キー操作（ショートカットキー）

Ctrl+C	<u>「コピー」の操作を実行するショートカットキー</u>のこと。
Ctrl+P	<u>「印刷」の操作を実行するショートカットキー</u>のこと。
Ctrl+V	<u>「貼り付け」の操作を実行するショートカットキー</u>のこと。
Ctrl+X	<u>「切り取り」の操作を実行するショートカットキー</u>のこと。
Ctrl+Z	<u>「元に戻す」の操作を実行するショートカットキー</u>のこと。
Ctrl+Y	<u>「元に戻すを戻す」の操作を実行するショートカットキー</u>のこと。

4 出　　力

dpi	1インチあたりの点の数で示される解像度の単位のこと。数値が大きいほど、きめの細かい表現ができる。
ド ッ ト	パソコンの画面や印刷で、文字を構成する一つひとつの点のこと。
画面サイズ	ディスプレイの大きさのこと。その大きさは、画面の対角線で測られる。単位としてインチを用いる。
解 像 度	ディスプレイやプリンタ、スキャナなどで入出力される、文字や画像のきめの細かさを意味する尺度のこと。
ルーラー	余白や行頭・行末などを変更するため、画面の上部と左側に用意された目盛のこと。
用紙カセット	指定されたサイズの用紙を適切な枚数入れて、プリンタの内部に用紙をセットする装置のこと。
手差しトレイ	印刷のたびに適切な用紙に換えられるように、プリンタの外部から用紙をセットする装置のこと。
ト ナ ー	レーザプリンタやコピー機などで使う粉末状のインクのこと。
インクカートリッジ	インクジェットプリンタで使う液体インクの入った容器のこと。
袋とじ印刷	文書の連続したページを、1枚の用紙に二つ折りにしてとじられるように印刷すること。
レターサイズ	8.5インチ×11インチ＝215.9mm×279.4mmの用紙サイズのことで、アメリカ国内のローカル基準である。
再 生 紙	新聞紙などから作った再生パルプを混入してある用紙のこと。森林資源の保護に役立つが、経費削減には必ずしも貢献しないこともある。
PPC用紙	コピー機での使用に最適の特徴を持つ用紙のこと。ページプリンタでよく使われるほか、インクジェットプリンタでも利用が可能である。
感 熱 紙	熱を感じると黒く変色する印刷用紙のこと。電車の切符、レシート、拡大印刷機などで使われる。熱・光・経年変化に弱いので、保存が必要な場合は注意を要する。

5 編　　集

網 掛 け	範囲指定した部分を強調するため、その範囲に網目模様を掛ける機能のこと。
段 組 み	新聞や辞書などのように、同一ページ内で文字列を複数段に構成する機能のこと。
背 景	余白も含めた、文字が入力される用紙全体に設定される色や画像、またはその領域のこと。デザイン性を高めたり作業のリフレッシュ効果を狙ったり、公的文書や機密文書のセキュリティに役立てたりする。
塗りつぶし	罫線の中など、指定した範囲内に色や模様を付けること。
透 か し	文字の背景に配置する模様や文字、画像のこと。取扱注意や㊙などの文字を入れ、注意を喚起するなどのために使うことが多い。

2段組み（縦書き）　3段組み（横書き）

透かし

6 記　憶	
JIS第1水準	JISで定められた漢字の規格で、常用漢字を中心に<u>２９６５字</u>が<u>５０音順</u>に並んでいる。
JIS第2水準	JISで定められた漢字の規格で、通常の国語の文章の表記に用いる漢字のうち第1水準を除いた、<u>３３９０字</u>が部首別に並んでいる。
常用漢字	一般の社会生活において、<u>現代の国語を書き表す場合の漢字使用の目安</u>とされる、<u>２１３６文字の漢字</u>のこと。
合字	<u>複数の文字や記号を組み合わせ、一文字としてデザインした文字</u>のこと。㈱、㈲、㈹、①、⑫、㌔、㍑、㈱など。IMEに登録された読みで入力するか、コード表を参照してコード入力する。
機種依存文字	<u>利用する機械や環境などによって、コードと表示が異なる文字</u>のこと。ｱｲｳｴｵ、①②③、Ⅰ Ⅱ Ⅲ、㌔、㍑、㎝、㌫など。文字化けの原因となるので、異なる環境で共有する文書での利用には注意する。
異体字	<u>画数やデザインが異なるが同じ文字として利用される漢字</u>のこと。 例：斎と齋、高と髙、富と冨、柳と栁、辺と邉など
文字化け	文字集合または符号化方式や機種依存文字などの不一致によって、<u>Ｗｅｂサイトやメールの文字が正しく表現されない現象</u>のこと。
バックアップ	データの破損や紛失などに備え、別の記憶装置や記憶媒体に<u>まったく同じデータを複製し、保存すること</u>。
ファイリング	必要なときにすぐに使えるように、一定の基準により<u>文書を分類して整理し、保管</u>すること。広義には保存や廃棄まで含む。
拡　張　子	ファイル名の次に、<u>ピリオドに続けて指定する文字や記号</u>のこと。通常は３文字または４文字で、ファイルの種類を表示する。
文書ファイル	文書のデータを記憶した、<u>主にワープロソフトで扱うファイル</u>のこと。ワープロソフトごとに保存形式や拡張子は異なり、互換の内容によって分類される。互換性のある型式の拡張子として、rtf（リッチテキストファイル、文字修飾が可能）、doc（ドキュメントファイル）、txt（テキストファイル）、csv（カンマ区切りファイル）、代表的なワープロ文書としてdocxなどがある。 ※文書ファイルの種類は個別に出題されることがあります。
静止画像ファイル	<u>写真やイラストなどのデータを保存するファイル</u>のこと。その特徴によって使い分けられる。拡張子には、jpg（jpeg）（フルカラー、写真向き）、gif（256色、アニメーション向き）、bmp（フルカラー、非圧縮）、png（フルカラー、可逆圧縮）などがある。 ※静止画像ファイルの種類は個別に出題されることがあります。

7 印鑑の種類

電 子 印 鑑	文書を印刷しない場合に、パソコン上で書類に押印ができるシステムのこと。その実効性を担保するために、タイムスタンプが付加される。
代 表 者 印	設立の際に法務局に登録し、会社の実印としての役割を担う印のこと。
銀 行 印	預金を引き出す払い出し票などに使う印のこと。
役 職 印	部長や課長などの、組織の役職者の認印として使われる印のこと。
認 印	個人が日常生活で使用するもので、印鑑登録をしていない個人印のこと。「にんいん」とも読む。
実 印	個人が市区町村の役所に、印鑑登録の届出をしている個人印のこと。
押 印	正確には「記名押印」といい、ゴム印や印刷で記名した場合に、印影を紙に残すこと。名前はなく指定された箇所に印鑑を押す場合も、押印という。
捺 印	正確には「署名捺印」といい、署名（氏名を自著）した上で、印影を紙に残すこと。
タイムスタンプ	ある事実が発生した時間と場所を特定し、それを証明する仕組みのこと。

8 電子メール　*電子メールについては、p.129、p.130も参照

メールアドレス	電子メールの宛先となる住所に相当する文字列のこと。
メールアカウント	メールの操作をする権限のこと。メールアドレス、ユーザID、パスワードなどがセットになって提供される。
アドレスブック	電子メールで使う住所録に相当するもので、知人や取引先の名前やメールアドレスを登録・保存した一覧のこと。
To	電子メールの送信先指定方法の一つで、主となる本来の宛先の受信者のメールアドレスのこと。原則として1人を指定するが、内容によっては区切り符号を使い、複数の宛先が指定できる。
Cc	電子メールの送信先指定方法の一つで、本来の受信者と同時に、同じメールを送る宛先のメールアドレスのこと。Ccの受信者は、自分へはメールを参照や参考のために送られたと判断する。また、他の受信者にCcのアドレスが表示されるので配慮する。
Bcc	電子メールの送信先指定方法の一つで、本来の受信者や、同時に受信している他の受信者にメールアドレスを知らせないで、同じメールを送る宛先のメールアドレスのこと。ただし、Bccの受信者はToとCcのアドレスを知ることができる。
From	受け取った電子メールの送信元を表示する。返信の操作をすると、送信先として指定される。
添付ファイル	電子メールに付けて送付される、文書や画像などのデータのこと。なるべく記憶容量を小さくし、一つにまとめるとよい。
件名	受取人に用件を適確に伝えるために、メールの内容を簡潔に表現した見出しのこと。内容に応じて、Re:やFw:を付けるとよい。
メール本文	メールの主たる内容となる文章のこと。**宛名・前文・主文・末文・署名**からなり、用件を記述する本文は、**一件一葉主義、簡潔主義、短文主義、5W1H**に沿って書き、読みやすいように適切な文節で改行する。また、不用意に個人情報を記入しないほか、ビジネス文書では**機種依存文字・絵文字・顔文字・話し言葉・英文の略語**なども使用しない。 ※太字の用語は個別に出題されることがあります。
署名	メールの最後に付ける送信者の氏名や、アドレスなどの連絡先をまとめた領域のこと。相手が連絡で困らないように配慮する。
ネチケット	インターネットでメールや情報発信をする際に、ルールを守り他の人の迷惑になる行為を慎むこと。電子メールやブログ、SNSなどでの発信では、特に注意する。

筆記①対策問題

1-1 次の各文は何について説明したものか、最も適切な用語を解答群の中から選び、記号で答えなさい。

① 必要なときにすぐに使えるように、一定の基準により文書を分類して整理し、保管すること。

② 署名（氏名を自著）した上で、印影を紙に残すこと。

③ マウスなどを使い、文字や記号の線の形をトレースし（なぞっ）て入力する方法のこと。

④ 写真やイラストなどのデータを保存するファイルのこと。その特徴によって使い分けられる。

⑤ レーザプリンタやコピー機などで使う粉末状のインクのこと。

⑥ メニュー（コマンド）を割り当てたアイコンのこと。

⑦ ディスプレイやプリンタ、スキャナなどで入出力される、文字や画像のきめの細かさを意味する尺度のこと。

⑧ 一つの文書やウィンドウで、複数の文書（シート）を同時に取り扱う機能のこと。

【解答群】

ア．PPC用紙	イ．マルチシート	ウ．捺印
エ．ファイリング	オ．静止画像ファイル	カ．手書き入力
キ．文書ファイル	ク．解像度	ケ．文字ピッチ
コ．行間隔	サ．ツールボタン	シ．トナー

解答欄	①	②	③	④	⑤	⑥	⑦	⑧

1-2 次の各文は何について説明したものか、最も適切な用語を解答群の中から選び、記号で答えなさい。

① 漢字などに付けるふりがなのこと。

② 新聞や辞書などのように、同一ページ内で文字列を複数段に構成する機能のこと。

③ 余白も含めた、文字が入力される用紙全体に設定される色や画像、またはその領域のこと。

④ 画像やグラフなど、文書の中に貼り付けるデータのこと。

⑤ 表示する文書（シート）を切り替えるときにクリックする部分のこと。

⑥ ユーザが使い勝手をよくするため、新たな単語とその読みを辞書ファイルに記憶すること。

⑦ 文字の背景に配置する模様や文字、画像のこと。取扱注意や㊙などの文字を入れ、注意を喚起するなどのために使うことが多い。

⑧ 1インチあたりの点の数で示される解像度の単位のこと。数値が大きいほど、きめの細かい表現ができる。

【解答群】

ア．dpi	イ．画面サイズ	ウ．段組み
エ．背景	オ．単語登録	カ．予測入力
キ．透かし	ク．オブジェクト	ケ．JIS第2水準
コ．ルビ	サ．ワークシートタブ	シ．文字間隔

解答欄	①	②	③	④	⑤	⑥	⑦	⑧

1－3　次の各文は何について説明したものか、最も適切な用語を解答群の中から選び、記号で答えなさい。

① 8.5インチ×11インチ = 215.9mm×279.4mmの用紙サイズのこと。

② ページの任意の位置に、あらかじめ設定した書式とは別に、独自に文字が入力できるように設定する枠のこと。

③ 横書きの中で、左右に隣り合う全角文字の外側から半角文字の外側までの長さのこと。

④ 文書の連続したページを、1枚の用紙に二つ折りにしてとじられるように印刷すること。

⑤ ファイル名の次に、ピリオドに続けて指定する文字や記号のこと。

⑥ 罫線の中など、指定した範囲内に色や模様を付けること。

⑦ 横書きの中で、上下に隣接する行の文字の外側から外側までの長さのこと。

⑧ 16進数で表されたJISコードやUnicodeにより、漢字や記号を入力する方法のこと。

【解答群】

ア．To	イ．和欧文字間隔	ウ．定型句登録
エ．塗りつぶし	オ．拡張子	カ．袋とじ印刷
キ．行間隔	ク．テキストボックス	ケ．JIS第1水準
コ．レターサイズ	サ．添付ファイル	シ．コード入力

解答欄	①	②	③	④	⑤	⑥	⑦	⑧

1－4　次の各用語に対して、最も適切な説明文を解答群の中から選び、記号で答えなさい。

① JIS第2水準	② 画面サイズ	③ 網掛け
④ 手差しトレイ	⑤ 文字間隔	⑥ インデント
⑦ 行ピッチ	⑧ 常用漢字	

【解答群】

ア．横書きの文書の中で、上下に隣接する行の文字の中心から中心までの長さのこと。

イ．JISで定められた漢字の規格で、通常の国語の文章の表記に用いる漢字のうち第1水準を除いた、3390字が部首別に並んでいる。

ウ．指定されたサイズの用紙を適切な枚数入れて、プリンタの内部に用紙をセットする装置のこと。

エ．行中における文字列の開始位置と終了位置を変えること。

オ．一般の社会生活において、現代の国語を書き表す場合の漢字使用の目安とされる、2136文字の漢字のこと。

カ．横書きの1行の中で、左右に隣り合う文字の中心から中心までの長さのこと。

キ．横書きの1行の中で、左右に隣り合う文字の外側から外側までの長さのこと。

ク．範囲指定した部分を強調するため、その範囲に網目模様を掛ける機能のこと。

ケ．印刷のたびに適切な用紙に換えられるように、プリンタの外部から用紙をセットする装置のこと。

コ．ディスプレイの大きさのこと。その大きさは、画面の対角線で測られる。

サ．メールの最後に付ける送信者の氏名や、アドレスなどの連絡先をまとめた領域のこと。

シ．データの破損や紛失などに備え、別の記憶装置や記憶媒体にまったく同じデータを複製し、保存すること。

解答欄	①	②	③	④	⑤	⑥	⑦	⑧

1-5　次の各用語に対して、最も適切な説明文を解答群の中から選び、記号で答えなさい。
① 電子印鑑　　　　② ルーラー　　　　③ 感熱紙　　　　④ ドット
⑤ JIS第1水準　　⑥ タイムスタンプ　⑦ ツールバー　　⑧ 実印

【解答群】

ア．余白や行頭・行末などを変更するため、画面の上部と左側に用意された目盛のこと。

イ．JISで定められた漢字の規格で、常用漢字を中心に2965字が50音順に並んでいる。

ウ．パソコンの画面や印刷で、文字を構成する一つひとつの点のこと。

エ．個人が市区町村の役所に、印鑑登録の届出をしている個人印のこと。

オ．複数の文字や記号を組み合わせ、一文字としてデザインした文字のこと。㈱、㈲、㊗、㊙、㊞など。

カ．ツールボタンを機能別にまとめた部分のこと。

キ．預金を引き出す払い出し票などに使う印のこと。

ク．熱を感じると黒く変色する印刷用紙のこと。電車の切符、レシート、拡大印刷機などで使われる。熱・光・経年変化に弱いので、保存が必要な場合は注意を要する。

ケ．画数やデザインが異なるが同じ文字として利用される漢字のこと。齋と斎、髙と高、邊と邉など。

コ．文字集合または符号化方式や機種依存文字などの不一致によって、Webサイトやメールの文字が正しく表現されない現象のこと。

サ．ある事実が発生した時間と場所を特定し、それを証明する仕組みのこと。

シ．文書を印刷しない場合に、パソコン上で書類に押印ができるシステムのこと。その実効性を担保するために、タイムスタンプが付加される。

解答欄	①	②	③	④	⑤	⑥	⑦	⑧

1-6　次の各用語に対して、最も適切な説明文を解答群の中から選び、記号で答えなさい。
① ネチケット　　　② 件名　　　　　　③ 定型句登録　　　④ タブ
⑤ 再生紙　　　　　⑥ 役職印　　　　　⑦ インクカートリッジ　⑧ PPC用紙

【解答群】

ア．コピー機での使用に最適の特徴を持つ用紙のこと。ページプリンタでよく使われるほか、インクジェットプリンタでも利用が可能である。

イ．インターネットでメールや情報発信をする際に、ルールを守り他の人の迷惑になる行為を慎むこと。

ウ．パソコンやビデオなどからの映像をスクリーンに投影する装置のこと。

エ．新聞紙などから作った再生パルプを混入してある用紙のこと。

オ．受取人に用件を適確に伝えるために、メールの内容を簡潔に表現した見出しのこと。

カ．メンバーで代表のアドレスを共有し、受信メールを全員に配信するシステムのこと。

キ．部長や課長などの、組織の役職者の認印として使われる印のこと。

ク．メールの主たる内容となる文章のこと。

ケ．インクジェットプリンタで使う液体インクの入った容器のこと。

コ．横書きの中で、左右に隣り合う全角文字の外側から半角文字の外側までの長さのこと。

サ．ワープロソフトなどで、あらかじめ設定した位置に文字やカーソルを移動させる機能のこと。

シ．よく利用する文や語句などを、通常の「読み」よりも少ないタッチ数で辞書ファイルに記憶させること。

解答欄	①	②	③	④	⑤	⑥	⑦	⑧

②－1　次の各文の下線部について、正しい場合は○を、誤っている場合は最も適切な用語を解答群の中から選び、記号で答えなさい。

① 熱を感じると黒く変色する印刷用紙のことを**ＰＰＣ用紙**という。

② 横書きの１行の中で、左右に隣り合う文字の中心から中心までの長さのことを**行ピッチ**という。

③ ディスプレイの大きさのこと。その大きさは、画面の対角線で測られる。それを**解像度**という。

④ 独自に文字が入力できるように設定する枠のことを**オブジェクト**という。

⑤ マウスなどを使い、文字や記号の線の形をトレースし（なぞっ）て入力する方法のことを**単語登録**という。

⑥ 必要なときにすぐに使えるように、一定の基準により文書を分類して整理し、保管することを**拡張子**という。

⑦ 横書きの中で、左右に隣り合う全角文字の外側から半角文字の外側までの長さのことを**和欧文字間隔**という。

⑧ 新聞や辞書などのように、同一ページ内で文字列を複数段に構成する機能のことを**網掛け**という。

【解答群】
ア．実印　　　　　　　イ．テキストボックス　　　ウ．ファイリング
エ．文字間隔　　　　　オ．文字ピッチ　　　　　　カ．手書き入力
キ．ドット　　　　　　ク．再生紙　　　　　　　　ケ．画面サイズ
コ．感熱紙　　　　　　サ．段組み　　　　　　　　シ．常用漢字

解答欄	①	②	③	④	⑤	⑥	⑦	⑧

②－2　次の各文の下線部について、正しい場合は○を、誤っている場合は最も適切な用語を解答群の中から選び、記号で答えなさい。

① 写真やイラストなどのデータを保存するファイルのことを**和欧文字間隔**という。

② ＪＩＳで定められた漢字の規格で、常用漢字を中心に２９６５字が５０音順に並んでいるもののことを**ＪＩＳ第２水準**という。

③ レーザプリンタやコピー機などで使う粉末状のインクのことを**トナー**という。

④ 行中における文字列の開始位置と終了位置を変えることを**ルビ**という。

⑤ 印刷のたびに適切な用紙に換えられるように、プリンタの外部から用紙をセットする装置のことを**ルーラー**という。

⑥ 横書きの文書の中で、上下に隣接する行の文字の中心から中心までの長さのことを**行間隔**という。

⑦ メニュー（コマンド）を割り当てたアイコンのことを**ツールバー**という。

⑧ 部長や課長などの、組織の役職者の認印として使われる印を**代表者印**という。

【解答群】
ア．静止画像ファイル　　イ．タイムスタンプ　　　ウ．ツールボタン
エ．認印　　　　　　　　オ．背景　　　　　　　　カ．dpi
キ．ＪＩＳ第１水準　　　ク．インデント　　　　　ケ．レターサイズ
コ．行ピッチ　　　　　　サ．役職印　　　　　　　シ．手差しトレイ

解答欄	①	②	③	④	⑤	⑥	⑦	⑧

2-3　次の各文の下線部について、正しい場合は○を、誤っている場合は最も適切な用語を解答群の中から選び、記号で答えなさい。

①　文書のデータを記憶した、主にワープロソフトで扱うファイルのことを**静止画像ファイル**という。

②　パソコンの画面や印刷で、文字を構成する一つひとつの点のことを**dpi**という。

③　過去の入力状況を記憶して、新しい入力の際に予想される変換候補を優先して表示することで、入力の打数や選択の手間を省力し支援する変換方式のことを**コード入力**という。

④　横書きの1行の中で、左右に隣り合う文字の外側から外側までの長さのことを**文字ピッチ**という。

⑤　ファイル名の次に、ピリオドに続けて指定する文字や記号のことを**拡張子**という。

⑥　漢字などに付けるふりがなのことを**タブ**という。

⑦　余白も含めた、文字が入力される用紙全体に設定される色や画像、またはその領域のことを**塗りつぶし**という。

⑧　文字の背景に配置する模様や文字、画像のことを**袋とじ印刷**という。

【解答群】

ア．文字間隔　　　　　イ．文書ファイル　　　ウ．ドット
エ．添付ファイル　　　オ．透かし　　　　　　カ．機種依存文字
キ．単語登録　　　　　ク．背景　　　　　　　ケ．ルビ
コ．合字　　　　　　　サ．予測入力　　　　　シ．ファイリング

解答欄	①	②	③	④	⑤	⑥	⑦	⑧

2-4　次の各文の下線部について、正しい場合は○を、誤っている場合は最も適切な用語を解答群の中から選び、記号で答えなさい。

①　文書の連続したページを、1枚の用紙に二つ折りにしてとじられるように印刷することを**袋とじ印刷**という。

②　預金を引き出す払い出し票などに使う印のことを**捺印**という。

③　受け取った電子メールの送信元を表示する。返信の操作をすると、送信先として指定されることを**署名**という。

④　横書きの中で、上下に隣接する行の文字の外側から外側までの長さのことを**文字間隔**という。

⑤　ＪＩＳで定められた漢字の規格で、通常の国語の文章の表記に用いる漢字のうち第1水準を除いた、3390字が部首別に並んでいるものを**常用漢字**という。

⑥　ユーザが使い勝手をよくするため、新たな単語とその読みを辞書ファイルに記憶することを**定型句登録**という。

⑦　画像やグラフなど、文書の中に貼り付けるデータのことを**テキストボックス**という。

⑧　ツールボタンを機能別にまとめた部分のことを**インデント**という。

【解答群】

ア．解像度　　　　　　イ．From　　　　　　ウ．オブジェクト
エ．行間隔　　　　　　オ．銀行印　　　　　　カ．ＪＩＳ第2水準
キ．ツールバー　　　　ク．単語登録　　　　　ケ．バックアップ
コ．再生紙　　　　　　サ．文字ピッチ　　　　シ．Bcc

解答欄	①	②	③	④	⑤	⑥	⑦	⑧

2-5　次の各文の下線部について、正しい場合は○を、誤っている場合は最も適切な用語を解答群の中から選び、記号で答えなさい。

① まったく同じデータを複製し、保存することを**手書き入力**という。

② 罫線の中など、指定した範囲内に色や模様を付けることを**透かし**という。

③ ワープロソフトなどで、あらかじめ設定した位置に文字やカーソルを移動させる機能のことを**ツールボタン**という。

④ ゴム印や印刷で記名した場合に、印影を紙に残すことを**捺印**という。

⑤ 余白や行頭・行末などを変更するため、画面の上部と左側に用意された目盛のことを**レターサイズ**という。

⑥ 新聞紙などから作った再生パルプを混入してある用紙のことを**JIS第1水準**という。

⑦ 1インチあたりの点の数で示される解像度の単位のことを**異体字**という。

⑧ 個人が日常生活で使用するもので、印鑑登録をしていない個人印のことを**認印**という。

【解答群】
ア．電子印鑑　　　イ．バックアップ　　　ウ．ファイリング
エ．塗りつぶし　　オ．ルーラー　　　　　カ．代表者印
キ．タブ　　　　　ク．タイムスタンプ　　ケ．dpi
コ．再生紙　　　　サ．拡張子　　　　　　シ．押印

解答欄	①	②	③	④	⑤	⑥	⑦	⑧

2-6　次の各文の下線部について、正しい場合は○を、誤っている場合は最も適切な用語を解答群の中から選び、記号で答えなさい。

① 電子メールの宛先となる住所に相当する文字列のことを**メールアカウント**という。

② アメリカ国内のローカル基準で、8.5インチ×11インチ = 215.9mm×279.4mmの用紙サイズのことを**レターサイズ**という。

③ 文字や画像のきめの細かさを意味する尺度のことを**画面サイズ**という。

④ 通常の「読み」よりも少ないタッチ数で辞書ファイルに記憶させることを**トナー**という。

⑤ 電子メールに付けて送付される、文書や画像などのデータのことを**文書ファイル**という。

⑥ 範囲指定した部分を強調するため、その範囲に網目模様を掛ける機能のことを**ルビ**という。

⑦ インターネットでメールや情報発信をする際に、ルールを守り他の人の迷惑になる行為を慎むことを**アドレスブック**という。

⑧ メールの最後に付ける送信者の氏名や、アドレスなどの連絡先をまとめた領域のことを**メール本文**という。

【解答群】
ア．To　　　　　　イ．定型句登録　　　ウ．手書き入力
エ．網掛け　　　　オ．ネチケット　　　カ．署名
キ．Cc　　　　　　ク．解像度　　　　　ケ．段組み
コ．ツールボタン　サ．メールアドレス　シ．添付ファイル

解答欄	①	②	③	④	⑤	⑥	⑦	⑧

127

5 ビジネス文書部門
筆記編—文書の種類、文書の作成と用途、プレゼンテーション

1 文書の種類

文書の種類			No.	文書名	解　説
通信文書（一般文書）	社内文書		1	通達	上級機関が所管の機関・職員に指示をするための文書のこと。
			2	通知	上級機関が所管の機関・職員に知らせるための文書のこと。
			3	連絡文書	必要な情報や事項をやりとりするための文書のこと。
			4	回覧	各部署などに、順々にまわして伝えるための文書のこと。
			5	規定・規程	社内で定められた決まりごとが書かれた文書のこと。
	社外文書	社交文書	6	挨拶状	取引先と親交を深めるため、敬意を書面にて表す儀礼的な文書のこと。 例:「取引開始のご挨拶」
			7	招待状	自社の式やイベントに顧客や取引先などを招くための文書のこと。 例:「新製品発表会のご招待」
			8	祝賀状	取引先の慶事に際して、その喜びを書面にて表す儀礼的な文書のこと。 例:「新社屋完成のお祝い」
			9	紹介状	人と会社、または会社と会社の仲立ちをするための文書のこと。 例:「優良企業のご紹介」
			10	礼状	取引先に感謝の気持ちを述べるための文書のこと。 例:「株式引き受けのお礼」
		取引文書	11	添え状	同封した各種の文書を説明するための文書のこと。　例:「同封書類について」
			12	案内状	情報を知らせたり事情を説明するための文書のこと。例:「新入生へのご案内」
			13	依頼状	取引先などに対して、用件をまとめて説明し、それを遂行するようにお願いするための文書のこと。
帳票	社内文書		14	願い	会社や上司に提出し、その内容の許可を求める文書のこと。 例:「出張願」、「休暇願い」
			15	届	会社や上司に提出することで、その内容が成立する文書のこと。 例:「結婚届」、「住所変更届」
	社外文書 取引文書		16	取引伝票	取引先との間で受け渡しされる、取引内容を簡潔に記した文書のこと。
			17	見積依頼書	売買に関する取引条件を売主に問い合わせるための文書のこと。
			18	見積書	見積もりの依頼を受けて、取引条件を買主に知らせるための文書のこと。見積有効期限も記す。
			19	注文書	取引条件を記し、売主に発注するための文書のこと。
			20	注文請書	取引条件を記し、買主の発注を了承したことを知らせるための文書のこと。
			21	納品書	買主に商品などを納めたことを知らせるための文書のこと。
			22	物品受領書	売主に商品などを受け取ったことを知らせるための文書のこと。
			23	請求書	代金の支払いを求めるための文書のこと。
			24	領収証	代金を受け取ったことを知らせるための文書のこと。
			25	委嘱状	ある仕事を他の人にゆだねるための文書のこと。
			26	誓約書	ある物事について、誓いを立てるための文書のこと。
			27	仕様書	①やり方や手順、順序などを記した文書のこと。仕様書き。 ②製品やサービスの機能・性能・特質や満たすべき条件などをまとめた文書のこと。
			28	確認書	取引などに際し、内容や取り決めなどについてお互いに確かめるための文書のこと。

2 電子メールの構成の例(発信)

＊HTMLメールと、テキストメールに関しては、1級の出題範囲です。

ビジネスで電子メールを発信する際の留意事項は、次の通りです。

① <u>To、件名、受信者名、主文、署名は、必ず入力する。</u>

② <u>Cc、Bcc、添付ファイルは、必要に応じて入力・添付する。</u>

③ 受取人である宛名、前文の挨拶と自己紹介、末文での結びの挨拶は、マナーとして欠かさないようにする。

④ <u>機種依存文字、HTMLメールは、相手の環境に配慮して使わないこと。</u>

⑤ 主文は左寄せで書き始めてよい。

⑥ 1行30字程度で改行したり適度に空白行をいれて、読みやすいように心掛ける。<u>機密事項や個人情報は、セキュリティを考慮して、本文に入力しない。</u>

⑦ 添付ファイルは、容量に注意し、相手の了解を得て送る。

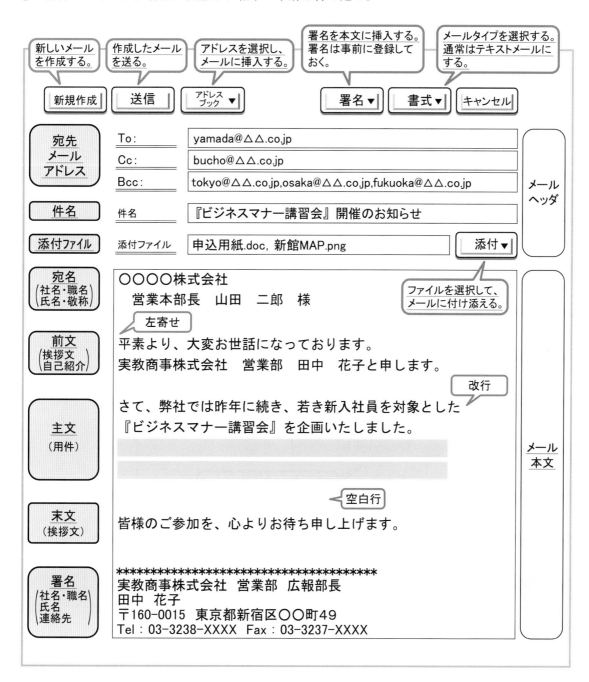

3 電子メールの構成の例（受信）

＊1級の出題範囲です。1級の受験をする予定のある人は、時間のあるときに、発信の例と合わせて確認しておきましょう。

　ビジネスで電子メールを受信する際の留意事項は、次の通りです。

① 日常的に確認し、必要に応じて、できる限りすみやかに受信した旨の返信をする。

② 心当たりのない発信者や内容の迷惑メールは、返信や問い合わせ、拡散などはせずに削除する。特に添付ファイルをダウンロードしたり、誘導されたサイトを表示したりしてはいけない。

③ フィルターや振り分けの設定を利用して、迷惑メールを受け取らないように工夫する。

④ 全員返信（Reply－All）は、送信者に加え、知ることができるすべてのアドレスに一斉送信される。このため、複数のToとCcが指定されているメールの場合は、特に注意深くチェックする。

⑤ メーリングリストで届けられたメールは、単なる返信でもメンバー全員への返信になるので注意する。

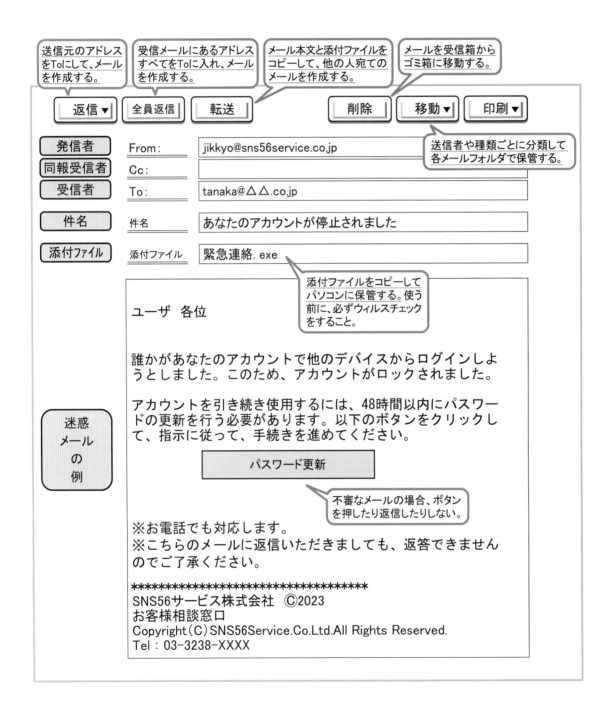

4 校正記号の種類

JISに則りp.131、139〜141、筆記総合問題における校正記号は赤字表記としたが、実際の検定筆記問題では黒字で出題されるため、本書の模擬試験問題は、検定筆記問題と合わせた表記とした。

No.	校正項目	校正記号使用例	校 正 結 果	No.	校正項目	校正記号使用例	校 正 結 果
1	行を起こす	実現した。そして	実現した。 　　そして	8	詰　め	字　間を	字間を
						行の間隔を 詰める	行の間隔を 詰める
2	行を続ける	問題だ。 さらに、	問題だ。さらに、	9	入れ替え	校高を	高校を
3	誤 字 訂 正	技術次進歩は、 （の）	技術の進歩は、			東京都 大阪府	大阪府 東京都
		技術の新保は、 （進歩）		10	移　動	字を右に	字を右に
4	余分字を削除し詰める	快適なな環境 （トル）	快適な環境			行を上に□	行を上に□
		快適な生活環境 （トル）		11	(欧文)大文字に直す	abcd	ABCD
		※「トルツメ」でも可。		12	書 体 変 更	フォント（ゴ）	フォント
5	余分字を削除し空けておく	太陽地球 （トルアキ）	太陽　地球			※「ゴシック体」・「ゴチ」でも可。	
		太陽K2地球 （トルアキ）	太陽　　地球	13	ポイント変　更	サイズ（20ポ）	サイズ
		※「トルママ」でも可。				※「20ポイント」でも可。	
6	脱 字 補 充	技術進歩は、 （の）	技術の進歩は、	14	下付き（上付き）文字に直す	H2O	H₂O
		記号罫線の問題 （・）	記号・罫線の問題			m2	m²
7	空　け	字間を	字間　を	15	上付き（下付き）文字を下付き(上付き)文字にする	H2O	H₂O
		行の間隔を 空ける	行の間隔を 　　　　空ける			m2	m²

5 記号・マークの読みと使い方、意味

記　号	読　み	使 い 方
？	疑問符	①文末につけ、疑問を表す。　②（コンピュータ）Windowsの1字のワイルドカード
！	感嘆符	文末につけ、驚嘆を表す。
／	スラッシュ	①分数を表す。　②日付の区切り　③（コンピュータ）除算　④（欧）andまたはor
〜	波型	…から…までの範囲を示し、起点の値を含む。
ヵ	小書き片仮名カ	数助詞の「か」を表す。　例：三ヵ月、五ヵ所、十ヵ条（注）ヶ・箇に置き換えられる
ヶ	小書き片仮名ケ	①地名で「が」を表す。　例：関ヶ原、戦場ヶ原　②数助詞の「か」を表す。
…	三点リーダー	①語句の省略を表す。　②会話文で沈黙を表す。
＝	等号	例：A＝Bで、AとBは等しいことを表す。
＜	不等号（より小）	例：A＜Bで、AはB未満を表す。
＞	不等号（より大）	例：A＞Bで、AはBを越えることを表す。
≦	より小さいか又は等しい	例：A≦Bで、AはB以下を表す。
≧	より大きいか又は等しい	例：A≧Bで、AはB以上を表す。
＾	べき乗記号	①（コンピュータ）2^3で、2の3乗を表す。　②ローマ字で母音に付け長音を表す。
☆	白星	①白の星印　②勝ち星
★	黒星	①黒の星印　②負け星
※	米印	注釈文など、目立たせたい項目の先頭につける。
〒	郵便記号	郵便番号
＃	番号記号	①No.に同じ　②ポンド（重さ）を表す。（注）シャープ（♯）との誤用に気をつける

記　号	読　み	使い方
α	アルファ	例：α線、αでんぷん、プラスα、α星
β	ベータ	例：β線、βカロチン、β酸化、β星
γ	ガンマ	例：γ線、γ－グロブリン、γ星
μ	ミュー	例：μs、μm　（注）100万分の1を表す単位として使われる場合は、マイクロと読む。

記　号	読　み	記　号	読　み
Ⅰ，ⅰ	1	Ⅷ，ⅷ	8
Ⅱ，ⅱ	2	Ⅸ，ⅸ	9
Ⅲ，ⅲ	3	Ⅹ，ⅹ	10
Ⅳ，ⅳ	4	Ⅺ，ⅺ	11
Ⅴ，ⅴ	5	Ⅻ，ⅻ	12
Ⅵ，ⅵ	6	L，l	50
Ⅶ，ⅶ	7		

＊Ⅰ，Ⅴ，Ⅹの組み合わせで出題される。

区分	記　号	読　み	使い方
合字	No.	ナンバー	番号の意味
	㈱	株式会社	株式会社の意味
	℃	度	摂氏湿度の単位記号
	TEL	電話	電話番号の意味
	㋿	令和	令和の合字

〔マーク〕

マーク	読　み	意　　味
©	著作権マーク	著作権があることを示す。
®	登録商標マーク	登録商標であることを示す。登録しないで表示すると罰則がある。
ＴＭ	商標マーク	登録の有無に関係なく、商標であることを示す。
ＳＭ	役務商標マーク	サービスに対する商標であることを示す。
㊊	ＪＩＳマーク	日本産業規格（ＪＩＳ）の基準に適合する製品であることを示す。

6 下線と罫線の種類

〔下線〕

No.	下　線	意　　味
1	──────	一重下線
2	══════	二重下線
3	･･････････	点線の下線
4	─･─･─･─	一点鎖線の下線
5	─ ─ ─ ─	破線の下線
6	～～～～	波線の下線

〔罫線〕

No.	罫　線	意　　味
1	──────	実線
2	━━━━━	太実線
3	･･････････	点線
4	─･─･─･─	一点鎖線
5	─ ─ ─ ─	破線
6	══════	二重線
7	～～～～	波線

7 プレゼンテーション

分野	用語	解説
プレゼンテーションソフト	プレゼンテーション	企画・提案・研究成果などを、説明または発表すること。聞き手に内容を理解してもらい、企画や提案に同意してもらうことを目的とする。
	プレゼンテーションソフト	プレゼンテーションを効率的・効果的に行うことを支援するアプリケーションソフトのこと。
	タ イ ト ル	プレゼンテーション全体の内容を示す見出しのこと。
	サブタイトル	タイトルの補足説明をするためにつける見出しのこと。
	ス ラ イ ド	文字や画像などを配置したプレゼンテーション資料のページのこと。
	スライドショー	スライドなどの資料を自動的にページ送りして、連続して提示すること。
	レ イ ア ウ ト	スライド上に表示する、オブジェクトやテキストの配置のこと。スライドマスタとして記憶することで、共通のレイアウトを利用することができる。
	配 付 資 料	聞き手がプレゼンテーションの内容を理解しやすくするために、配付用にスライドを印刷したものなどのこと。メモがとれるように記入欄を設けることもある。
ハードウェア	ツ ー ル	プレゼンテーションで活用する資料や道具の総称のこと。配付資料、レジュメ、静止画、動画、プロジェクタ、ホワイトボード、レーザポインタ、ＡＶ機器など。
	ポ イ ン タ	1メートル前後の、説明する箇所を指し示す指示棒のこと。
	レーザポインタ	レーザ光線によって、スクリーンに投影した内容を指し示す指示装置のこと。
	プロジェクタ（3級用語）	パソコンやビデオなどからの映像をスクリーンに投影する装置のこと。プレゼンテーションで用いるスライドや映像を提示する。
	スクリーン（3級用語）	ＯＨＰやプロジェクタの提示画面を投影する幕のこと。

8 キー操作（ショートカットキー） ▶ p.118

筆記③対策問題

③－1〔通信文書から出題〕 次の各文の〔　〕の中から最も適切なものを選び、記号で答えなさい。
① 社内で定められた決まりごとが書かれた文書を〔ア．連絡文書　イ．通知　ウ．規定・規程〕という。
② 上級機関が所管の機関・職員に指示をするための文書を〔ア．通達　イ．回覧　ウ．通知〕という。
③ 上級機関が所管の機関・職員に知らせるための文書を〔ア．規定・規程　イ．通知　ウ．連絡文書〕という。
④ 必要な情報や事項をやりとりするための文書を〔ア．連絡文書　イ．回覧　ウ．通達〕という。
⑤ 各部署などに、順々にまわして伝えるための文書を〔ア．通知　イ．通達　ウ．回覧〕という。

解答欄	①	②	③	④	⑤

③－2〔通信文書から出題〕 次の各文の〔　〕の中から最も適切なものを選び、記号で答えなさい。
① 取引先の慶事に際して、その喜びを書面にて表す儀礼的な文書を〔ア．祝賀状　イ．紹介状　ウ．挨拶状〕という。
② 取引先に感謝の気持ちを述べるための文書を〔ア．祝賀状　イ．挨拶状　ウ．礼状〕という。
③ 自社の式やイベントに顧客や取引先などを招くための文書を〔ア．祝賀状　イ．招待状　ウ．挨拶状〕という。
④ 人と会社、または会社と会社の仲立ちをするための文書を〔ア．挨拶状　イ．紹介状　ウ．祝賀状〕という。
⑤ 取引先と親交を深めるため、敬意を書面にて表す儀礼的な文書を〔ア．紹介状　イ．礼状　ウ．挨拶状〕という。
⑥ 情報を知らせたり事情を説明するための文書を〔ア．案内状　イ．添え状　ウ．挨拶状〕という。

解答欄	①	②	③	④	⑤	⑥

③－3〔通信文書から出題〕 次の各文の〔　〕の中から最も適切なものを選び、記号で答えなさい。
① 社交文書に分類されないものは、〔ア．招待状　イ．紹介状　ウ．添え状〕である。
② 社内文書に分類されないものは、〔ア．回覧　イ．依頼状　ウ．通知〕である。
③ 取引文書に分類されないものは、〔ア．添え状　イ．案内状　ウ．祝賀状〕である。
④ 社交文書に分類されないものは、〔ア．案内状　イ．挨拶状　ウ．礼状〕である。
⑤ 社内文書に分類されないものは、〔ア．規定・規程　イ．紹介状　ウ．通達〕である。
⑥ 社外文書に分類されないものは、〔ア．案内状　イ．招待状　ウ．通達〕である。
⑦ 社交文書に分類されないものは、〔ア．紹介状　イ．連絡文書　ウ．祝賀状〕である。

解答欄	①	②	③	④	⑤	⑥	⑦

3-4 〔帳票から出題〕 次の各文の〔　〕の中から最も適切なものを選び、記号で答えなさい。

① 会社や上司に提出することで、その内容が成立する文書を〔ア．願い　イ．届　ウ．依頼状〕という。

② 会社や上司に提出し、その内容の許可を求める文書を〔ア．願い　イ．通達　ウ．届〕という。

③ 買主に商品などを納めたことを知らせるための文書を〔ア．物品受領書　イ．納品書　ウ．領収証〕という。

④ 代金の支払いを求めるための文書を〔ア．委嘱状　イ．注文書　ウ．請求書〕という。

⑤ 代金を受け取ったことを知らせるための文書を〔ア．領収証　イ．注文請書　ウ．見積書〕という。

⑥ 売買に関する取引条件を売主に問い合わせるための文書を〔ア．見積書　イ．見積依頼書　ウ．注文書〕という。

⑦ ある物事について、誓いを立てるための文書を〔ア．誓約書　イ．仕様書　ウ．確認書〕という。

⑧ 売主に商品などを受け取ったことを知らせるための文書を〔ア．納品書　イ．物品受領書　ウ．見積依頼書〕という。

⑨ やり方や手順、順序などを記した文書や、製品やサービスの機能・性能・特質や満たすべき条件などをまとめた文書のことを〔ア．仕様書　イ．委嘱状　ウ．確認書〕という。

⑩ 取引条件を記し、売主に発注するための文書を〔ア．見積書　イ．取引伝票　ウ．注文書〕という。

解答欄	①	②	③	④	⑤	⑥	⑦	⑧	⑨	⑩

3-5 〔キー操作（ショートカットキー）からの出題〕 次の各文の〔　〕の中から最も適切なものを選び、記号で答えなさい。

① 「印刷」の操作を実行するショートカットキーは、Ctrl＋〔ア．P　イ．V　ウ．X〕である。

② 「切り取り」の操作を実行するショートカットキーは、Ctrl＋〔ア．C　イ．V　ウ．X〕である。

③ 「貼り付け」の操作を実行するショートカットキーは、Ctrl＋〔ア．C　イ．V　ウ．Z〕である。

④ 「元に戻す」の操作を実行するショートカットキーは、Ctrl＋〔ア．Z　イ．X　ウ．Y〕である。

⑤ Ctrl＋C は〔ア．半角英数への変換　イ．コピー　ウ．元に戻す〕の操作を実行するショートカットキーである。

⑥ Ctrl＋Y は〔ア．元に戻すを戻す　イ．全角カタカナへの変換　ウ．コピー〕の操作を実行するショートカットキーである。

⑦ Ctrl＋P は〔ア．元に戻す　イ．ひらがなへの変換　ウ．印刷〕の操作を実行するショートカットキーである。

⑧ Ctrl＋X は〔ア．ヘルプの表示　イ．切り取り　ウ．コピー〕の操作を実行するショートカットキーである。

解答欄	①	②	③	④	⑤	⑥	⑦	⑧

3−6〔プレゼンテーションから出題〕　次の各文の〔　　〕の中から最も適切なものを選び、記号で答えなさい。

①　文字や画像などを配置したプレゼンテーション資料のページのことを〔ア．ポインタ　イ．スライド　ウ．サブタイトル〕という。

②　プレゼンテーションで活用する資料や道具の総称のことを〔ア．ツール　イ．プロジェクタ　ウ．レーザポインタ〕という。

③　スライド上に表示する、オブジェクトやテキストの配置のことを〔ア．スクリーン　イ．レイアウト　ウ．スライド〕という。

④　タイトルの補足説明をするためにつける見出しのことを〔ア．レイアウト　イ．タイトル　ウ．サブタイトル〕という。

⑤　〔ア．タイトル　イ．スクロール　ウ．配付資料〕とは、プレゼンテーション全体の内容を示す見出しのことである。

⑥　聞き手がプレゼンテーションの内容を理解しやすくするために、配付用にスライドを印刷したものなどのことを〔ア．プロジェクタ　イ．プリンタ　ウ．配付資料〕という。

⑦　レーザ光線によって、スクリーンに投影した内容を指し示す指示装置のことを〔ア．レーザポインタ　イ．レイアウト　ウ．プロジェクタ〕という。

⑧　企画・提案・研究成果などを、説明または発表することを〔ア．スクリーン　イ．プロジェクタ　ウ．プレゼンテーション〕という。

解答欄	①	②	③	④	⑤	⑥	⑦	⑧

3−7〔電子メールの構成の例（発信）から出題〕　次の各文の〔　　〕の中から最も適切なものを選び、記号で答えなさい。

①　電子メールのメールヘッダの基本的な構成要素は、メールアドレス・添付ファイル・〔ア．前文　イ．件名　ウ．署名〕である。

②　電子メールのメールタイプは、〔ア．アドレスブック　イ．新規作成　ウ．書式〕のボタンで選択する。

③　必要に応じて入力するのは、〔ア．To　イ．Bcc　ウ．受信者名〕である。

④　メール本文に入力するのは、〔ア．前文　イ．機密情報　ウ．個人情報〕である。

⑤　新しいメールを作成するには、〔ア．新規作成　イ．アドレスブック　ウ．添付〕のボタンをクリックする。

⑥　電子メールで自己紹介を入力するのは、〔ア．主文　イ．前文　ウ．末文〕である。

⑦　電子メールに必ず入力するのは、〔ア．件名　イ．Cc　ウ．Bcc〕である。

⑧　電子メールで結びの挨拶を行うのは、〔ア．署名　イ．末文　ウ．主文　〕である。

⑨　電子メールを送るには、〔ア．アドレスブック　イ．添付　ウ．送信〕のボタンをクリックする。

解答欄	①	②	③	④	⑤	⑥	⑦	⑧	⑨

■ 筆記③対策　まとめの問題

③-8 次の各文の〔　　〕の中から最も適切なものを選び、記号で答えなさい。

① 各部署などに、順々にまわして伝えるための文書を〔ア．通達　イ．規定・規程　ウ．回覧〕という。

② 取引文書に分類されないものは、〔ア．添え状　イ．紹介状　ウ．案内状〕である。

③ 取引先との間で受け渡しされる、取引内容を簡潔に記した文書のことを〔ア．取引伝票　イ．礼状　ウ．連絡文書〕という。

④ 部長や課長などの、組織の役職者の認印として使われる印のことを〔ア．役職印　イ．銀行印　ウ．認印〕という。

⑤ 「切り取り」の操作を実行するショートカットキーは、Ctrl +〔ア．P　イ．Z　ウ．X　〕である。

⑥ 電子メールのメール本文の基本的な構成要素は、前文・主文・末文・署名・〔ア．宛名　イ．宛先　ウ．添付ファイル〕である。

⑦ パソコンやビデオなどからの映像をスクリーンに投影する装置のことを〔ア．プレゼンテーション　イ．プロジェクタ　ウ．スクロール〕という。

⑧ プレゼンテーション全体の内容を示す見出しのことを〔ア．レイアウト　イ．ディスプレイ　ウ．タイトル〕という。

解答欄	①	②	③	④	⑤	⑥	⑦	⑧

③-9 次の各文の〔　　〕の中から最も適切なものを選び、記号で答えなさい。

① 売買に関する取引条件を売主に問い合わせるための文書を〔ア．取引伝票　イ．見積依頼書　ウ．注文書〕という。

② 社交文書に分類されないものは、〔ア．委嘱状　イ．祝賀状　ウ．挨拶状〕である。

③ 代金を受け取ったことを知らせるための文書のことを〔ア．注文請書　イ．確認書　ウ．領収証〕という。

④ 〔ア．実印　イ．押印　ウ．捺印〕とは、ゴム印や印刷で記名した場合に、印影を紙に残すことである。

⑤ 「元に戻す」の操作を実行するショートカットキーは、Ctrl +〔ア．C　イ．X　ウ．Z　〕である。

⑥ Ctrl + P は、〔ア．コピー　イ．印刷　ウ．全角英数への変換〕の操作を実行するショートカットキーである。

⑦ OHPやプロジェクタの提示画面を投影する幕のことを〔ア．スクリーン　イ．ポインタ　ウ．プレゼンテーションソフト〕という。

⑧ 〔ア．スクロール　イ．レイアウト　ウ．スライドショー〕とは、スライドなどの資料を自動的にページ送りして、連続して提示することである。

解答欄	①	②	③	④	⑤	⑥	⑦	⑧

4−1〔拡張子から出題〕 次の各問いの答えとして、最も適切なものをそれぞれのア～ウの中から選び、記号で答えなさい。

① 標題のオブジェクトとして静止画像ファイルを挿入したいときに選択するファイル名はどれか。

    ア．標題.rtf   イ．標題.jpg   ウ．標題.csv

② ソフトウェアの説明書などに使われるもので、txtと同じ意味で使う拡張子はどれか。

    ア．データ.doc   イ．データ.bmp   ウ．データ.gif

③ ネットワークで使用することを前提として設計された画像フォーマットの拡張子はどれか。

    ア．標題.txt   イ．標題.rtf   ウ．標題.png

④ jpg形式と同じで、カラー静止画像ファイルを挿入したいときに選択するファイルの拡張子はどれか。

    ア．データ.csv   イ．データ.gif   ウ．データ.doc

⑤ フォントや表組みなどといった、文章の付加的な情報も共通に読めるよう考えられたワープロソフトで使用されるファイル形式はどれか。

    ア．標題.rtf   イ．標題.bmp   ウ．標題.png

解答欄	①	②	③	④	⑤

4−2〔下線・罫線の種類から出題〕 次の各問いの答えとして、最も適切なものをそれぞれのア～ウの中から選び、記号で答えなさい。

① 「高校生を対象とした夏休み体験教室について」で使われる文字修飾はどれか。

    ア．点線の下線   イ．破線の下線   ウ．波線の下線

② 「語学講座開講は７日の１３時から」で使われる文字修飾はどれか。

    ア．一重下線   イ．二重下線   ウ．点線の下線

③ 「社内スポーツ大会のお知らせに関して」で使われる文字修飾はどれか。

    ア．破線の下線   イ．二重下線   ウ．一重下線

④ 「企業案内の作成では、プランニングからオーダーメイドで作成」で使われる文字修飾はどれか。

    ア．破線の下線、波線の下線   イ．点線の下線、波線の下線   ウ．破線の下線、点線の下線

解答欄	①	②	③	④

4−3〔記号・マークの読みと使い方、意味から出題〕 次の各問いの答えとして、最も適切なものをそれぞれのア～ウの中から選び、記号で答えなさい。

① 著作権があることを示すマークはどれか。〔ア．Ⓙ ⓘ ⓢ　イ．Ⓒ　ウ．Ⓡ　〕

② サービスに対する商標であることを示すマークはどれか。〔ア．SM　イ．Ⓡ　ウ．TM　〕

③ 日本産業規格（ＪＩＳ）の基準に適合する製品であることを示すマークはどれか。

    〔ア．Ⓒ　イ．SM　ウ．Ⓙ ⓘ ⓢ　〕

④ ギリシャ文字で"ガンマ"を表す記号はどれか。〔ア．β　イ．α　ウ．γ　〕

⑤ ローマ数字で10を表す記号はどれか。〔ア．X　イ．L　ウ．V　〕

解答欄	①	②	③	④	⑤

4-4 〔文書の作成（校正記号）から出題〕　次の各問いの答えとして、最も適切なものをそれぞれの
ア〜ウの中から選び、記号で答えなさい。

① 「弁論大会成績」を「弁論大会の成績」と校正したい場合の校正記号はどれか。

　　　　ア．弁論大会成績　　　イ．弁論大会成績　　　ウ．弁論大会成績

② 「本日は出かけるインターンシップに」を「本日はインターンシップに出かける」と校正した
　い場合の校正記号はどれか。
　　　　ア．本日は出かけるインターンシップに　　　イ．本日は出かけるインターンシップに
　　　　ウ．本日は出かけるインターンシップに

③ 「生活造創」を「生活創造」と校正したい場合の校正記号はどれか。

　　　　ア．生活造創　　　　イ．生活造創　　　　ウ．生活造創

④  と校正したい場合の校正記号はどれか。

　　　　ア．　1．日　時
　　　　　　　　　　　　　　イ．　1．日　時　　　　ウ．　1．日　時
　　　　　　2．場　所　　　　　　2．場　所　　　　　　2．場　所

⑤ 「東京内幸町」を「東京　　内幸町」と校正したい場合の校正記号はどれか。

　　　　ア．東京内幸町　　　　イ．東京内幸町　　　　ウ．東京内幸町

⑥ 学園祭・合唱祭の写真　を　学園祭・合唱祭の写真　と校正したい場合の校正記号はどれか。
　　希望番号　　　　　　　　　　　希望番号

　　　　ア．学園祭・合唱祭の写真　　　イ．学園祭・合唱祭の写真　　　ウ．学園祭・合唱祭の写真
　　　　　　希望番号　　　　　　　　　　　希望番号　　　　　　　　　　　希望番号

⑦ 安全面にも配慮してい　を　安全面にも配慮してい　と校正したい場合の校正記号はどれか。
　　る。全国で事業を展開　　　　る。
　　　　　　　　　　　　　　　　　　全国で事業を展開

　　　　ア．安全面にも配慮してい　　　イ．安全面にも配慮してい　　　ウ．安全面にも配慮してい
　　　　　　る。全国で事業を展開　　　　る。全国で事業を展開　　　　る。全国で事業を展開

解答欄	①	②	③	④	⑤	⑥	⑦

4-5 〔編集機能から出題〕 次の各問いの答えとして、最も適切なものをそれぞれのア～ウの中から選び、記号で答えなさい。

① 下の文章の作成で利用した編集機能はどれか。

系外惑星探査衛星ケプラーが、地球サイズの惑星を2つ発見した。地球から、こと座の方向に約1000光年離れ	た恒星で、岩石質と推定される。惑星は主星近くにあり、液体の水が地表に存在するには、高温すぎる。だがサイズ	は、地球の1．42倍の記録を抜いて、確認された中では最小のものだ。

　　　ア．透かし　　　　　　イ．バックアップ　　　ウ．段組み

② 「韻乃（ゆんの）」のように漢字の上にふりがなを付ける機能はどれか。

　　　ア．テキストボックス　　イ．ルビ　　　　　　　ウ．タブ

③ 「火曜日は奨学金説明会」のように漢字に文字修飾する機能はどれか。

　　　ア．ゴシック　　　　　　イ．網掛け　　　　　　ウ．ドラッグ

④ 絵画や写真などで、主要題材を引き立たせる背後の光景を表示する機能はどれか。

　　　ア．解像度　　　　　　　イ．インデント　　　　ウ．背景

⑤ 画面に表示される格子状の点や線のことでワープロソフトなどにより文字や図形を正確な位置に入力したい場合などに利用する機能はどれか。

　　　ア．グリッド　　　　　　イ．ツールバー　　　　ウ．文字ピッチ

⑥ 「学年懇談会」のように漢字に文字修飾する機能はどれか。

　　　ア．拡張子　　　　　　　イ．トナー　　　　　　ウ．斜体

⑦ 「検」のように文字の背景に配置する模様や文字の機能はどれか。

　　　ア．拡張子　　　　　　　イ．透かし　　　　　　ウ．文字の線囲み

⑧ 「開催日／開催場所」を「開　催　日／開　催　場　所」のように文字列を均等な間隔で並べる機能はどれか。

　　　ア．フォーマット　　　　イ．禁則処理　　　　　ウ．均等割付け

⑨ 「・・・・・・・／田中太郎」を「・・・・・・・／　　田中太郎」のように

文字列を開始する位置を変える機能はどれか。

　　　ア．左寄せ　　　　　　　イ．センタリング　　　ウ．インデント

⑩ 「入学式」を「入学式」のように画像編集ソフトなどで、色を付ける機能はどれか。

　　　ア．ＰＰＣ用紙　　　　　イ．塗りつぶし　　　　ウ．感熱紙

⑪ 「--------」の切り取り線を新たな単語として辞書ファイルに記憶させる機能はどれか。

　　　ア．文字ピッチ　　　　　イ．オブジェクト　　　ウ．単語登録

解答欄	①	②	③	④	⑤	⑥	⑦	⑧	⑨	⑩	⑪

④-6　次の各問いの答えとして、最も適切なものをそれぞれのア〜ウの中から選び、記号で答えなさい。

① 文書ファイルの拡張子として正しいものはどれか。

ア．報告書.png　　　　　　　イ．報告書.bmp　　　　　　ウ．報告書.doc

② 下の編集前の文字列から編集後の文字列にするために用いられた文字修飾はどれか。

<table>
<tr><td>編集前</td><td></td><td>編集後</td></tr>
<tr><td>グローバリゼーション</td><td></td><td>グローバリゼーション</td></tr>
</table>

ア．文字の囲み　　　　　　　イ．影付き　　　　　　　　ウ．太字

③ 下の文章の作成で利用した編集機能はどれか。

東京都の小笠原諸島は自然遺産である。小笠原は、東京から約１０００ｋｍ南にあり、海によって隔たれたおよそ３０の島を指す。大陸とは一度も地続きになったことがなく、島独自に進化した多くの固有の生き物が見られる。元々は、同じ種類の生き物が、環境の違いによってその場所に適する形や色へと変化した生態系を確認できる。生き物の進化を示した典型的な見本として、世界的な価値をもつことから世界遺産として認められた。

ア．禁則処理　　　　　　　　イ．段組み　　　　　　　　ウ．均等割付け

④ 校正後の結果が「１５ｃｍ³」となるのはどれか。

ア．１５ｃｍ3　　　　　　　イ．１５ｃｍ3　　　　　　ウ．１５ｃｍ3

⑤ 次の文字「ａ．ｂ．ｃ．」を「Ａ．Ｂ．Ｃ．」と校正したい場合の校正記号はどれか。

ア．ａ．ｂ．ｃ．　　　　　イ．ａ．ｂ．ｃ．　　　　　ウ．ａ．ｂ．ｃ．

⑥ 下の点線で囲まれているマークの名称はどれか。

Jikkyo City Bank [SM]

ア．ＪＩＳマーク　　　　　　イ．役務商標マーク　　　　ウ．商標マーク

<table>
<tr><td rowspan="2">解答欄</td><td>①</td><td>②</td><td>③</td><td>④</td><td>⑤</td><td>⑥</td></tr>
<tr><td></td><td></td><td></td><td></td><td></td><td></td></tr>
</table>

④-7　次の各問いの答えとして、最も適切なものをそれぞれのア〜ウの中から選び、記号で答えなさい。

① アニメーション、ロゴマークなどのファイル形式はどれか。

ア．データ.csv　　　　　　　イ．データ.gif　　　　　　ウ．データ.txt

② 「ワードアートを挿入する」に用いられた文字修飾はどれか。

ア．横倍角　　　　　　　　　イ．太字　　　　　　　　　ウ．斜体

③ 中抜きの文字修飾が設定されているのはどれか。

ア．クリアランスセール　　　イ．クリアランスセール　　ウ．クリアランスセール

④ 「キャリア　教育」を「キャリア教育」と校正したい場合の校正記号はどれか。

ア．キャリア教育　　　　　　イ．キャリア教育　　　　　ウ．キャリア教育

⑤ 右の校正記号の指示の意味はどれか。　　起承結転

ア．移動　　　　　　　　　　イ．詰め　　　　　　　　　ウ．入れ替え

⑥ 「猪狩（イガリ）」のように漢字の上にふりがなを付ける機能はどれか。

ア．オブジェクト　　　　　　イ．ルビ　　　　　　　　　ウ．ドット

<table>
<tr><td rowspan="2">解答欄</td><td>①</td><td>②</td><td>③</td><td>④</td><td>⑤</td><td>⑥</td></tr>
<tr><td></td><td></td><td></td><td></td><td></td><td></td></tr>
</table>

6 ビジネス文書部門
筆記編—ことばの知識

1 漢字の読み（頻出語）

●あ 行

鯵	あじ
小豆	あずき
網戸	あみど
蟻	あり
烏賊	いか
椅子	いす
苺	いちご
委任	いにん
猪	いのしし
依頼	いらい
鰯	いわし
引率	いんそつ
嘘	うそ
鰻	うなぎ
運搬	うんぱん
得手	えて
海老	えび
延滞	えんたい
甥	おい
お彼岸	おひがん

●か 行

蚊	か
蛾	が
蚕	かいこ
開催	かいさい
該当	がいとう
回覧	かいらん
鏡餅	かがみもち
垣根	かきね
籠・篭	かご
傘	かさ
型番	かたばん
鰹	かつお
合併	がっぺい
稼働	かどう
門松	かどまつ
蟹	かに

兜	かぶと
南瓜	かぼちゃ
粥	かゆ
唐揚	からあげ
為替	かわせ
簡潔	かんけつ
感触	かんしょく
勘違い	かんちがい
完璧	かんぺき
漢方	かんぽう
肝要	かんよう
簡略	かんりゃく
還暦	かんれき
起案	きあん
企画	きかく
貴社	きしゃ
机上	きじょう
喫茶	きっさ
狐	きつね
急騰	きゅうとう
給湯	きゅうとう
胡瓜	きゅうり
脅威	きょうい
餃子	ぎょうざ
恐縮	きょうしゅく
金品	きんぴん
鯨	くじら
靴	くつ
熊	くま
蜘蛛	くも
掲載	けいさい
契約	けいやく
外科	げか
激励	げきれい
決裁	けっさい
月報	げっぽう
下落	げらく
懸案	けんあん
玄関	げんかん
厳重	げんじゅう

検討	けんとう
玄米	げんまい
鯉	こい
交渉	こうしょう
効率	こうりつ
考慮	こうりょ
顧客	こきゃく
胡麻	ごま
独楽回し	こままわし
顧問	こもん
ご利益	ごりやく
懇意	こんい
懇切	こんせつ

●さ 行

催促	さいそく
歳末	さいまつ
財務	ざいむ
鮭	さけ
早急	さっきゅう
刷新	さっしん
薩摩芋	さつまいも
鯖	さば
鮫	さめ
賛否	さんぴ
秋刀魚	さんま
椎茸	しいたけ
至急	しきゅう
事項	じこう
施設	しせつ
自治	じち
自重	じちょう・じじゅう
実施	じっし
実績	じっせき
自負	じふ
始末	しまつ
自慢	じまん
謝罪	しゃざい
若干	じゃっかん

祝儀	しゅうぎ
祝賀	しゅくが
出荷	しゅっか
受領	じゅりょう
循環	じゅんかん
生姜	しょうが
詳細	しょうさい
障子	しょうじ
成就	じょうじゅ
昇進	しょうしん
精進	しょうじん
情勢	じょうせい
状態	じょうたい
笑納	しょうのう
消耗	しょうもう
醤油	しょうゆ
所作	しょさ
処置	しょち
庶務	しょむ
署名	しょめい
審議	しんぎ
腎臓	じんぞう
迅速	じんそく
進退	しんたい
慎重	しんちょう
推移	すいい
西瓜	すいか
出納	すいとう
寿司・鮨	すし
雀	すずめ
硯	すずり
制御	せいぎょ
清祥	せいしょう
背筋	せすじ
節減	せつげん
蝉	せみ
善処	ぜんしょ
煎茶	せんちゃ
煎餅	せんべい
先方	せんぽう

粗悪	そあく			別記	べっき	露骨	ろこつ
創業	そうぎょう			返却	へんきゃく	肋骨	ろっこつ

粗悪　そあく
創業　そうぎょう
雑巾　ぞうきん
双肩　そうけん
掃除　そうじ
雑炊　ぞうすい
挿入　そうにゅう
添字　そえじ
遡求　そきゅう
促進　そくしん
粗品　そしな
蕎麦　そば
損益　そんえき

●た 行

鯛　たい
貸借　たいしゃく
大豆　だいず
鷹　たか
卓越　たくえつ
筍　たけのこ
凧揚げ　たこあげ
狸　たぬき
打撲　だぼく
玉葱　たまねぎ
団子　だんご
田圃　たんぼ
蝶　ちょう
帳簿　ちょうぼ
都度　つど
燕　つばめ
提携　ていけい
丁寧　ていねい
徹底　てってい
伝言　でんごん
天井　てんじょう
伝票　でんぴょう
添付　てんぷ
唐辛子　とうがらし
豆腐　とうふ
当方　とうほう
得意　とくい

●な 行

内科　ないか
納豆　なっとう
鯰　なまず
賑やか　にぎやか
日報　にっぽう
葱　ねぎ
鼠　ねずみ
狙う　ねらう
捻挫　ねんざ
納期　のうき
納品　のうひん
能率　のうりつ
鋸　のこぎり
海苔　のり

●は 行

把握　はあく
廃棄　はいき
買収　ばいしゅう
配慮　はいりょ
蠅　はえ
派遣　はけん
鋏　はさみ
端数　はすう
破損　はそん
鳩　はと
派閥　はばつ
蛤　はまぐり
春雨　はるさめ
繁栄　はんえい
反省　はんせい
紐　ひも
表彰　ひょうしょう
便乗　びんじょう
付記　ふき
復旧　ふっきゅう
復興　ふっこう
葡萄　ぶどう
鮒　ふな
振込　ふりこみ
分割　ぶんかつ
分析　ぶんせき
弊社　へいしゃ

別記　べっき
返却　へんきゃく
弁償　べんしょう
返品　へんぴん
帽子　ぼうし
焙じ茶　ほうじちゃ
発足　ほっそく
本来　ほんらい

●ま 行

埋没　まいぼつ
鮪　まぐろ
抹茶　まっちゃ
蜜柑　みかん
眉間　みけん
味噌　みそ
姫　めい
迷惑　めいわく
面識　めんしき
面倒　めんどう
喪中　もちゅう

●や 行

柚子　ゆず
茹でる　ゆでる
容易　ようい
要旨　ようし
容赦　ようしゃ
要請　ようせい
腰痛　ようつう
蓬　よもぎ

●ら 行

落成　らくせい
履行　りこう
利潤　りじゅん
律儀　りちぎ
略儀　りゃくぎ
略式　りゃくしき
領収　りょうしゅう
履歴　りれき
林檎　りんご
輪番　りんばん
蓮根　れんこん
廊下　ろうか

露骨　ろこつ
肋骨　ろっこつ
山葵　わさび
鷲　わし

2 三字熟語

青写真	あおじゃしん	試金石	しきんせき	農作物	のうさくぶつ
居丈高	いたけだか	嗜好品	しこうひん	端境期	はざかいき
一目散	いちもくさん	集大成	しゅうたいせい	裸一貫	はだかいっかん
一家言	いっかげん	修羅場	しゅらば	破天荒	はてんこう
一辺倒	いっぺんとう	松竹梅	しょうちくばい	繁華街	はんかがい
違和感	いわかん	常套句	じょうとうく	半可通	はんかつう
内弁慶	うちべんけい	上棟式	じょうとうしき	他人事	ひとごと
有頂天	うちょうてん	正念場	しょうねんば	一筋縄	ひとすじなわ
絵空事	えそらごと	浄瑠璃	じょうるり	檜舞台	ひのきぶたい
往生際	おうじょうぎわ	処方箋	しょほうせん	披露宴	ひろうえん
大袈裟	おおげさ	蜃気楼	しんきろう	風物詩	ふうぶつし
大御所	おおごしょ	真骨頂	しんこっちょう	不得手	ふえて
大雑把	おおざっぱ	赤裸々	せきらら	不気味	ぶきみ
音沙汰	おとさた	世間体	せけんてい	袋小路	ふくろこうじ
十八番	おはこ	瀬戸際	せとぎわ	不条理	ふじょうり
河川敷	かせんしき	先駆者	せんくしゃ	不世出	ふせいしゅつ
過渡期	かとき	善後策	ぜんごさく	仏頂面	ぶっちょうづら
歌舞伎	かぶき	千秋楽	せんしゅうらく	筆無精	ふでぶしょう
皮算用	かわざんよう	選択肢	せんたくし	懐具合	ふところぐあい
間一髪	かんいっぱつ	千里眼	せんりがん	不文律	ふぶんりつ
閑古鳥	かんこどり	走馬灯	そうまとう	雰囲気	ふんいき
看板娘	かんばんむすめ	太公望	たいこうぼう	分相応	ぶんそうおう
感無量	かんむりょう	大黒柱	だいこくばしら	摩天楼	まてんろう
几帳面	きちょうめん	太鼓判	たいこばん	愛弟子	まなでし
金一封	きんいっぷう	醍醐味	だいごみ	眉唾物	まゆつばもの
金字塔	きんじとう	大丈夫	だいじょうぶ	身支度	みじたく
下剋上	げこくじょう	大納言	だいなごん	未曾有	みぞう
下馬評	げばひょう	高飛車	たかびしゃ	無一文	むいちもん
紅一点	こういってん	玉虫色	たまむしいろ	無邪気	むじゃき
好事家	こうずか	力不足	ちからぶそく	無尽蔵	むじんぞう
小細工	こざいく	鉄面皮	てつめんぴ	無造作	むぞうさ
御尊父	ごそんぷ	天王山	てんのうざん	無頓着	むとんちゃく
御破算	ごはさん	桃源郷	とうげんきょう	胸算用	むなざんよう
御母堂	ごぼどう	当事者	とうじしゃ		（むねさんよう）
子煩悩	こぼんのう	登竜門	とうりゅうもん	目論見	もくろみ
御用達	ごようたし	度外視	どがいし	門外漢	もんがいかん
御利益	ごりやく	独壇場	どくだんじょう	役不足	やくぶそく
金輪際	こんりんざい	土壇場	どたんば	屋台骨	やたいぼね
最高潮	さいこうちょう	突拍子	とっぴょうし	理不尽	りふじん
殺風景	さっぷうけい	泥仕合	どろじあい	錬金術	れんきんじゅつ
茶飯事	さはんじ	生意気	なまいき	老婆心	ろうばしん
三文判	さんもんばん	生半可	なまはんか		
直談判	じかだんぱん	並大抵	なみたいてい		

3 同訓異字

●あ行

あう	合う	意見が−
	会う	応接室で−
	遭う	事故に−
あける	明ける	夜が−
	空ける	予定を−
	開ける	窓を−
あげる	挙げる	例を−
	上げる	価格を−
	揚げる	天ぷらを−
あし	足 −の裏	脚 机の−
	葦	人間は考える−である
あたい	価 商品の−	値 計測の−
あたたかい	温かい	−人柄
	暖かい	今日は−
あたり	当たり	大−
	辺り	−を見回す
あつい	厚い −壁 暑い	−夏
	熱い	−湯
あてる	充てる	建築費に−
	当てる	胸に手を−
	宛てる	恋人に−手紙
あと	後	−の祭り
	跡 足−	痕 傷−
あぶら	脂	−汗
	油	ごま−
あやまる	誤る	操作を−
	謝る	落ち度を−
あらい	荒い	波が−
	洗い	手−
	粗い	網の目が−
あらわす	現す	姿を−
	著す	書物を−
	表す	言葉に−
ある	有る	責任が−
	在る	要職に−
あわせる	合わせる	手を−
	併せる	二つの会社を−
	会わせる	二人を−
いたむ	傷む 家が− 痛む	手足が−
	悼む	死を−
いる	居る	屋上に−
	射る	的を−
	鋳る	金の仏像を−
	入る	気に−
	要る	人手が−

うえる	飢える	食べ物がなく−
	植える	木を−
うける	受ける	依頼を−
	請ける	工事を−
うつ	撃つ	鉄砲を−
	打つ	くぎを−
	討つ	あだを−
うつす	移す 住まいを−	
	映す 鏡に−	写す 書き−
うむ	産む	卵を−
	生む	新記録を−
うれる	熟れる	果物が−
	売れる	名が−
おう	追う	足取りを−
	負う	傷を−
おかす	侵す	権利を−
	犯す	過ちを−
	冒す	危険を−
おくる	送る	卒業生を−会
	贈る	お祝いの品を−
おくれる	遅れる	飛行機に乗り−
	後れる	先頭集団から−
おこる	起こる	不思議な出来事が−
	怒る	顔を赤くして−
	興る	ＩＴ産業が−
おさえる	押さえる	手で−
	抑える	物価の上昇を−
おさめる	収める	成功を−
	治める	領地を−
	修める	学問を−
	納める	税を−
おす	押す	ベルを−
	推す	会長に−
おどる	躍る	胸が−
	踊る	ダンスを−
おもて	表	はがきの−と裏
	面	−を伏せる
おる	折る	小枝を−
	織る	はたを−
おろす	下ろす	枝を−
	降ろす	乗客を−

●か行

かえす	帰す	家へ−
	返す	借金を−
かえりみる	顧みる	過去を−
	省みる	自らを−

6 筆記編―ことばの知識

かえる	帰る 故郷に－	返る 我に－	
	変える	形を－	
	替える	仕事を－	
	代える	挨拶に－	
	換える	円をドルに－	
かかる	掛かる	お目に－	
	懸かる	月が－	
	架かる	橋が－	
	係る	本件に－訴訟	
かく	欠く	配慮を－	
	書く	日記を－	
	掻く	頭を－	
かける	掛ける	腰を－	
	懸ける	命運を－	
	架ける	橋を－	
	賭ける	社運を－	
	欠ける	歯が－	
	駆ける	馬が－	
かげ	陰	－ながら応援する	
	影	－も形もない	
かた	型	－にはまる	
	形	剣道の－	
	肩	－たたき	
	片	－思い	
	方	作り－	
かたい	堅い －材木	硬い －表情	
	固い －絆		
かど	角	曲がり－	
	門	－松	
かる	刈る 芝を－	駆る 馬を－	
	狩る 狸を－		
かわ	革 －の靴	皮 －をむく	
	川 －を渡る		
かわく	渇く	のどが－	
	乾く	空気が－	
きく	効く	薬が－	
	聴く	ラジオを－	
	聞く	物音を－	
	利く	学割が－	
きみ	君	僕と－	
	気味	－が悪い	
	黄身	卵の－	
きる	切る	髪を－	
	着る	制服を－	
	斬る	世相を－	

きわめる	究める	学問を－	
	極める	山頂を－	
	窮める	真理を－	
くる	繰る	ページを－	
	来る	人が－	
こえる	越える	山を－	
	超える	人間の能力を－	
	肥える	土地が－	
こす	越す	峠を－	
	超す	四時間を－大接戦	
	漉す	煮た小豆を－	

●さ　行

さがす	捜す	うちの中を－	
	探す	落とし物を－	
さく	割く 時間を－		
	裂く 布を－	咲く 花が－	
さける	避ける	車を－	
	裂ける	ズボンが－	
さげる	下げる	値段を－	
	提げる	手に－	
さす	差す 傘を－	指す 指で－	
	刺す かんざしを－		
	挿す 花瓶に花を－		
さます	覚ます	目を－	
	冷ます	お湯を－	
	醒ます	酔いを－	
さわる	障る 気に－	触る 手で－	
しお	塩 －をかける		
	潮 満ち－	汐 夕方の－	
しずめる	静める	鳴りを－	
	鎮める	反乱を－	
	沈める	船を－	
した	舌	－をまく	
	下	机の－	
しぼる	絞る	手ぬぐいを－	
	搾る	乳を－	
しめる	締める	帯を－	
	湿る	雨で－	
	占める	半分を－	
	閉める	ふたを－	
すすめる	勧める	入会を－	
	進める	時計の針を－	
	薦める	候補者として－	
すみ	隅	部屋の片－	
	炭	－火で焼く	
	墨	習字の－	

すむ	住む	大都会に－
	済む	用事が－
	澄む	心が－
する	擦る	マッチ棒を－
	刷る	版画を－
すわる	座る	イスに－
	据わる	肝が－
せめる	攻める	敵陣を－
	責める	相手の非を－
そう	沿う	方針に－
	添う	期待に－
そなえる	供える	墓前に花を－
	備える	地震に－

●た 行

たえる	堪える	任に－
	絶える	人通りが－
	耐える	痛みに－
たけ	丈 身の－	竹 －が生える
たずねる	尋ねる	道を－
	訪ねる	実家を－
たたかう	戦う	優勝をかけて－
	闘う	病気と－
たつ	建つ	家が－
	裁つ	生地を－
	絶つ	国交を－
	断つ	退路を－
	立つ	席を－
	経つ	月日が－
	発つ	東京を－
たま	玉	－にきず
	球	外野の投げた－
	弾	ピストルの－
たより	便り	－がある
	頼り	－になる
つかう	遣う	気を－
	使う	機械を－
つく	就く 床に－	着く 席に－
	付く 身に－	突く 盾を－
	衝く 鼻を－	
	点く 明かりが－	
	吐く 息を－	
	撞く 鐘を－	
つぐ	継ぐ	家業を－
	接ぐ	木を－
	次ぐ	大臣に－ポスト

つくる	作る	米を－
	造る	高速道路を－
	創る	創造的な絵画を－
つける	付ける	足跡を－
	漬ける	大根を－
	着ける	身に－
	就ける	息子を王位に－
つとめる	勤める	会社に－
	努める	解決に－
	務める	部長を－
つむ	積む	経験を－
	摘む	お茶を－
	詰む	あと一手で－
とうとい	尊い	生命は－
	貴い	－身分
とく	解く	結び目を－
	説く	教えを－
	溶く	粉末を水で－
ととのえる	整える	身だしなみを－
	調える	必要な物を－
とめる	止める	息を－
	泊める	来客を家に－
	留める	ボタンを－
とる	採る	決を－
	撮る	写真を－
	執る	事務を－
	取る	手に－
	捕る	獲物を－
	盗る	金を－
	摂る	栄養を－

●な 行

なおす	直す	誤りを－
	治す	風邪を－
なか	中 箱の－	仲 －が良い
ながい	長い 髪が－	永い －別れ
なく	泣く	悔しくて－
	鳴く	小鳥が－
ならう	習う	ピアノを－
	倣う	前例に－
ならす	慣らす	肩を－
	鳴らす	鐘を－
なる	成る	水素と酸素から－
	鳴る	鐘が－
におう	匂う	香水が－
	臭う	生ゴミが－
にる	似る	祖母に－
	煮る	大根を－

6

筆記編―ことばの知識

147

<table>
<tr><td>ねる</td><td>寝る</td><td>早く−</td></tr>
<tr><td></td><td>練る</td><td>作戦を−</td></tr>
<tr><td>のせる</td><td>載せる</td><td>名簿に名前を−</td></tr>
<tr><td></td><td>乗せる</td><td>車に人を−</td></tr>
<tr><td>のぞむ</td><td>望む</td><td>ヒマラヤを−</td></tr>
<tr><td></td><td>臨む</td><td>試合に−</td></tr>
<tr><td>のばす</td><td>延ばす</td><td>時間を−</td></tr>
<tr><td></td><td>伸ばす</td><td>背筋を−</td></tr>
<tr><td>のぼる</td><td>昇る</td><td>日が−</td></tr>
<tr><td></td><td>上る</td><td>話題に−</td></tr>
<tr><td></td><td>登る</td><td>山に−</td></tr>
</table>

●は 行

は	歯	−を磨く	刃	−を研ぐ
	葉	−が広がる		
はえる	映える	朝日に−		
	生える	ひげが−		
はかる	計る	時間を−		
	測る	面積を−		
	諮る	委員会に−		
	図る	合理化を−		
	量る	体重を−		
はく	掃く	廊下を−		
	吐く	毒舌を−		
	履く	靴を−		
はし	橋	−を渡る		
	端	道路の−を歩く		
はじめ	始め	−と終わり		
	初め	−ての作業		
はな	花	−が咲く		
	華	−やかな服装		
	鼻	目と−の先		
はなす	放す	鳥を−	離す	目を−
	話す	英語で−		
はやい	早い	時間が−		
	速い	テンポが−		
ひ	火	−が燃える		
	灯	−がともる		
	日	−を数える		
	非	−を認める		
ひく	引く	綱を−		
	弾く	ピアノを−		
	退く	軍を−		
	惹く	人の気を−		
ふえる	殖える	子株が−		
	増える	参加者が−		
ふく	吹く	風が−		
	噴く	鍋が−		

<table>
<tr><td>ふける</td><td>更ける</td><td>夜が−</td></tr>
<tr><td></td><td>老ける</td><td>急に−</td></tr>
<tr><td>ふる</td><td>降る</td><td>雨が−</td></tr>
<tr><td></td><td>振る</td><td>ラケットを−</td></tr>
<tr><td>ふるう</td><td>振るう</td><td>料理に腕を−</td></tr>
<tr><td></td><td>奮う</td><td>勇気を−</td></tr>
<tr><td>へる</td><td>経る</td><td>時を−</td></tr>
<tr><td></td><td>減る</td><td>人口が−</td></tr>
<tr><td>ほる</td><td>掘る</td><td>芋を−</td></tr>
<tr><td></td><td>彫る</td><td>仏像を−</td></tr>
</table>

●ま 行

まじる	交じる	白髪が−		
	混じる	異物が−		
まち	町	−役場	街	若者の−
まわり	回り	身の−	周り	池の−
みる	見る	景色を−		
	診る	患者を−		
むね	胸	−の痛み		
	旨	訪問する−を伝える		
	棟	隣の−		
もと	元	ガスの−栓		
	下	法の−に平等		
	基	資料を−にする		
	本	−を正す		
もの	者	若−	物	忘れ−

●や 行

やさしい	易しい	−問題		
	優しい	あの人は−		
やぶる	破る	紙を−		
	敗る	強豪校を−		
やわらかい	柔らかい	体が−		
	軟らかい	−肉		
よい	善い	−行い		
	良い	品質が−		
	宵	−の口		
よむ	詠む	和歌を−		
	読む	本を−		
よる	因る	濃霧に−欠航		
	寄る	本屋に立ち−		

●わ 行

わかれる	別れる	駅で友人と−		
	分かれる	道が二つに−		
わざ	技	柔道の−	業	至難の−
わずらう	患う	胸を−	煩う	思い−

4 慣用句・ことわざ

●あ行

愛想が尽きる

間に立つ

間に入る

相槌を打つ

合いの手を入れる

合間を縫う

阿吽の呼吸

煽りを食う

垢抜ける

明るみに出る

飽きが来る

あぐらをかく

揚げ足を取る

顎を出す

顎で使う

足が出る

足が早い

足並みが揃う

足場を固める

足を奪われる

足をすくわれる

足を伸ばす

足を運ぶ

足を棒にする

頭打ちになる

頭が上がらない

頭が固い

頭が下がる

頭が低い

頭を痛める

頭を抱える

頭を掻く

頭を下げる

頭を絞る

頭をひねる

頭をもたげる

当たりがいい

当たりを付ける

後押しをする

後釜に据える

後釜に座る

後の祭り

穴があく

穴を埋める

脂が乗る

油を売る

網の目をくぐる

荒波に揉まれる

泡を食う

暗礁に乗り上げる

案に相違して

怒り心頭に発する

息が合う

息が切れる

息を抜く

意気が揚がる

意気に燃える

威儀を正す

意気地がない

異彩を放つ

石にかじりつく

意地を張る

板に付く

一も二もなく

一翼を担う

一計を案じる

一考を要する

一刻を争う

一矢を報いる

一石を投じる

一途をたどる

意に介さない

意にかなう

意を決する

意を尽くす

意を用いる

いの一番

意表を突く

否が応でも

色があせる

色を付ける

異を唱える

違和感を覚える

言わざるを得ない

言わずと知れた

言わぬが花

上を下への

浮き彫りにする

受けがいい

後ろ髪を引かれる

疑いを挟む

腕が上がる

腕が立つ

腕が鳴る

腕によりを掛ける

腕を振るう

腕を磨く

打てば響く

鵜呑みにする

馬が合う

有無を言わせず

裏表がない

裏目に出る

雲泥の差

英気を養う

悦に入る

襟を正す

縁起を担ぐ

お伺いを立てる

大台に乗る

大目に見る

お株を奪う

後れを取る

押しが利く

押しが強い

押しも押されもせぬ

お茶を濁す

汚名を返上する

思いも寄らない

重きを置く

重きをなす

表に立つ

重荷を下ろす

及び腰になる

折り合いが付く

尾を引く

折り紙を付ける

音頭を取る

恩に着る

●か行

顔が売れる

顔が利く

顔が立つ

顔が広い

顔から火が出る

顔を合わせる

顔を出す

顔を繋ぐ

核心を突く

影を潜める

笠に着る

舵を取る

固唾を呑む

肩で風を切る

肩の荷が下りる

肩を入れる

肩を落とす

肩を貸す

肩をすぼめる

肩を並べる
肩を持つ
片が付く
勝手が違う
勝手が悪い
活路を見いだす
角が立つ
角が取れる
金を食う
株が上がる
兜を脱ぐ
壁に突き当たる
我を折る
我を張る
間隙を縫う
勘定に入れる
歓心を買う
噛んで含める
間髪を入れず
気合いを入れる
気が合う
気が置けない
気が回る
気が休まる
傷を負う
犠牲を払う
機先を制する
機知に富む
機転が利く
軌道に乗る
気は心
肝が据わる
肝を冷やす
肝に銘じる
急場をしのぐ
窮余の一策
岐路に立つ
機を逸する
気を配る

気を許す
釘を刺す
苦言を呈する
口が堅い
口が減らない
口に合う
口にする
口を切る
口を出す
口をついて出る
首を傾げる
首を長くする
群を抜く
芸が細かい
景気を付ける
計算に入れる
桁が違う
けりを付ける
強情を張る
公然の秘密
功成り名遂げる
頭を垂れる
声が弾む
声を落とす
声を掛ける
黒白をつける
心が通う
心が弾む
心に刻む
心を打つ
心を砕く
腰が低い
腰が抜ける
腰を入れる
腰を据える
事が運ぶ
事もなく
言葉を返す
言葉を濁す

小回りが利く
小耳に挟む
根を詰める

●さ 行

最後を飾る
幸先がいい
採算がとれる
先が見える
先を争う
匙を投げる
察しが付く
様になる
算段がつく
思案に暮れる
潮時を見る
歯牙にも掛けない
姿勢を正す
舌が肥える
舌が回る
舌鼓を打つ
舌を巻く
尻尾をつかむ
しのぎを削る
自腹を切る
しびれを切らす
始末をつける
示しがつかない
終止符を打つ
衆知を集める
趣向を凝らす
手中に収める
手腕を振るう
焦点を絞る
食が進む
食指が動く
触手を伸ばす
初心に返る
白羽の矢が立つ

尻に火が付く
尻を叩く
時流に乗る
心血を注ぐ
人後に落ちない
寝食を忘れる
心臓が強い
真に迫る
筋が違う
筋を通す
雀の涙
図に乗る
隅に置けない
寸暇を惜しむ
精を出す
精が出る
雪辱を果たす
席を外す
背に腹はかえられない
世話を掛ける
世話を焼く
背を向ける
先見の明
先手を打つ
先頭を切る
造詣が深い
底を突く
そつがない
反りが合わない
算盤が合う
算盤をはじく

●た 行

太鼓判を押す
大事を取る
高が知れる
高みの見物
高をくくる
立て板に水

棚に上げる
頼みの綱
駄目を押す
短気は損気
丹精を込める
断を下す
端を発する
知恵を絞る
力になる
力を入れる
力を付ける
注文を付ける
調子に乗る
月とすっぽん
壺にはまる
手が空く
手が込む
手塩に掛ける
手に汗を握る
手に余る
手にする
手に付かない
手に乗る
手も足も出ない
手を打つ
手をこまねく
手を出す
手を尽くす
手を握る
手を広げる
手を焼く
出る杭は打たれる
峠を越す
堂に入る
時を移さず
得心がいく
途方に暮れる
途方もない
取り付く島もない

取りも直さず
度が過ぎる
度を越す

●な 行

長い目で見る
名が売れる
名を成す
波に乗る
何の変哲もない
二の足を踏む
二の句が継げない
二の舞を演じる
値が張る
猫の手も借りたい
猫も杓子も
熱に浮かされる
寝覚めが悪い
寝耳に水
音を上げる
念頭に置く
念を入れる
念を押す

●は 行

歯が立たない
歯に衣着せぬ
馬脚をあらわす
白紙に戻す
鼻が高い
鼻に掛ける
鼻を並べる
花を持たせる
話を付ける
話が弾む
腸が煮えくり返る
腹をくくる
腹を割る
引き合いに出す

膝を打つ
膝を突き合わせる
膝を交える
瞳を凝らす
人目につく
人目を引く
火に油を注ぐ
日の出の勢い
日の目を見る
火花を散らす
火ぶたを切る
火を見るより明らか
百も承知
秒読みに入る
分がいい
蓋を開ける
物議を醸す
筆が立つ
懐が暖かい
腑に落ちない
不評を買う
平行線をたどる
ベストを尽くす
弁が立つ
棒に振る
矛先を転じる
反故にする
菩提を弔う
歩調が合う
没にする
仏の顔も三度
骨が折れる
骨を折る
骨身を惜しまず
骨身を削る
歩を進める
本腰を入れる

●ま 行

枚挙にいとまがない
間が持てない
間が悪い
幕が開く
幕を引く
幕を閉じる
幕が下りる
馬子にも衣装
勝るとも劣らぬ
的が外れる
的を射る
的を外す
的を絞る
まな板に載せる
眉をひそめる
磨きを掛ける
身が入る
右へ倣え
右に出る
微塵もない
水に流す
水の泡になる
水をあける
水を差す
水を向ける
身銭を切る
店を広げる
道が開ける
道を付ける
身に余る
身に付く
身になる
身を入れる
身を粉にする
身を投じる
耳が痛い
耳が早い

151

耳に付く
耳に入れる
耳にする
耳を疑う
耳を貸す
耳を傾ける
耳を澄ます
脈がある
実を結ぶ
向きになる
胸が痛む
胸がすく
胸に納める
胸に刻む
胸を打つ
無理もない
明暗を分ける
名誉を挽回する
目が利く
目が肥える
目が高い
目が届く
目がない
眼鏡にかなう
目から火が出る
目から鱗が落ちる
目と鼻の先
目に留まる
目も当てられない
目もくれない
目を疑う
目を奪われる
目をかける
目を皿にする
目を通す
目を光らす
目を引く
目を見張る
目先が利く

目鼻が付く
芽が出る
目途が付く
面と向かって
面目を施す
目算を立てる
目算が立つ
持ち出しになる
元も子もない
物ともせず
物になる
物の見事に
物を言う

●や 行

野に下る
役者が揃う
躍起になって
山を越える
山場を迎える
止むに止まれぬ
融通が利く
雄弁に物語る
夢を描く
夢を追う
夢を託す
夢を見る
要領がいい
要領を得ない
欲を言えば
横車を押す
装いを新たに
予断を許さない
世に聞こえる
世に出る
余念がない
読みが深い
夜を徹する

●ら 行

埒が明かない
埒もない
理屈をこねる
理にかなう
溜飲を下げる
レールを敷く
烈火のごとく
労をとる
労を惜しまない
論陣を張る

●わ 行

我が意を得る
脇目も振らず
渡りに船
渡りを付ける
笑いが止まらない
藁にもすがる
割に合わない
割を食う
我を忘れる
輪をかける

⑤-1 次の各文の下線部の読みを、ひらがなで（　　）の中に記入しなさい。
① （　　　　　　　　）　**該当**する箇所に印をつけてください。
② （　　　　　　　　）　私の父は**鯖**の味噌煮が大好きだ。
③ （　　　　　　　　）　**蚕**の育て方を調べる。
④ （　　　　　　　　）　これは壊れやすいので**丁寧**に扱ってください。
⑤ （　　　　　　　　）　無駄な電気を消して、電力を**節減**しましょう。
⑥ （　　　　　　　　）　新しい担任の先生が、新入生を**引率**した。

⑤-2 次の各文の下線部の読みを、ひらがなで（　　）の中に記入しなさい。
① （　　　　　　　　）　この件については大臣の**善処**を望みます。
② （　　　　　　　　）　彼女はつまずいて**捻挫**した。
③ （　　　　　　　　）　大手企業との**提携**により、業務の拡大を目指す。
④ （　　　　　　　　）　彼の**所作**は美しい。
⑤ （　　　　　　　　）　週末の街はいつも**賑**やかだ。
⑥ （　　　　　　　　）　会社が新体制になり、人事を**刷新**した。

⑤-3 次の各文の下線部の読みを、ひらがなで（　　）の中に記入しなさい。
① （　　　　　　　　）　この事業により、大きな**利潤**が期待できる。
② （　　　　　　　　）　彼は、誰にでも優しく、**懇切**丁寧に教えてくれる。
③ （　　　　　　　　）　統計の不正が発覚したが、全てを**遡及**して訂正するのは難しい。
④ （　　　　　　　　）　彼は割った窓ガラスを**弁償**した。
⑤ （　　　　　　　　）　明日までに代金の**振込**をお願いします。
⑥ （　　　　　　　　）　彼女は主に、店の**出納**の仕事をしている。

⑤-4 次の各文の下線部の読みを、ひらがなで（　　）の中に記入しなさい。
① （　　　　　　　　）　友人仲間で金銭を**貸借**する。
② （　　　　　　　　）　送付した品を、ご**笑納**ください。
③ （　　　　　　　　）　御**清祥**のこととお喜び申し上げます。
④ （　　　　　　　　）　彼は、私の**甥**です。
⑤ （　　　　　　　　）　彼女から返事を**催促**された。
⑥ （　　　　　　　　）　彼は私の考えを、**机上**の空論だと言った。

⑤-5 次の各文の下線部の読みを、ひらがなで（　　）の中に記入しなさい。
① （　　　　　　　　）　本社の**財務**分析を行う。
② （　　　　　　　　）　彼女は**胡瓜**の浅漬けが大好きだ。
③ （　　　　　　　　）　私はなによりも**蕎麦**が大好物だ。
④ （　　　　　　　　）　彼は本社から**派遣**された。
⑤ （　　　　　　　　）　年末までに、契約を**履行**しなければならない。
⑥ （　　　　　　　　）　机の上には、筆や**硯**が用意されていた。

5-6 次の各文の下線部の読みを、ひらがなで（　　）の中に記入しなさい。
① （　　　　　　　　　） この案件について、部下から**詳細**な報告があった。
② （　　　　　　　　　） トラブルに対して、**迅速**な対応が必要である。
③ （　　　　　　　　　） 彼とは**懇意**にしているので、優しく対応してくれると思う。
④ （　　　　　　　　　） このメーターは、２０、３０などの表示になり、**端数**は無い。
⑤ （　　　　　　　　　） 論文の**要旨**をまとめる。
⑥ （　　　　　　　　　） 暑い夏には、冷やした**西瓜**が食べたくなる。

5-7 次の各文の下線部の読みを、ひらがなで（　　）の中に記入しなさい。
① （　　　　　　　　　） たまった新聞紙を**紐**で結んだ。
② （　　　　　　　　　） 海外の経済事情により、ガソリン価格が**急騰**した。
③ （　　　　　　　　　） パスタは**茹**でる加減が難しい。
④ （　　　　　　　　　） 販売を**促進**するのが我々の仕事だ。
⑤ （　　　　　　　　　） 私は毎日、業務**日報**を書いている。
⑥ （　　　　　　　　　） 先生から、もっと文章を**簡潔**にまとめるように指導された。

5-8 次の各文の下線部の読みを、ひらがなで（　　）の中に記入しなさい。
① （　　　　　　　　　） データを**添付**ファイルで送付した。
② （　　　　　　　　　） 円とドルの**為替**レートが大きく変動した。
③ （　　　　　　　　　） 生**葱**は辛いので、食べるのが苦手です。
④ （　　　　　　　　　） 彼女はいつも**眉間**にしわを寄せている。
⑤ （　　　　　　　　　） **弊社**とは、自分の会社をへりくだっていう語のことです。
⑥ （　　　　　　　　　） 先生の**処置**が早かったので、順調に回復している。

5-9 次の各文の下線部の読みを、ひらがなで（　　）の中に記入しなさい。
① （　　　　　　　　　） 水槽の中には、**鯰**が３匹いる。
② （　　　　　　　　　） 古い書類を**廃棄**した。
③ （　　　　　　　　　） 彼女の投書が、新聞に**掲載**された。
④ （　　　　　　　　　） いろいろな問題が生じたが、無事に文化祭を**実施**できた。
⑤ （　　　　　　　　　） **生姜**をすりおろして冷ややっこの薬味にした。
⑥ （　　　　　　　　　） その場の状況を**把握**する必要がある。

5-10 次の各文の下線部の読みを、ひらがなで（　　）の中に記入しなさい。
① （　　　　　　　　　） 私の叔母は**還暦**を迎えた。
② （　　　　　　　　　） 彼は事故で**肋骨**を骨折した。
③ （　　　　　　　　　） 山間の水のきれいな渓流には、**山葵**が生育していた。
④ （　　　　　　　　　） **蜘蛛**は網を張り、虫を捕食する。
⑤ （　　　　　　　　　） 国際連合は、１９４５年に**発足**しました。
⑥ （　　　　　　　　　） **嘘**をつくと人から信頼されなくなる。

⑥-1　次の＜A＞・＜B＞の各問いに答えなさい。
　＜A＞次の文の三字熟語について、下線部の読みで最も適切なものを〔　　〕の中から選び、記
　　　号で答えなさい。
　①（　　）　連絡すると言った友人から、何の音**沙汰**もない。　〔ア．さた　イ．しゃた〕
　＜B＞次の各文の下線部は、三字熟語の一部として誤っている。最も適切なものを〔　　〕の中
　　　から選び、記号で答えなさい。
　②（　　）　我々の選択**志**は、この二つしかない。　　　　　　〔ア．肢　イ．資　ウ．誌〕
　③（　　）　歌舞**機**は、世界無形遺産に登録されている。　　　〔ア．着　イ．紀　ウ．伎〕
　④（　　）　彼女とは、初対面から**居**和感もなくうちとけた。　〔ア．異　イ．違〕

⑥-2　次の＜A＞・＜B＞の各問いに答えなさい。
　＜A＞次の各文の三字熟語について、下線部の読みで最も適切なものを〔　　〕の中から選び、
　　　記号で答えなさい。
　①（　　）　小遣いを使い果たして無**一文**になった。　　　　〔ア．いちもん　イ．いつぶん〕
　②（　　）　そのもうけ話は**眉**唾物だと思った。　　　　　　〔ア．び　イ．まゆ　ウ．み〕
　＜B＞次の各文の下線部は、三字熟語の一部として誤っている。最も適切なものを〔　　〕の中
　　　から選び、記号で答えなさい。
　③（　　）　その案は、土**短**場で取りやめた。　　　　　　　〔ア．壇　イ．端〕
　④（　　）　並大**低**な努力では，その試験に合格できない。〔ア．体　イ．定　ウ．抵〕

⑥-3　次の＜A＞・＜B＞の各問いに答えなさい。
　＜A＞次の文の三字熟語について、下線部の読みで最も適切なものを〔　　〕の中から選び、記
　　　号で答えなさい。
　①（　　）　大**納**言は、太政官に置かれた官職の一つだ。　　〔ア．のう　イ．な〕
　＜B＞次の各文の下線部は、三字熟語の一部として誤っている。最も適切なものを〔　　〕の中
　　　から選び、記号で答えなさい。
　②（　　）　相撲の今場所の千**周**楽が始まった。　　　　　　〔ア．終　イ．収　ウ．秋〕
　③（　　）　夜になり、建物の周りは不気**身**に静まりかえった。〔ア．味　イ．未　ウ．実〕
　④（　　）　半**課**通な知識で、発言しない方がよい。　　　　〔ア．過　イ．可〕

⑥-4　次の＜A＞・＜B＞の各問いに答えなさい。
　＜A＞次の各文の三字熟語について、下線部の読みで最も適切なものを〔　　〕の中から選び、
　　　記号で答えなさい。
　①（　　）　今日の試合が天**王**山とみられている。　　　　　〔ア．おう　イ．のう　ウ．きみ〕
　②（　　）　**修**羅場をくぐり抜けてきた先輩は、たくましい。〔ア．しゅ　イ．しゅう〕
　＜B＞次の各文の下線部は、三字熟語の一部として誤っている。最も適切なものを〔　　〕の中
　　　から選び、記号で答えなさい。
　③（　　）　その件に関しては、彼女に任せれば大丈**部**だ。〔ア．夫　イ．分〕
　④（　　）　コンサートの盛り上がりは、最**高超**に達した。〔ア．高調　イ．好調　ウ．高潮〕

⑥-5　次の＜A＞・＜B＞の各問いに答えなさい。
　＜A＞次の文の三字熟語について、下線部の読みで最も適切なものを〔　　〕の中から選び、記
　　　号で答えなさい。
　①（　　）　あの政治家は、**玉**虫色の答弁をする。　　　　　〔ア．たま　イ．ぎょく〕
　＜B＞次の各文の下線部は、三字熟語の一部として誤っている。最も適切なものを〔　　〕の中
　　　から選び、記号で答えなさい。
　②（　　）　明日の試合は、力技一辺**等**では勝てない。　　　〔ア．踏　イ．倒　ウ．闘〕
　③（　　）　医者に処方**線**を出してもらった。　　　　　　　〔ア．専　イ．撰　ウ．箋〕
　④（　　）　不**情理**な話には、納得がいかない。　　　　　　〔ア．上利　イ．条理〕

6 -6　次の<A>・<B>の各問いに答えなさい。
　<A>次の各文の三字熟語について、下線部の読みで最も適切なものを〔　　〕の中から選び、
　　　記号で答えなさい。
　①（　　）　久しぶりに読書の醍醐味を味わった。　　　　　　〔ア．あじ　イ．み〕
　②（　　）　好事家の兄は自分の趣味を誇りに思っている。　　〔ア．ずか　イ．じや　ウ.じけ〕
　<B>次の各文の下線部は、三字熟語の一部として誤っている。最も適切なものを〔　　〕の中
　　　から選び、記号で答えなさい。
　③（　　）　姉の結婚式の披露園が無事に終わった。　　　　　〔ア．演　イ．縁　ウ．宴〕
　④（　　）　家を出たのが遅れたが、感一髪でバスに間に合った。〔ア．完　イ．間〕

6 -7　次の<A>・<B>の各問いに答えなさい。
　<A>次の文の三字熟語について、下線部の読みで最も適切なものを〔　　〕の中から選び、記
　　　号で答えなさい。
　①（　　）　彼は、監督に直談判しに行った。　　　　　　　　〔ア．ちょく　イ．じか〕
　<B>次の各文の下線部は、三字熟語の一部として誤っている。最も適切なものを〔　　〕の中
　　　から選び、記号で答えなさい。
　②（　　）　妹は言うことがずいぶん生胃気になってきた。　　〔ア．異　イ．為　ウ．意〕
　③（　　）　店を開いたばかりだが、閑子鳥が鳴いている。　　〔ア．古　イ．来　ウ．戸〕
　④（　　）　これは宮内庁の御用足の品だ。　　　　　　　　　〔ア．立　イ．達〕

6 -8　次の<A>・<B>の各問いに答えなさい。
　<A>次の各文の三字熟語について、下線部の読みで最も適切なものを〔　　〕の中から選び、
　　　記号で答えなさい。
　①（　　）　この問題は、彼らの実力を問う試金石となる。　〔ア．しゃく　イ．せき　ウ.いし〕
　②（　　）　彼は太公望仲間と釣りに出かけた。　　　　　　〔ア．こうぼう　イ．くもう〕
　<B>次の各文の下線部は、三字熟語の一部として誤っている。最も適切なものを〔　　〕の中
　　　から選び、記号で答えなさい。
　③（　　）　彼女は、不製出の女優だ。　　　　　　　　　　〔ア．世　イ．正〕
　④（　　）　今回の発表は、3年に及んだ研究の週大成だ。　〔ア．収　イ．修　ウ．集〕

6 -9　次の<A>・<B>の各問いに答えなさい。
　<A>次の文の三字熟語について、下線部の読みで最も適切なものを〔　　〕の中から選び、記
　　　号で答えなさい。
　①（　　）　彼はときどき突拍子もない行動をする。　　　　〔ア．ぱく　イ．ぴょう〕
　<B>次の各文の下線部は、三字熟語の一部として誤っている。最も適切なものを〔　　〕の中
　　　から選び、記号で答えなさい。
　②（　　）　彼は記帳面な性格で、時間を厳守する人だ。　　〔ア．基調　イ．貴重　ウ．几帳〕
　③（　　）　彼は無臓作にやってのけた。　　　　　　　　　〔ア．造　イ．増〕
　④（　　）　彼女は破天候な試みに成功した。　　　　　　　〔ア．天興　イ．天荒　ウ．転向〕

6 -10　次の<A>・<B>の各問いに答えなさい。
　<A>次の各文の三字熟語について、下線部の読みで最も適切なものを〔　　〕の中から選び、
　　　記号で答えなさい。
　①（　　）　役不足で本人に申し訳なく感じる。　　　　　　〔ア．えき　イ．やく〕
　②（　　）　この小説の魅力は、人間関係の赤裸々な描写だ。〔ア．しゃく　イ．せき　ウ．あか〕
　<B>次の各文の下線部は、三字熟語の一部として誤っている。最も適切なものを〔　　〕の中
　　　から選び、記号で答えなさい。
　③（　　）　あの方が、先生の御損父です。　　　　　　　　〔ア．尊　イ．孫〕
　④（　　）　今回の件は、禅語策を講じる必要がある。　　　〔ア．前後　イ．善悟　ウ．善後〕

筆記⑦対策問題

⑦-1 次の各文の下線部に漢字を用いたものとして、最も適切なものを〔　〕の中から選び、その記号を（　）の中に記入しなさい。
- ①（　）寒い日には、**あたたかい**飲み物が欲しい。〔ア．温かい　イ．暖かい〕
- ②（　）例を**あげる**と分かりやすい。〔ア．揚げる　イ．上げる　ウ．挙げる〕
- ③（　）彼女は紙を**やぶり**捨てた。〔ア．敗り　イ．破り〕
- ④（　）教授は、たくさんの書物を**あらわした**。〔ア．表し　イ．著し　ウ．現し〕
- ⑤（　）万全を期して試合に**のぞむ**。〔ア．臨む　イ．望む〕
- ⑥（　）彼はこの土地の反乱を**しずめた**英雄だ。〔ア．沈め　イ．鎮め　ウ．静め〕

⑦-2 次の各文の下線部に漢字を用いたものとして、最も適切なものを〔　〕の中から選び、その記号を（　）の中に記入しなさい。
- ①（　）遠征の費用は、全員で負担を**おう**ことにした。〔ア．追う　イ．負う〕
- ②（　）時間を**さいて**医者に行った。〔ア．咲い　イ．割い　ウ．裂い〕
- ③（　）その件に関しては、私にも責任が**ある**。〔ア．在る　イ．有る〕
- ④（　）彼は、空に向かって鉄砲を**うった**。〔ア．撃っ　イ．打っ　ウ．討っ〕
- ⑤（　）今日はとても暑いので、のどが**かわいて**困る。〔ア．渇い　イ．乾い〕
- ⑥（　）あと1時間で用事が**すむ**と連絡がきた。〔ア．澄む　イ．済む　ウ．住む〕

⑦-3 次の各文の下線部に漢字を用いたものとして、最も適切なものを〔　〕の中から選び、その記号を（　）の中に記入しなさい。
- ①（　）入学のお祝いの品を**おくる**。〔ア．贈る　イ．送る〕
- ②（　）彼は危険を**おかして**おぼれた人を救助した。〔ア．犯し　イ．侵し　ウ．冒し〕
- ③（　）あの峠を**こせ**ば、もうすぐ目的地だ。〔ア．越せ　イ．超せ　ウ．濾せ〕
- ④（　）物価の上昇を**おさえる**ため、経済対策を示す。〔ア．抑える　イ．押さえる〕
- ⑤（　）皆様の期待に**そう**ことができるように頑張ります。〔ア．沿う　イ．添う〕
- ⑥（　）大学で、サークルへの入会を**すすめ**られた。〔ア．進め　イ．薦め　ウ．勧め〕

⑦-4 次の各文の下線部に漢字を用いたものとして、最も適切なものを〔　〕の中から選び、その記号を（　）の中に記入しなさい。
- ①（　）私たちは、彼女を生徒会長に**おし**た。〔ア．押し　イ．推し〕
- ②（　）目的地は**あつい**壁で囲まれた建物の中だ。〔ア．暑い　イ．熱い　ウ．厚い〕
- ③（　）手ぬぐいを**しぼり**、汚れた足を拭いた。〔ア．搾り　イ．絞り〕
- ④（　）チャイムが鳴ったので、席に**つく**。〔ア．付く　イ．着く　ウ．就く〕
- ⑤（　）**やわらかい**肉が大好きだ。〔ア．軟らかい　イ．柔らかい〕
- ⑥（　）アメリカに留学して学問を**おさめる**。〔ア．納める　イ．修める　ウ．収める〕

⑦-5 次の各文の下線部に漢字を用いたものとして、最も適切なものを〔　〕の中から選び、その記号を（　）の中に記入しなさい。
- ①（　）あちらの女性は、**とうとい**身分の方だ。〔ア．貴い　イ．尊い〕
- ②（　）彼は必死で靴紐（くつひも）の固い結び目を**といた**。〔ア．溶い　イ．解い　ウ．説い〕
- ③（　）旅行の準備に必要なものを**ととのえ**た。〔ア．調え　イ．整え〕
- ④（　）真珠のペンダントを鏡に**うつす**。〔ア．移す　イ．写す　ウ．映す〕
- ⑤（　）この仕事をこなすことは、至難（しなん）の**わざ**だ。〔ア．技　イ．業〕
- ⑥（　）彼女は仕事を**かえ**た。〔ア．変え　イ．換え　ウ．替え〕

157

7-6 次の各文の下線部に漢字を用いたものとして、最も適切なものを〔　〕の中から選び、その記号を（　）の中に記入しなさい。

① （　）　スポーツ中継の放送時間を３０分間**のばす**。　〔ア．伸ばす　イ．延ばす〕
② （　）　彼は壇上に上がると**かたい**表情をした。　〔ア．堅い　イ．硬い　ウ．固い〕
③ （　）　いつの間にか、サボテンの子株が**ふえた**。　〔ア．殖えた　イ．増えた〕
④ （　）　旅行のために円をドルに**かえる**つもりです。　〔ア．変える　イ．代える　ウ．換える〕
⑤ （　）　忙しくて、自らを**かえりみる**精神的な余裕がない。〔ア．省みる　イ．顧みる〕
⑥ （　）　ライオンはメスが獲物を**とる**そうだ。　〔ア．取る　イ．捕る　ウ．執る〕

7-7 次の各文の下線部に漢字を用いたものとして、最も適切なものを〔　〕の中から選び、その記号を（　）の中に記入しなさい。

① （　）　そこの曲がり**かど**を右に行けばすぐそこです。　〔ア．角　イ．門〕
② （　）　私の父は、会社の部長を**つとめ**ている。　〔ア．勤め　イ．務め　ウ．努め〕
③ （　）　答案の誤りを**なおす**ように先生から指示があった。〔ア．直す　イ．治す〕
④ （　）　彼は努力をして、成功を**おさめ**た。　〔ア．収め　イ．納め　ウ．治め〕
⑤ （　）　鏡を見て、身だしなみを**ととのえた**。　〔ア．調えた　イ．整えた〕
⑥ （　）　気持ちを言葉に**あらわす**ことは難しい。　〔ア．表す　イ．現す　ウ．著す〕

7-8 次の各文の下線部に漢字を用いたものとして、最も適切なものを〔　〕の中から選び、その記号を（　）の中に記入しなさい。

① （　）　**かげ**ながら応援します。　〔ア．影　イ．陰〕
② （　）　旅行用の地図で行き先を指で**さし**た。　〔ア．指し　イ．刺し　ウ．挿し〕
③ （　）　医者は、検査の**あたい**を知らせた。　〔ア．価　イ．値〕
④ （　）　開会の挨拶に**かえる**。　〔ア．変える　イ．代える　ウ．替える〕
⑤ （　）　中腰になったら、履いていたズボンが**さけ**た。〔ア．裂け　イ．避け〕
⑥ （　）　その件は、委員会に**はかる**ことにした。　〔ア．図る　イ．諮る　ウ．量る〕

7-9 次の各文の下線部に漢字を用いたものとして、最も適切なものを〔　〕の中から選び、その記号を（　）の中に記入しなさい。

① （　）　寄付金は、建築費に**あてる**ことにした。　〔ア．充てる　イ．当てる　ウ．宛てる〕
② （　）　無関心な人が、半分を**しめる**。　〔ア．占める　イ．閉める　ウ．締める〕
③ （　）　迷子になったので、道を**たずねる**。　〔ア．訪ねる　イ．尋ねる〕
④ （　）　彼はあの山頂を**きわめる**だろう。　〔ア．究める　イ．窮める　ウ．極める〕
⑤ （　）　暗くなり街の**ひ**がともった。　〔ア．灯　イ．火　ウ．非〕
⑥ （　）　口が悪いのが**たま**にきずだ。　〔ア．球　イ．玉　ウ．弾〕

7-10 次の各文の下線部に漢字を用いたものとして、最も適切なものを〔　〕の中から選び、その記号を（　）の中に記入しなさい。

① （　）　日記帳のページを**くる**たびに昔がよみがえる。〔ア．来る　イ．繰る〕
② （　）　兄が家業を**つぐ**ことになった。　〔ア．接ぐ　イ．次ぐ　ウ．継ぐ〕
③ （　）　ろうそくの火をつけるため、マッチ棒を**する**。〔ア．刷る　イ．擦る〕
④ （　）　服を作るための生地を**たつ**。　〔ア．絶つ　イ．断つ　ウ．裁つ〕
⑤ （　）　風が急に**ふいて**きた。　〔ア．吹いて　イ．噴いて〕
⑥ （　）　作り**かた**を習うことにした。　〔ア．型　イ．方　ウ．形〕

⑧－1　次の各文の〔　　〕の中から、ことわざ・慣用句の一部として最も適切なものを選び、その記号を（　）の中に記入しなさい。

① （　　）　友人の意見に相槌を〔ア．入れる　イ．打つ　ウ．たたく〕。
② （　　）　彼女は泡を〔ア．吹いて　イ．食って　ウ．立てて〕逃げ出した。
③ （　　）　彼女は機転が〔ア．働く　イ．良い　ウ．利く〕人だ。
④ （　　）　選手たちは威儀を〔ア．正して　イ．律して　ウ．高めて〕授賞式に参加した。
⑤ （　　）　瞳を〔ア．凝ら　イ．一心に　ウ．集中〕して探し物をした。
⑥ （　　）　テニスの腕が〔ア．鳴る　イ．振るう　ウ．上がる〕。

⑧－2　次の各文の〔　　〕の中から、ことわざ・慣用句の一部として最も適切なものを選び、その記号を（　）の中に記入しなさい。

① （　　）　おぼれる者は、〔ア．蓑　イ．藁　ウ．棒〕にもすがる。
② （　　）　今回の急な出張には、違和感を〔ア．得る　イ．催す　ウ．覚える〕。
③ （　　）　安全が第一なのは、言わずと〔ア．知れた　イ．思う　ウ．聞いた〕ことだ。
④ （　　）　彼は入賞し、ひとり悦に〔ア．入って　イ．感じて　ウ．ひたって〕いる。
⑤ （　　）　わがチームは、腹を〔ア．割って　イ．くくって　ウ．探って〕最終戦を戦った。
⑥ （　　）　彼女は合格できず、〔ア．肩　イ．胸　ウ．肝〕を落とした。

⑧－3　次の各文の〔　　〕の中から、ことわざ・慣用句の一部として最も適切なものを選び、その記号を（　）の中に記入しなさい。

① （　　）　両者の阿吽の〔ア．気持ち　イ．呼吸　ウ．息〕が合っている。
② （　　）　会議が始まり、間髪を〔ア．入れず　イ．待たず　ウ．おいて〕彼は話し出した。
③ （　　）　経営がやっと軌道に〔ア．乗る　イ．入る　ウ．走る〕。
④ （　　）　彼女は誰に対しても〔ア．胸　イ．肩　ウ．腰〕が低い。
⑤ （　　）　もっとうまくなるように、腕を〔ア．立てる　イ．付ける　ウ．磨く〕。
⑥ （　　）　人の揚げ足を〔ア．責める　イ．言う　ウ．取る〕。

⑧－4　次の各文の〔　　〕の中から、ことわざ・慣用句の一部として最も適切なものを選び、その記号を（　）の中に記入しなさい。

① （　　）　それは、渡りに〔ア．橋　イ．馬　ウ．船〕の申し出だ。
② （　　）　膝を突き〔ア．合わ　イ．出さ　ウ．寄さ〕せて談判した。
③ （　　）　長い下宿生活に終止符を〔ア．付ける　イ．打つ　ウ．刻む〕。
④ （　　）　試合には、気合いを〔ア．かけ　イ．入れ　ウ．当て〕て取り組む。
⑤ （　　）　彼から事情を聞こうと、水を〔ア．まわす　イ．かける　ウ．向ける〕。
⑥ （　　）　この前の話には、まだ〔ア．胸　イ．腰　ウ．脈〕がある。

⑧－5　次の各文の〔　　〕の中から、ことわざ・慣用句の一部として最も適切なものを選び、その記号を（　）の中に記入しなさい。

① （　　）　不況の煽りを〔ア．食う　イ．もらう　ウ．拾う〕。
② （　　）　かえるの鳴き声が耳に〔ア．かかって　イ．付いて　ウ．留まって〕眠れない。
③ （　　）　忠告を肝に〔ア．感じて　イ．誓って　ウ．銘じて〕忘れない。
④ （　　）　長年の研究が日の〔ア．光　イ．目　ウ．輝き〕を見る。
⑤ （　　）　彼女とは〔ア．馬が　イ．目が　ウ．口が〕合うので、いつも一緒に出かける。
⑥ （　　）　ここから先は、言わぬが〔ア．花　イ．良し　ウ．先〕だ。

8-6 次の各文の〔 〕の中から、ことわざ・慣用句の一部として最も適切なものを選び、その記号を（ ）の中に記入しなさい。

① （　　） 彼は、脇目も〔ア．見ず　イ．振らず　ウ．そらさず〕に働いた。

② （　　） 会社を再建するために身を〔ア．苦　イ．錆　ウ．粉〕にして働いた。

③ （　　） 計画を白紙に〔ア．直す　イ．記す　ウ．戻す〕。

④ （　　） 彼は苦労をして角が〔ア．取れた　イ．付いた　ウ．切れた〕。

⑤ （　　） 彼女は西洋文学に造詣が〔ア．高い　イ．長い　ウ．深い〕。

⑥ （　　） 親の忠告を聞くのは耳が〔ア．つらい　イ．遠い　ウ．痛い〕。

8-7 次の各文の〔 〕の中から、ことわざ・慣用句の一部として最も適切なものを選び、その記号を（ ）の中に記入しなさい。

① （　　） 彼は人を顎で〔ア．指示する　イ．させる　ウ．使う〕。

② （　　） 困っている友人に〔ア．肩　イ．腕　ウ．胸〕を貸す。

③ （　　） 人生の岐路に〔ア．登る　イ．立つ　ウ．それる〕。

④ （　　） 主導権をめぐって火花を〔ア．散らす　イ．打つ　ウ．削る〕。

⑤ （　　） ドアに頭をぶつけて、目から〔ア．火　イ．玉　ウ．角〕が出る。

⑥ （　　） 高を〔ア．留めて　イ．くくって　ウ．知って〕ひどい目にあった。

8-8 次の各文の〔 〕の中から、ことわざ・慣用句の一部として最も適切なものを選び、その記号を（ ）の中に記入しなさい。

① （　　） 彼女は烈火の〔ア．ままに　イ．ごとく　ウ．中で〕怒った。

② （　　） すばらしい采配ぶりに舌を〔ア．打つ　イ．巻く　ウ．鳴らす〕。

③ （　　） 忙しくて、〔ア．猿　イ．犬　ウ．猫〕の手も借りたい。

④ （　　） 弱いほうの〔ア．肩　イ．形　ウ．型〕を持つ。

⑤ （　　） 表現のあいまいさに端を〔ア．上げた　イ．発した　ウ．置いた〕誤解が生じた。

⑥ （　　） 泥棒は〔ア．泡　イ．粟　ウ．潮〕を食って逃げ出した。

8-9 次の各文の〔 〕の中から、ことわざ・慣用句の一部として最も適切なものを選び、その記号を（ ）の中に記入しなさい。

① （　　） 新しい事業を始めるための足場を〔ア．固める　イ．組む　ウ．掛ける〕。

② （　　） 師匠は彼に目を〔ア．引いている　イ．かけている　ウ．こらしている〕。

③ （　　） 細かいところまで気を〔ア．置く　イ．許す　ウ．配る〕。

④ （　　） 危険は百も〔ア．把握　イ．承知　ウ．合点〕の上で行う。

⑤ （　　） 今回のイベントでは、特に食指が〔ア．動く　イ．そそられる〕品は見つからなかった。

⑥ （　　） 昔と今の生活には、雲泥の〔ア．差　イ．違い　ウ．隔たり〕がある。

8-10 次の各文の〔 〕の中から、ことわざ・慣用句の一部として最も適切なものを選び、その記号を（ ）の中に記入しなさい。

① （　　） 彼らはつらい練習に音を〔ア．はいた　イ．上げた　ウ．出した〕。

② （　　） 我が社は、景気の波に〔ア．洗われる　イ．乗る　ウ．のまれる〕ことが大事だ。

③ （　　） 真っ暗闇の中で、肝を〔ア．座った　イ．失った　ウ．冷やした〕。

④ （　　） 彼は昔は肩で〔ア．風　イ．息　ウ．敵〕を切る勢いだった。

⑤ （　　） 身に〔ア．余る　イ．帯びる　ウ．まとう〕お言葉をいただいた。

⑥ （　　） 彼は骨董品に目が〔ア．近い　イ．利く　ウ．届く〕。

8-11 次の各文の〔　〕の中から、ことわざ・慣用句の一部として最も適切なものを選び、その記号を（　）の中に記入しなさい。

① （　）山積みする課題に頭を〔ア．垂れる　イ．抱える　ウ．押さえる〕。
② （　）〔ア．磐　イ．岩　ウ．石〕にかじりついても、この難局を乗り切って見せる。
③ （　）拒み続けて、強情を〔ア．張る　イ．通す　ウ．利かせる〕。
④ （　）新入社員の彼は、筆が〔ア．のる　イ．すべる　ウ．立つ〕。
⑤ （　）今こそ社内が一体になって〔ア．気を　イ．襟を　ウ．緒を〕正すべきだ。
⑥ （　）余計なことを言うと、火に油を〔ア．かける　イ．つける　ウ．注ぐ〕結果になる。

8-12 次の各文の〔　〕の中から、ことわざ・慣用句の一部として最も適切なものを選び、その記号を（　）の中に記入しなさい。

① （　）さすがに先生は、読みが〔ア．きれる　イ．深い　ウ．立つ〕。
② （　）うわさなんか、歯牙にも〔ア．掛けない　イ．ならない　ウ．とめない〕。
③ （　）新人の成長を、長い〔ア．心　イ．息　ウ．目〕で見る。
④ （　）二人で話しても、埒が〔ア．明かない　イ．終わらない　ウ．付かない〕。
⑤ （　）私たちは、固唾を〔ア．呑んで　イ．咬んで　ウ．凝らして〕見守った。
⑥ （　）あの人は話に水を〔ア．打つ　イ．差す　ウ．得る〕。

8-13 次の各文の〔　〕の中から、ことわざ・慣用句の一部として最も適切なものを選び、その記号を（　）の中に記入しなさい。

① （　）悔やんでも、後の〔ア．祭り　イ．政　ウ．業〕だ。
② （　）喧嘩した二人は、その後も怒り心頭に〔ア．達した　イ．発した〕ままの様子だった。
③ （　）授業中に先生は、立て板に〔ア．雨　イ．釘　ウ．水〕のように話をした。
④ （　）冗談を言って、お茶を〔ア．炒る　イ．濁す　ウ．混ぜる〕。
⑤ （　）丹精を〔ア．込め　イ．さし　ウ．押し〕て、料理を作った。
⑥ （　）芝居はいよいよ〔ア．局面　イ．場面　ウ．山場〕を迎える。

8-14 次の各文の〔　〕の中から、ことわざ・慣用句の一部として最も適切なものを選び、その記号を（　）の中に記入しなさい。

① （　）彼女の態度には腑に〔ア．いかない　イ．落ちない　ウ．かけない〕ところがある。
② （　）実力も知識もある彼に白羽の矢が〔ア．立つ　イ．当たる　ウ．刺す〕のは当たり前だ。
③ （　）決勝戦の火ぶたを〔ア．切る　イ．落とす　ウ．開く〕。
④ （　）彼女のマナーの悪さに眉を〔ア．ゆがめる　イ．ひそめる　ウ．曲げる〕。
⑤ （　）どうしたら良いのか思案に〔ア．暮れる　イ．めぐる　ウ．落ちる〕。
⑥ （　）世の中に出て荒波に〔ア．おかれる　イ．揺れる　ウ．揉まれる〕。

8-15 次の各文の〔　〕の中から、ことわざ・慣用句の一部として最も適切なものを選び、その記号を（　）の中に記入しなさい。

① （　）一日中、足を〔ア．空に　イ．棒に　ウ．重く〕して探した。
② （　）腰を〔ア．据えて　イ．掛けて　ウ．上げて〕勉強に取り組んだ。
③ （　）この本は専門書なので、読むのに骨が〔ア．しみる　イ．かかる　ウ．折れる〕。
④ （　）彼女は勉強以外のことには〔ア．目　イ．鼻　ウ．気〕もくれない。
⑤ （　）今年こそは県代表になって、汚名を〔ア．挽回　イ．返上〕しよう。
⑥ （　）兄弟げんかでは、いつも兄の私が割を〔ア．当てる　イ．振る　ウ．食う〕。

1　次の各用語に対して、最も適切な説明文を解答群の中から選び、記号で答えなさい。
　① 　ＪＩＳ第２水準　　　　② 　トナー　　　　　　③ 　単語登録
　④ 　ネチケット　　　　　　⑤ 　感熱紙　　　　　　⑥ 　インデント
　⑦ 　文字間隔　　　　　　　⑧ 　タイムスタンプ

【解答群】
ア．レーザプリンタやコピー機などで使う粉末状のインクのこと。
イ．写真やイラストなどのデータを保存するファイルのこと。
ウ．ＪＩＳで定められた漢字の規格で、通常の国語の文章の表記に用いる３３９０字が部首別に並んでいる。
エ．ユーザが使い勝手をよくするため、新たな単語とその読みを辞書ファイルに記憶すること。
オ．横書きの文書の中で、上下に隣接する行の文字の中心から中心までの長さのこと。
カ．熱を感じると黒く変色する印刷用紙のこと。電車の切符、レシート、拡大印刷機などで使われる。
キ．ディスプレイの大きさのこと。その大きさは、画面の対角線で測られる。単位としてインチを用いる。
ク．漢字などに付けるふりがなのこと。
ケ．横書きの１行の中で、左右に隣り合う文字の外側から外側までの長さのこと。
コ．インターネットでメールや情報発信をする際に、ルールを守り他の人の迷惑になる行為を慎むこと。
サ．行中における文字列の開始位置と終了位置を変えること。
シ．ある事実が発生した時間と場所を特定し、それを証明する仕組みのこと。

2　次の各文の下線部について、正しい場合は○を、誤っている場合は最も適切な用語を解答群の中から選び、記号で答えなさい。
　① 　パソコンの画面や印刷で、文字を構成する一つひとつの点のことを**タブ**という。
　② 　範囲指定した部分を強調するため、その範囲に網目模様を掛ける機能のことを**感熱紙**という。
　③ 　横書きの文書の中で、上下に隣接する行の文字の中心から中心までの長さのことを**ツールバー**という。
　④ 　**機種依存文字**とは、ｱｲｳｴｵ、①②③、ⅠⅡⅢ、㎝、㍍など利用する機械や環境などによって、コードと表示が異なる文字のことをいう。
　⑤ 　新聞紙などから作った再生パルプを混入してある用紙のことを**ＰＰＣ用紙**という。
　⑥ 　罫線の中など、指定した範囲内に色や模様を付ける機能のことを**透かし**という。
　⑦ 　電子メールで使う住所録に相当するもので、知人や取引先の名前やメールアドレスを登録・保存した一覧のことを**メールアカウント**という。
　⑧ 　必要なときにすぐに使えるように、一定の基準により文書を分類して整理し、保管することを**バックアップ**という。

【解答群】
ア．段組み　　　　　　イ．網掛け　　　　　　ウ．行間隔
エ．ドット　　　　　　オ．塗りつぶし　　　　カ．異体字
キ．ファイリング　　　ク．押印　　　　　　　ケ．アドレスブック
コ．再生紙　　　　　　サ．解像度　　　　　　シ．行ピッチ

3 次の各文の〔　　〕の中から最も適切なものを選び、記号で答えなさい。

① やり方や手順、順序などを記した文書や、製品やサービスの機能・性能・特質や満たすべき条件などをまとめた文書のことを〔ア．仕様書　イ．誓約書　ウ．確認書〕という。

② 社内文書に分類されないものは、〔ア．通達　イ．規定・規程　ウ．礼状〕である。

③ 社内文書の一つで、会社や上司に提出し、その内容の許可を求める文書のことを〔ア．願い　イ．通知　ウ．届〕という。

④ 設立の際に法務局に登録し、会社の実印としての役割を担う印のことを〔ア．タイムスタンプ　イ．代表者印　ウ．電子印鑑〕という。

⑤ 「貼り付け」の操作を実行するショートカットキーは、Ctrl +〔ア．Z　イ．V　ウ．X　〕である。

⑥ 罫線の実線とは、〔ア．━━　イ．‥‥‥‥　ウ．──　〕である。

⑦ プレゼンテーション全体の内容を示す見出しのことを〔ア．タイトル　イ．スクリーン　ウ．サブタイトル〕という。

⑧ 〔ア．プレゼンテーション　イ．レイアウト　ウ．配付資料〕とは、聞き手がプレゼンテーションの内容を理解しやすくするために、配付用にスライドを印刷したものなどのことである。

4 次の各問いの答えとして、最も適切なものをそれぞれのア〜ウの中から選び、記号で答えなさい。

① 文字（フォント）の大きさやアンダーラインなどは表示できない「メモ帳」によって作成したファイル形式はどれか。
　　　　ア．標題.png　　　　　　　イ．標題.txt　　　　　　　ウ．標題.gif

② 「ビジネス文書実務検定試験2級合格」で使われている文字修飾はどれか。
　　　　ア．点線の下線　　　　　　イ．一重下線　　　　　　　ウ．波線の下線

③ 下の例文の作成で利用した機能はどれか。

> 　医療・ヘルスケア分野でも、医療ガス供給や、住宅医療などに重要な役割を果たしている。リニアモーターカーや燃料電池自動車など、近未来の新技術を支え｜る分野でも産業ガスが活用されており、時代や社会環境の変化に応じて、多様なフィールドで活躍している。

　　　　ア．段組み　　　　　　　　イ．網掛け　　　　　　　　ウ．均等割付け

④ 「高校生全国大会」を「全国高校生大会」と校正したい場合の校正記号はどれか。
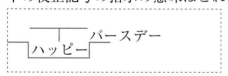
　　ア．高校生全国大会　　　　イ．高校生全国大会　　　　ウ．高校生全国大会

⑤ 下の校正記号の指示の意味はどれか。

> ┌─┬──バースデー
> └ハッピー┘

　　　　ア．空け　　　　　　　　　イ．詰め　　　　　　　　　ウ．移動

⑥ コード表から「JIS X 0208」や「0x7f」のように入力して、漢字や記号などが入力される機能はどれか。
　　　　ア．手書き入力　　　　　　イ．コード入力　　　　　　ウ．予測入力

7

筆記総合問題①

5 次の各文の下線部の読みを、ひらがなで答えなさい。
 ① かねてからの願いが**成就**した。
 ② 国の将来は若者の**双肩**にかかっている。
 ③ 職場の先輩方は、新入社員の私にいろいろと**配慮**してくれた。
 ④ 虫が入らないように窓に**網戸**を取り付けた。
 ⑤ パソコンの画面が見やすいように**椅子**の高さを調整した。
 ⑥ 株価が**下落**した。

6 次の＜Ａ＞・＜Ｂ＞の各問いに答えなさい。
 ＜Ａ＞次の文の三字熟語について、下線部の読みで最も適切なものを〔　〕の中から選び、
　　　記号で答えなさい。
 ① こんなにつらい仕事は、**金**輪際ごめんだ。　　　　　〔ア．きん　イ．こん〕
 ＜Ｂ＞次の各文の下線部は、三字熟語の一部として誤っている。最も適切なものを〔　〕
　　　の中から選び、記号で答えなさい。
 ② 彼は一目**酸**に逃げ出した。　　　　　　　　　〔ア．参　イ．散　ウ．産〕
 ③ 製品が売れると皮算**洋**したのが原因で、我が社は傾いた。
　　　　　　　　　　　　　　　　　　　　　　　　　　〔ア．用　イ．容〕
 ④ 理**夫人**なことを言ってはいけない。　　　　〔ア．布陣　イ．婦人　ウ．不尽〕

7 次の各文の下線部に漢字を用いたものとして、最も適切なものを〔　〕の中から選び、
　記号で答えなさい。
 ① お客様から工事を**うける**。　　　　〔ア．請ける　イ．受ける〕
 ② 商売を始めるには、人手が**いる**。　　〔ア．要る　イ．入る　ウ．居る〕
 ③ 小枝を**おり**、焚き火の準備をした。　〔ア．折り　イ．織り〕
 ④ 今回の試合は三時間を**こす**大接戦だ。〔ア．越す　イ．漉す　ウ．超す〕
 ⑤ **あぶら**汗が出る。　　　　　　　　　〔ア．油　イ．脂〕
 ⑥ 着替えのために服のボタンを**とめる**。〔ア．止める　イ．泊める　ウ．留める〕

8 次の各文の〔　〕の中から、ことわざ・慣用句の一部として最も適切なものを選び、
　記号で答えなさい。
 ① 先の経済危機は、今なお〔ア．油断_{ゆだん}　イ．予断_{よだん}〕を許さない状況だ。
 ② 道に迷い、途方_{とほう}に〔ア．困る　イ．暮れる〕。
 ③ 彼女は、親の権威を笠_{かさ}に〔ア．着る　イ．まとう　ウ．引く〕。
 ④ 雀_{すずめ}の〔ア．涙　イ．子　ウ．口〕ほどの補助金だった。

1　次の各文は何について説明したものか、最も適切な用語を解答群の中から選び、記号で答えなさい。

① 文書のデータを記憶した、主にワープロソフトで扱うファイルのこと。

② 一つの文書やウィンドウで、複数の文書（シート）を同時に取り扱う機能のこと。

③ 8.5インチ×11インチ＝215.9mm×279.4mmの用紙サイズのことで、アメリカ国内のローカル基準である。

④ 文書を印刷しない場合に、パソコン上で書類に押印ができるシステムのこと。

⑤ マウスなどを使い、文字や記号の線の形をトレースし（なぞっ）て入力する方法のこと。

⑥ 横書きの1行の中で、左右に隣り合う文字の中心から中心までの長さのこと。

⑦ 横書きの中で、左右に隣り合う全角文字の外側から半角文字の外側までの長さのこと。

⑧ 余白や行頭・行末などを変更するため、画面の上部と左側に用意された目盛のこと。

【解答群】

ア．定型句登録	イ．手書き入力	ウ．ルーラー
エ．電子印鑑	オ．文書ファイル	カ．dpi
キ．文字ピッチ	ク．マルチシート	ケ．ルビ
コ．和欧文字間隔	サ．単語登録	シ．レターサイズ

2　次の各文の下線部について、正しい場合は○を、誤っている場合は最も適切な用語を解答群の中から選び、記号で答えなさい。

① 個人が市区町村の役所に、印鑑登録の届出をしている個人印のことを**実印**という。

② ワープロソフトなどで、あらかじめ設定した位置に文字やカーソルを移動させる機能のことを**ツールボタン**という。

③ 電子メールに付けて送付される、文書や画像などのデータのことを**ネチケット**という。

④ ファイル名の次に、ピリオドに続けて指定する文字や記号のことを**JIS第1水準**という。

⑤ 文字の背景に配置する模様や文字、画像のことを**塗りつぶし**という。

⑥ データの破損や紛失などに備え、別の記憶装置や記憶媒体にまったく同じデータを複製し、保存することを**オブジェクト**という。

⑦ 新聞や辞書などのように、同一ページ内で文字列を複数段に構成する機能のことを**背景**という。

⑧ 電子メールの送信先指定方法の一つで、本来の受信者や、同時に受信している他の受信者にメールアドレスを知らせないで、同じメールを送る宛先のメールアドレスのことを**Cc**という。

【解答群】

ア．Bcc	イ．役職印	ウ．バックアップ
エ．PPC用紙	オ．拡張子	カ．タブ
キ．添付ファイル	ク．段組み	ケ．透かし
コ．解像度	サ．署名	シ．画面サイズ

7

筆記総合問題②

3 次の各文の〔　　〕の中から最も適切なものを選び、記号で答えなさい。
① ある仕事を他の人にゆだねるための文書のことを〔ア．委嘱状　イ．招待状　ウ．回覧〕という。
② 代金の支払いを求めるための文書のことを〔ア．見積書　イ．注文書　ウ．請求書〕という。
③ 必要な情報や事項をやりとりするための文書のことを〔ア．紹介状　イ．連絡文書　ウ．礼状〕という。
④ 預金を引き出す払い出し票などに使う印のことを〔ア．役職印　イ．認印　ウ．銀行印〕という。
⑤ 「印刷」の操作を実行するショートカットキーは、Ctrl＋〔ア．C　イ．P　ウ．X 〕である。
⑥ 感嘆符の記号は、〔ア．？　イ．！　ウ．／〕である。
⑦ 〔ア．ツール　イ．プロジェクタ　ウ．ポインタ〕とは、説明する箇所を指し示す指示棒のことである。
⑧ スライド上に表示する、オブジェクトやテキストの配置のことを〔ア．レイアウト　イ．サブタイトル　ウ．タイトル〕という。

4 次の各問いの答えとして、最も適切なものをそれぞれのア～ウの中から選び、記号で答えなさい。

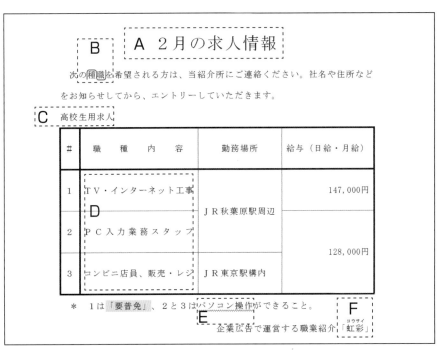

① Aに挿入した文字の大きさはどれか。
　　ア．太文字　　　　　　　　イ．２４ポイント　　　　　ウ．横倍角
② Bの校正記号の指示の意味はどれか。
　　ア．誤字訂正　　　　　　　イ．入れ替え　　　　　　　ウ．行を続ける
③ Cを「高校生用求人」としたい場合の校正記号はどれか。
　　ア．高校生用求人　　　　　イ．高校生用求人　　　　　ウ．高校生用求人
④ Dに用いられている編集機能はどれか。
　　ア．均等割付け　　　　　　イ．右寄せ　　　　　　　　ウ．禁則処理
⑤ Eに用いられている編集機能はどれか。
　　ア．点線の下線　　　　　　イ．破線の下線　　　　　　ウ．波線の下線
⑥ Fに用いられている編集機能はどれか。
　　ア．ルビ　　　　　　　　　イ．斜体　　　　　　　　　ウ．網掛け

166

5 次の各文の下線部の読みを、ひらがなで答えなさい。
　① 茶葉をひいて粉にした茶のことを**抹茶**という。
　② 祖母は、**蓬**のはいった餅が好きだ。
　③ **腎臓**は、体内に生じた不要物質を尿として体外に排出する。
　④ 車窓から眺めると、**田圃**や山々にはまだ雪が残っていた。
　⑤ **鰹**は、日本では古くから刺身やたたきなどで食用にされている。
　⑥ 古い建物なので、部屋の**天井**が低い。

6 次の＜Ａ＞・＜Ｂ＞の各問いに答えなさい。
　＜Ａ＞次の各文の三字熟語について、下線部の読みで最も適切なものを〔　　〕の中から選
　　　び、記号で答えなさい。
　① 私の**力**不足によって、皆に迷惑をかけた。　〔ア．りき　イ．りょく　ウ．ちから〕
　② **端**境期で在庫が品薄になる。　　　　　　　〔ア．は　イ．はた〕
　＜Ｂ＞次の各文の下線部は、三字熟語の一部として誤っている。最も適切なものを〔　　〕
　　　の中から選び、記号で答えなさい。
　③ 彼女はこの店の**官**板娘だ。　　　　　　　　〔ア．勘　イ．看　ウ．観〕
　④ 彼はいつも居**竹**高にふるまった。　　　　　〔ア．丈　イ．岳〕

7 次の各文の下線部に漢字を用いたものとして、最も適切なものを〔　　〕の中から選び、
記号で答えなさい。
　① 借金を**かえす**。　　　　　　　　　　　　　〔ア．返す　イ．帰す〕
　② 帰り道で、事故に**あった**。　　　　　　　　〔ア．会った　イ．合った　ウ．遭った〕
　③ 彼女の趣味は自作の和歌を**よむ**ことだ。　　〔ア．読む　イ．詠む〕
　④ 公園の芝を**かる**のは大変だ。　　　　　　　〔ア．駆る　イ．狩る　ウ．刈る〕
　⑤ 寝ている子が、あまりの騒音で目を**さました**。〔ア．覚ました　イ．冷ました
　　ウ．醒ました〕
　⑥ 朝日が**のぼり**、明るくなってきた。　　　　〔ア．昇り　イ．上り　ウ．登り〕

8 次の各文の〔　　〕の中から、ことわざ・慣用句の一部として最も適切なものを選び、
記号で答えなさい。
　① 先取点をものにして、チームの意気が〔ア．揚がる　イ．投じる　ウ．付く〕。
　② 喜んでもらうために、もてなしに趣向を〔ア．変える　イ．凝らす〕。
　③ あまりにも難しい問題なので、歯が〔ア．折れる　イ．痛い　ウ．立たない〕。
　④ この件に関しては、彼の右に〔ア．勝る　イ．出る〕者はいない。

8 模擬試験問題

第1回　模擬試験問題

■速度-1■（制限時間10分）
次の文章を明朝体とし、1行30字で入力しなさい。

我が国では、ビジネスや生活など様々な場面で印鑑が使われてい	30
る。その種類は多様で、実印や認印、銀行印など用途によりどれを	60
使うか決まる。	68
この印鑑を楽しむものとして、人気となっているのが御朱印巡り	98
だ。御朱印とは、神社やお寺を参拝した際に、その証として押印し	128
てもらえる、名称や日付などが墨書きされた特徴ある印影のことで	158
ある。最近は、カラフルでデザイン性の高い印影も多いことから、	188
ＳＮＳで紹介されると、若者を中心にその場所へ訪れる人が増える	218
という。	223
日本を訪れた海外の観光客からも、印鑑は注目されている。自分	253
の名前に、漢字の当て字をして作る「自分だけのマーク」として、	283
印鑑の人気は高い。また、自分へのご褒美や、家族へのお土産とし	313
て、需要は増加しているという。	329
印鑑本来の使用方法とは異なるが、趣味や娯楽といった様々な形	359
で、印鑑が使用される場が増えてきた。一方、電子署名法が施行さ	389
れたことにより、電子印鑑が登場し、印鑑の使い方は、さらに増え	419
た。今後も印鑑を通じて、私たちの生活がより豊かで便利になって	449
いくのが楽しみである。	460

1　次の各用語に対して、最も適切な説明文を解答群の中から選び、記号で答えなさい。
　　①　オブジェクト　　　　　②　行間隔　　　　　　　③　解像度
　　④　常用漢字　　　　　　　⑤　テキストボックス　　⑥　定型句登録
　　⑦　予測入力　　　　　　　⑧　インクカートリッジ

【解答群】
ア．過去の入力状況を記憶して、新しい入力の際に予想される変換候補を優先して表示する
　　ことで、入力の打数や選択の手間を省力し支援する変換方式のこと。
イ．ディスプレイやプリンタ、スキャナなどで入出力される、文字や画像のきめの細かさを
　　意味する尺度のこと。
ウ．ユーザが使い勝手をよくするため、新たな単語とその読みを辞書ファイルに記憶するこ
　　と。
エ．罫線の中など、指定した範囲内に色や模様を付けること。
オ．横書きの中で、上下に隣接する行の文字の外側から外側までの長さのこと。
カ．一般の社会生活において、現代の国語を書き表す場合の漢字使用の目安とされる、
　　２１３６文字の漢字のこと。
キ．ＪＩＳで定められた漢字の規格で、通常の国語の文章の表記に用いる漢字のうち第１水
　　準を除いた、３３９０字が部首別に並んでいる。
ク．よく利用する文や語句などを、通常の「読み」よりも少ないタッチ数で辞書ファイルに
　　記憶させること。
ケ．ページの任意の位置に、あらかじめ設定した書式とは別に、独自に文字が入力できるよ
　　うに設定する枠のこと。
コ．インクジェットプリンタで使う液体インクの入った容器のこと。
サ．横書きの１行の中で、左右に隣り合う文字の外側から外側までの長さのこと。
シ．画像やグラフなど、文書の中に貼り付けるデータのこと。

2　次の各文の下線部について、正しい場合は○を、誤っている場合は最も適切な用語を解
　答群の中から選び、記号で答えなさい。
　　①　複数の文字や記号を組み合わせ、一文字としてデザインした文字のことを**異体字**という。
　　②　**段組み**とは、文字の背景に配置する模様や文字、画像のことである。
　　③　**文字化け**とは、文字集合または符号化方式などの不一致によって、Ｗｅｂサイトやメー
　　　ルの文字が正しく表現されない現象のことである。
　　④　ゴム印や印刷で記名した場合に、印影を紙に残すことを**実印**という。
　　⑤　**メールアカウント**とは、電子メールで使う住所録に相当するもので、知人や取引先の名
　　　前やメールアドレスを登録・保存した一覧のことである。
　　⑥　１インチあたりの点の数で示される解像度の単位のことを**ドット**という。
　　⑦　**添付ファイル**とは、電子メールに付けて送付される、文書や画像などのデータのことで
　　　ある。
　　⑧　**手差しトレイ**とは、用紙を適切な枚数入れて、プリンタの内部に用紙をセットする装置
　　　のことである。

【解答群】
ア．レターサイズ　　　　イ．押印　　　　　　　ウ．網掛け
エ．透かし　　　　　　　オ．メールアドレス　　カ．dpi
キ．トナー　　　　　　　ク．合字　　　　　　　ケ．認印
コ．静止画像ファイル　　サ．アドレスブック　　シ．用紙カセット

8

模擬試験問題①

3　次の各文の〔　　〕の中から最も適切なものを選び、記号で答えなさい。

① 売買に関する取引条件を売主に問い合わせるための文書のことを〔ア．見積書
　イ．見積依頼書　ウ．仕様書〕という。

② 〔ア．挨拶状　イ．依頼状　ウ．添え状〕とは、取引先などに対して、用件をまとめて
説明し、それを遂行するようにお願いするための文書のことである。

③ 売主に商品などを受け取ったことを知らせるための文書のことを〔ア．物品受領書
　イ．納品書　ウ．領収証〕という。

④ 部長や課長などの、組織の役職者の認印として使われる印のことを〔ア．代表者印
　イ．銀行印　ウ．役職印〕という。

⑤ 〔ア．Ctrl＋P　イ．Ctrl＋V　ウ．Ctrl＋Z〕は、「元に戻す」の操作を実行
するショートカットキーである。

⑥ 10のローマ数字での表記は、〔ア．X　イ．V　ウ．L〕である。

⑦ 電子メールでのメール本文とは、メールの主たる内容となる文章のことで 宛名・前文・
主文・末文・〔ア．件名　イ．宛先　ウ．署名〕で構成される。

⑧ 〔ア．スライド　イ．スライドショー　ウ．プレゼンテーション〕とは、資料を自
動的にページ送りして、連続して提示することをいう。

4　次の各問いの答えとして、最も適切なものをそれぞれのア〜ウの中から選び、記号で答
えなさい。

① 「価格は、メーカー小売り希望価格です。」で用いられている編集機能はどれか。
　　　ア．波線の下線　　　　　　　イ．二重下線　　　　　　　ウ．破線の下線

② 文書中に静止画像を挿入する時に、選択する正しい拡張子のファイルはどれか。
　　　ア．添付ファイル.doc　　　イ．添付ファイル.png　　　ウ．添付ファイル.rtf

③ 下の文書の背景に配置された「回覧」の文字の編集方法はどれか。

グループ企業社員旅行のお知らせ
今年は、グループ企業の社員、ご家族の皆さまで社員旅行を開催します。
詳しくは別紙をご覧ください。皆さまぜひご参加ください！

　　　ア．透かし　　　　　　　　　イ．白抜き　　　　　　　　ウ．塗りつぶし

④ 電子メールの送信先指定方法の一つで、本来の受信者と同時に、同じメールを送る宛先
のメールアドレスはどれか。
　　　ア．To　　　　　　　　　　　イ．Cc　　　　　　　　　　ウ．Bcc

⑤ 校正後の結果が「恒例大感謝祭り」となるのはどれか。

　　　ア．恒例の大感謝祭り　　　　イ．恒例大反射祭り　　　　ウ．恒例大感謝祭り

⑥ 「アグリーメント」と校正したい場合の校正記号はどれか。
　　　ア．アグリーメント　　　　　イ．アグリーメント　　　　ウ．アグリーメント

170

5 次の各文の下線部の読みを、ひらがなで答えなさい。
① 彼女は契約書に**署名**をした。
② 日本には、土用の丑の日に**鰻**を食べる習慣がある。
③ この大きな石をなでると、ご**利益**があると言われている。
④ 新しい工場は、順調に**稼働**している。
⑤ キャンプで焚火をするために、木を**鋸**で小さく切った。
⑥ 焼き**蛤**は私の大好物だ。

6 次の＜Ａ＞・＜Ｂ＞の各問いに答えなさい。
＜Ａ＞次の文の三字熟語について、下線部の読みで最も適切なものを〔　　〕の中から選び、記号で答えなさい。
① 浄**瑠**璃の稽古本を図書館で借りる。　　　　　　〔ア．りゅう　イ．る〕
＜Ｂ＞次の各文の下線部は、三字熟語の一部として誤っている。最も適切なものを〔　　〕の中から選び、記号で答えなさい。
② 業界の不**聞**律を守る。　　　　　　　　　　　　〔ア．蚊　イ．分　ウ．文〕
③ 故郷では、催しが日常茶**半**事に行われている。　〔ア．飯　イ．判〕
④ 彼女は子**本**悩な人だ。　　　　　　　　　　　　〔ア．盆　イ．煩　ウ．凡〕

7 次の各文の下線部に漢字を用いたものとして、最も適切なものを〔　　〕の中から選び、記号で答えなさい。
① このざるは、網の目が**あらい**。　　　　　　　〔ア．洗い　イ．荒い　ウ．粗い〕
② 彼は平気で人の気に**さわる**ことを言う。　　　〔ア．触る　イ．障る〕
③ 夏休みの海外旅行のことを考えると、胸が**おどる**。〔ア．躍る　イ．踊る〕
④ **かた**にはまった挨拶をする。　　　　　　　　　〔ア．方　イ．型　ウ．形〕
⑤ 釣れた鮎を**すみ**火で焼いた。　　　　　　　　　〔ア．墨　イ．隅　ウ．炭〕
⑥ 彼女は料理の腕を**ふるった**。　　　　　　　　　〔ア．振るった　イ．奮った〕

8 次の各文の〔　　〕の中から、ことわざ・慣用句の一部として最も適切なものを選び、記号で答えなさい。
① 私は気が短いので、短気は〔ア．損気　イ．呑気　ウ．辛気〕とたしなめられた。
② 企画が壺に〔ア．とおり　イ．あたり　ウ．はまり〕売り上げが伸びた。
③ 背に〔ア．口　イ．肩　ウ．腹〕はかえられないので、虫歯を抜くことにした。
④ 普段おとなしい彼が激怒して馬脚を〔ア．出す　イ．あらわす〕結果になった。

■実技－1■　　右の問題文を、余白は上下左右25㎜、1行36字に設定し、指示のないフォントは明朝体の全角で12ポイントに統一して入力しなさい。なお、ヘッダーに左揃えでクラス、出席番号、名前を入力すること。（制限時間15分）

※　右の問題文は、1ページ25行で作成されているが、行数を調整すること。

【問　題】

次の指示に従い、右のような文書を作成しなさい。

【指　示】

1．右の問題文を校正記号に従って入力すること。
2．表は、行頭・行末を越えずに作成し、行間は、2.0とすること。
3．罫線は、右の表のように太実線と細実線とを区別すること。
4．表の枠内の文字は1行で入力し、上下のスペースが同じであること。
5．表内の「品名」、「容量」、「価格（税込み）」、「会員特別割引」は下の資料を参照し、項目名とデータが正しく並ぶように作成すること。

資料

品　　　名	価格（税込み）	容　　量
ブルーマウンテン	1,130円	７０ｇ
モカブレンド	580円	１００ｇ
エメラルドマウンテン	580円	７０ｇ

価格（税込み）	会員特別割引
5,500円	１０％
9,800円	１０％

6．表内の「価格（税込み）」の数字は、明朝体の半角で入力し、3桁ごとにコンマを付けること。
7．出題内容に合ったオブジェクトを、用意されたフォルダなどから選び、指示された位置に挿入すること。ただし、適切な大きさで、他の文字や線などにかからないこと。
8．①～⑨の処理を行うこと。
9．右の問題文にない空白行を入れないこと。

① フォントサイズは24ポイントで、文字を線で囲み、センタリングする。

厳選した珈琲をご家庭で！

当社は創業以来、多くの産地のコーヒー豆を取り扱っています。皆様に「本当の美味しさ」を味わっていただきたく、お手頃な価格で商品を取り揃えました。

【商品一覧】

② 各項目名は、枠の中で左右にかたよらないようにする。

④ 左寄せする（均等割付けしない）。　⑤ センタリングする（均等割付けしない）。

③ 枠内で均等割付けする。

⑥ 右寄せする。

品　　　名	内　　　容	容　量	価格（税込み）
	独特の香りとコク	１００ｇ	
エメラルドマウンテン	比類ない深い味わい		
	酸味、甘み、苦みの調和		1,130円

◇　他にも、100種類以上の銘柄を取り揃えております。

⑦ 二重下線を引く。

◇ お好みの挽き方をお選びいただけます。

【関連商品】

② と同じ。

③ と同じ。

⑥ と同じ。　⑤ と同じ。

品　　　名	価格（税込み）	会員特別割引	
コーヒーミル			オブジェクト（写真）の挿入位置
おうちドリップセット	9,800円		

※　会員の方の送料は、全国一律無料です。

⑧ 網掛けする。

※　問い合わせ先　ＴＥＬ　０１２０－９６９－５３４

珈琲工房カルミィ　⑥ と同じ。

担当：月見里（やまなし）　幸一　⑨ 明朝体のひらがなでルビをふり、右寄せする。

173

■速度－2■（制限時間10分）
　次の文章を明朝体とし、1行30字で入力しなさい。

　環境省は２０３０年度の太陽光発電の導入目標を、約２０００万　　30
ＫＷ分積み増す方針を打ち出した。これは、２０基の原子力発電所　60
の電力に当たる。このような状況の中、ペロブスカイト太陽電池の　90
実用化が期待されている。　　　　　　　　　　　　　　　　　　103

　従来の太陽電池は、使われている原料により、様々な種類に分け　133
られる。主流となっているものはシリコン系太陽電池であり、壊れ　163
にくく変換効率が高いといわれている。しかし、厚くて曲げられな　193
い、製造にかかる費用が高いといったデメリットがあった。　　　221

　この課題を解決したのが、ペロブスカイト太陽電池だ。これは、　251
ヨウ素を主な原材料とした結晶構造をフィルムに塗ったもので、薄　281
くて軽いのが特徴だ。そのため、折り曲げることができ、これまで　311
設置できなかった場所にも対応ができる。また、塗布や印刷で製造　341
でき大量生産が可能で、低コスト化も期待できる。　　　　　　　365

　一方で、変換効率や耐久性など、この電池にもまだ課題がある。　395
実用化されればあらゆる場所に設置でき、少ない面積で大きな電力　425
が得られるという。クリーン社会の実現のため、これからの動向が　455
楽しみだ。　　　　　　　　　　　　　　　　　　　　　　　　　460

[1] 次の各文は何について説明したものか、最も適切な用語を解答群の中から選び、記号で答えなさい。

① コピー機での使用に最適の特徴を持つ用紙のこと。

② 必要なときにすぐに使えるように、一定の基準により文書を分類して整理し、保管すること。

③ データの破損や紛失などに備え、別の記憶装置や記憶媒体にまったく同じデータを複製し、保存すること。

④ 横書きの文書の中で、上下に隣接する行の文字の中心から中心までの長さのこと。

⑤ 印刷のたびに適切な用紙に換えられるように、プリンタの外部から用紙をセットする装置のこと。

⑥ ワープロソフトにおいては、余白や行頭・行末などを変更するため、画面の上部と左側に用意された目盛のこと。

⑦ 受け取った電子メールの送信元を表示するもののこと。

⑧ 常用漢字を中心に、２９６５字が５０音順に並んでいる漢字の規格のこと。

【解答群】

ア．ＪＩＳ第２水準	イ．ファイリング	ウ．ＪＩＳ第１水準
エ．再生紙	オ．バックアップ	カ．To
キ．行ピッチ	ク．手差しトレイ	ケ．ＰＰＣ用紙
コ．ルーラー	サ．From	シ．行間隔

8

模擬試験問題②

[2] 次の各文の下線部について、正しい場合には○を、誤っている場合は最も適切な用語を解答群の中から選び、記号で答えなさい。

① 熱を感じると黒く変色する印刷用紙のことを**塗りつぶし**という。

② ツールボタンを機能別にまとめた部分のことを**ツールバー**という。

③ 行中における文字列の開始位置と終了位置を変えることを、**コード入力**という。

④ 預金を引き出す払い出し票などに使う印のことを**実印**という。

⑤ **文字間隔**とは、左右に隣り合う全角文字の外側から半角文字の外側までの長さのことである。

⑥ 受取人に用件を適確に伝えるために、メールの内容を簡潔に表現した見出しのことを**件名**という。

⑦ 表示する文書（シート）を切り替えるときにクリックする部分のことを**マルチシート**という。

⑧ ディスプレイの大きさのことを**解像度**という。

【解答群】

ア．和欧文字間隔	イ．押印	ウ．前文
エ．感熱紙	オ．オブジェクト	カ．署名
キ．シートフィーダ	ク．文字ピッチ	ケ．画面サイズ
コ．銀行印	サ．ワークシートタブ	シ．インデント

3 次の各文の〔　〕の中から最も適切なものを選び、記号で答えなさい。

① 〔ア．通知　イ．通達　ウ．回覧〕とは、上級機関が所管の機関・職員に知らせるための文書のことである。

② 情報を知らせたり、事情を説明するための文書のことを〔ア．礼状　イ．祝賀状　ウ．案内状〕という。

③ 取引先との間で受け渡しされる、取引内容を簡潔に記した文書のことを〔ア．注文請書　イ．取引伝票　ウ．確認書〕という。

④ 署名（氏名を自著）した上で、印影を紙に残すことを、〔ア．タイムスタンプ　イ．認印　ウ．捺印〕という。

⑤ ［Ctrl］＋［X］は、〔ア．貼り付け　イ．コピー　ウ．切り取り〕の操作を実行するショートカットキーである。

⑥ 疑問符の記号は、〔ア．？　イ．！　ウ．／〕である。

⑦ 〔ア．プレゼンテーション　イ．サブタイトル　ウ．配布資料〕とは、標題の補足説明をするためにつける見出しのことである。

⑧ パソコンやビデオなどからの映像をスクリーンに投影する装置のことを〔ア．プロジェクタ　イ．レイアウト　ウ．スクリーン〕という。

4 次の各問いの答えとして、最も適切なものをそれぞれのア～ウの中から選び、記号で答えなさい。

① リッチテキストファイルの拡張子として正しいのはどれか。
　　ア．レジュメ.txt　　　　イ．レジュメ.gif　　　　ウ．レジュメ.rtf

② ギリシャ文字で「ガンマ」を表す記号はどれか。
　　ア．β　　　　イ．γ　　　　ウ．α

③ 「ＰＤＣＡサイクル」の文字列のフォントの種類はどれか。
　　ア．ゴシック体　　　　イ．明朝体　　　　ウ．影付き

④ ルビの機能を利用しているのはどれか。
　　ア．切手を貼付する　　　イ．切手を貼付（ちょうふ）する　　　ウ．切手を［貼付］する

⑤ 下の校正記号の意味はどれか。

　　｜グローバルスタンダード──｜

　　ア．空け　　　　イ．移動　　　　ウ．行を起こす

⑥ 下の点線で囲まれているマークの名称はどれか。

　　ⓒJikkyo Shuppan CORPORATION
　　ア．商標マーク　　　イ．登録商標マーク　　　ウ．著作権マーク

5 次の各文の下線部の読みを、ひらがなで答えなさい。
① 椎茸は、食用きのこの一つだ。
② 漢文の送り仮名などのことを、添字という。
③ ある党は、いくつかの派閥に分かれた。
④ ハロウィンにむけて、オレンジ色の南瓜を仕入れた。
⑤ 年末の大掃除で障子を張り替えた。
⑥ 応援演説を頼まれたが、私の得手ではないので断った。

6 次の＜Ａ＞・＜Ｂ＞の各問いに答えなさい。
＜Ａ＞次の各文の三字熟語について、下線部の読みで最も適切なものを〔　　〕の中から選び、記号で答えなさい。
① 挑戦者が王者相手に下剋上を果たした。　　　〔ア．か　イ．しも　ウ．げ〕
② 二人の候補が泥仕合を演じた。　　　　　　　〔ア．でい　イ．どろ〕
＜Ｂ＞次の各文の下線部は、三字熟語の一部として誤っている。最も適切なものを〔　　〕の中から選び、記号で答えなさい。
③ この分野は、彼女の独団場だ。　　　　　　　〔ア．段　イ．壇　ウ．談〕
④ あの人は、背戸際で頑張った。　　　　　　　〔ア．瀬　イ．施〕

7 次の各文の下線部に漢字を用いたものとして、最も適切なものを〔　　〕の中から選び、記号で答えなさい。
① 夕方になると人通りがたえた。　　　　　〔ア．耐えた　イ．堪えた　ウ．絶えた〕
② 朝日にはえる水面が美しい。　　　　　　〔ア．生える　イ．映える〕
③ 二つの会社をあわせて、新会社を発足した。〔ア．併せて　イ．合わせて〕
④ 彼は毒舌をはく横暴な人だ。　　　　　　〔ア．履く　イ．吐く　ウ．掃く〕
⑤ 彼の役職は、大臣につぐポストだ。　　　〔ア．継ぐ　イ．接ぐ　ウ．次ぐ〕
⑥ 交通機関の乱れにより、飛行機に乗りおくれた。〔ア．遅れた　イ．後れた〕

8 次の各文の〔　　〕の中から、ことわざ・慣用句の一部として最も適切なものを選び、記号で答えなさい。
① 彼女は社長になっても頭が〔ア．下がる　イ．重い　ウ．低い〕。
② 店長は、愛想のいい合いの手を〔ア．入れ　イ．打ち　ウ．あげ〕ながら話を聞いていた。
③ 私は〔ア．低め　イ．暗闇　ウ．高み〕の見物を決め込んだ。
④ あの人は、常に的を〔ア．得る　イ．射る　ウ．あてる〕質問をする。

■**実技－2**■　右の問題文を、余白は上下左右25㎜、1行37字に設定し、指示のないフォントは明朝体の全角で12ポイントに統一して入力しなさい。なお、ヘッダーに左揃えでクラス、出席番号、名前を入力すること。（制限時間15分）

　　　※　右の問題文は、1ページ25行で作成されているが、行数を調整すること。

【問　題】

次の指示に従い、右のような文書を作成しなさい。

【指　示】

1．右の問題文を校正記号に従って入力すること。

2．問題文に合った標題のオブジェクトを用意されたフォルダなどから選び、指示された位置に挿入しセンタリングすること。

3．表は、行頭・行末を越えずに作成し、行間は、2.0とすること。

4．罫線は、右の表のように太実線と細実線とを区別すること。

5．表の枠内の文字は1行で入力し、上下のスペースが同じであること。

6．表内の「行き先」、「移動時間」、「ツアー最安価格」は下の資料を参照し、項目名とデータが正しく並ぶように作成すること。

　　資料

行き先	ツアー最安価格	移動時間
ランカウイ	166,000円	7時間
サイパン	129,800円	3時間30分
グアム	166,000円	3時間30分

7．表内の「ツアー最安価格」の数字は、明朝体の半角で入力し、3桁ごとにコンマを付けること。

8．切り取り線「・・・・・・」の部分は、行頭、行末を越えないように作成すること。また、「【ビーチリゾート申込書】」の表より短くしないこと。

9．切り取り線には、右の問題文のように「切　り　取　り　線」の文字を入力し、センタリングすること。

10．「【ビーチリゾート申込書】」の表はセンタリングすること。

11．①～⑩の処理を行うこと。

12．右の問題文にない空白行を入れないこと。

オブジェクト（標題）の挿入・センタリング

今年の夏休みの企画として、豊かな自然に囲まれた美しい海とビーチで、ゆっくりと過ごしたい方に、人気のビーチ リゾートをご紹介いたします。
①一重下線を引く。
②文字を線で囲む。

ビーチリゾートのご案内
③各項目名は、枠の中で左右にかたよらないようにする。

行き先	内　　　　容	移動時間	ツアー最安価格
	驚くほど美しい珊瑚礁の海	3時間30分	129,800円
	「タモン地区」が観光中心地		
ランカウイ	ユネスコの世界ジオパークに認定		

④枠内で均等割付けする。
⑤左寄せする（均等割付けしない）。
⑥センタリングする（均等割付けしない）。
⑦右寄せする。

☆　電話でのお問い合わせ：0120-934-8567

株式会社　羽合（ハワイ）ＦＣＳＡ
⑧明朝体のカタカナでルビをふり、右寄せする。

・・・・・・・・・・・・・・・切　り　取　り　線・・・・・・・・・・・・・・・

⑨フォントサイズは24ポイントで、センタリングする。
【ビーチリゾート申込書】
③と同じ。
⑤と同じ。

ご希望のリゾート地	サイパン・グアム・ランカウイ
お名前・ご連絡先	
ホテルのランク	エコノミー・スタンダード・デラックス

④と同じ。

※　詳しくは、公式Ｗｅｂページをご覧ください。
⑩網掛けする。

ローマ字対応表

あ	い	う	え	お
A	I	U	E	O
か	**き**	**く**	**け**	**こ**
KA	KI	KU	KE	KO
さ	**し**	**す**	**せ**	**そ**
SA	SI (SHI)	SU	SE (CE)	SO
た	**ち**	**つ**	**て**	**と**
TA	TI (CHI)	TU (TSU)	TE	TO
な	**に**	**ぬ**	**ね**	**の**
NA	NI	NU	NE	NO
は	**ひ**	**ふ**	**へ**	**ほ**
HA	HI	HU (FU)	HE	HO
ま	**み**	**む**	**め**	**も**
MA	MI	MU	ME	MO
や	**い**	**ゆ**	**いぇ**	**よ**
YA	YI	YU	YE	YO
ら	**り**	**る**	**れ**	**ろ**
RA	RI	RU	RE	RO
わ	**うぃ(ゐ)**	**う**	**うぇ(ゑ)**	**を**
WA	WI	WU	WE	WO
ん				
NN (N)				
が	**ぎ**	**ぐ**	**げ**	**ご**
GA	GI	GU	GE	GO
ざ	**じ**	**ず**	**ぜ**	**ぞ**
ZA	ZI (JI)	ZU	ZE	ZO
だ	**ぢ**	**づ**	**で**	**ど**
DA	DI	DU	DE	DO
ば	**び**	**ぶ**	**べ**	**ぼ**
BA	BI	BU	BE	BO
ぱ	**ぴ**	**ぷ**	**ぺ**	**ぽ**
PA	PI	PU	PE	PO
ぁ	**ぃ**	**ぅ**	**ぇ**	**ぉ**
XA (LA)	XI (LI)	XU (LU)	XE (LE)	XO (LO)
ヵ			**ヶ**	
XKA			XKE	
		っ		
		XTU (LTU)		
ゃ		**ゅ**		**ょ**
XYA (LYA)		XYU (LYU)		XYO (LYO)
ゎ				
XWA (LWA)				

きゃ	きぃ	きゅ	きぇ	きょ
KYA	KYI	KYU	KYE	KYO
しゃ	**しぃ**	**しゅ**	**しぇ**	**しょ**
SYA (SHA)	SYI	SYU (SHU)	SYE (SHE)	SYO (SHO)
ちゃ	**ちぃ**	**ちゅ**	**ちぇ**	**ちょ**
TYA (CHA)	TYI	TYU (CHU)	TYE (CHE)	TYO (CHO)
つぁ	**つぃ**		**つぇ**	**つぉ**
TSA	TSI		TSE	TSO
てゃ	**てぃ**	**てゅ**	**てぇ**	**てょ**
THA	THI	THU	THE	THO
にゃ	**にぃ**	**にゅ**	**にぇ**	**にょ**
NYA	NYI	NYU	NYE	NYO
ひゃ	**ひぃ**	**ひゅ**	**ひぇ**	**ひょ**
HYA	HYI	HYU	HYE	HYO
ふぁ	**ふぃ**		**ふぇ**	**ふぉ**
FA	FI		FE	FO
ふゃ	**ふぃ**	**ふゅ**	**ふぇ**	**ふょ**
FYA	FYI	FYU	FYE	FYO
みゃ	**みぃ**	**みゅ**	**みぇ**	**みょ**
MYA	MYI	MYU	MYE	MYO
りゃ	**りぃ**	**りゅ**	**りぇ**	**りょ**
RYA	RYI	RYU	RYE	RYO
ぎゃ	**ぎぃ**	**ぎゅ**	**ぎぇ**	**ぎょ**
GYA	GYI	GYU	GYE	GYO
ぐぁ				
GWA				
じゃ	**じぃ**	**じゅ**	**じぇ**	**じょ**
ZYA (JA)	ZYI	ZYU (JU)	ZYE (JE)	ZYO (JO)
ぢゃ	**ぢぃ**	**ぢゅ**	**ぢぇ**	**ぢょ**
DYA	DYI	DYU	DYE	DYO
でゃ	**でぃ**	**でゅ**	**でぇ**	**でょ**
DHA	DHI	DHU	DHE	DHO
びゃ	**びぃ**	**びゅ**	**びぇ**	**びょ**
BYA	BYI	BYU	BYE	BYO
ぴゃ	**ぴぃ**	**ぴゅ**	**ぴぇ**	**ぴょ**
PYA	PYI	PYU	PYE	PYO
ヴァ(ぁ)	**ヴィ(ぃ)**	**ヴ**	**ヴェ(ぇ)**	**ヴォ(ぉ)**
VA	VI	VU	VE	VO